설민석의 초등 한국사 능력검정시험

기본
4·5·6급

한국사능력검정시험을 준비하는 어린이들에게

한국사능력검정시험은 매년 수십만 명의 사람들이 응시할 만큼 정말 많은 사람들이 관심을 갖고 있어. 그래서 '국민시험'이라고 불리기도 하지. 왜 이렇게 많은 사람들이 이 시험을 보려고 할까?

그건 바로 우리가 살고 있는 이 땅에 아주 오랜 시간 동안 재미있고도 놀라운 일들이 많이 있었기 때문이야. 나라가 세워지고 사라진 이야기, 외적의 침입에 맞서 용감하게 싸운 장군과 백성들 이야기, 그리고 일제 강점기 때 나라를 되찾기 위해 목숨을 걸고 싸운 독립운동가들의 이야기는 들으면 들을수록 우리의 가슴을 뛰게 하지.

이런 우리 역사를 더 많은 사람들이 잘 알고 올바르게 이해할 수 있도록 도와주는 곳이 있어. 바로 국사편찬위원회야. 이곳에서 만든 시험이 바로 '한국사능력검정시험'이란다. 이 시험은 누구를 뽑는 '선발 시험'이 아니야. 내가 얼마나 한국사를 잘 알고 있는지 확인해 보는 '인증 시험'이야.

그동안 설쌤과 함께 단꿈e·유튜브·한국사 대모험 등 다양한 채널에서 한국사를 공부해 온 친구들이라면, 이 시험을 통해 지금까지 공부한 실력을 확인할 수 있는 멋진 기회가 될 거야.

**긴장하지 말고, 차근차근 함께 준비해 보자.
설쌤과 함께 멋진 도전을 해보는 거야!**

✓ 한국사능력검정시험이란?

우리나라의 주변 국가들은 역사 교과서를 왜곡하고 심지어 역사 전쟁을 도발하고 있어요.
지금은 무엇보다 **한국사의 위상을 바르게 확립하는 것이 시급**하죠. 국사편찬위원회는 이러한 현실 속에 한국사능력검정시험을 시행하여 우리 역사에 대한 패러다임과 **한국사 교육의 위상을 강화**하고자 하는 거예요.

✓ 한국사능력검정시험을 시행하는 구체적인 목적은 무엇인가요?

하나, 우리 역사에 대한 관심을 확산 및 심화시키는 계기를 마련하고,
둘, 균형 잡힌 역사의식을 갖도록 하며,
셋, 역사 교육의 올바른 방향을 제시하여
넷, 고차원적 사고력과 문제 해결 능력을 육성하기 위함이에요.

✓ 한국사능력검정시험 심화와 기본의 급수 체계는 어떻게 나뉘나요?

심화 및 기본 시험의 인증 등급은 **1급부터 6급까지 6개 등급**으로 나뉘어요.
아래 표를 볼까요.

시험 종류	심화	기본
인증 등급	1급(80점 이상)	4급(80점 이상)
	2급(70점 이상)	5급(70점 이상)
	3급(60점 이상)	6급(60점 이상)
문항 수	50문항(5지 택1형)	50문항(4지 택1형)

- **배점 및 합격 점수**: 심화 및 기본 시험의 배점은 100점 만점으로 난도에 따라 문항마다 1~3점으로 차등 배정돼요. 심화 1급, 기본 4급의 합격 점수는 80점 이상입니다.
- **문항 수**: 심화 및 기본 시험 모두 객관식 50문항으로 출제돼요. 심화 시험은 5지 택1형, 기본 시험은 4지 택1형으로 출제됩니다.

✓ 한국사능력검정시험 심화와 기본의 특징을 알려 주세요.

심화 시험은 한국사에 대한 체계적 이해가 필요한 한국사 심화 과정이에요.
기본 시험은 기초적인 역사 상식을 바탕으로 하는 한국사 기본 과정에 해당해요.

시험 종류	평가 내용 및 특징
심화	• 한국사의 주요 사건과 개념을 종합적으로 이해하고, 역사 자료를 분석하고 해석하는 능력 • 한국사의 흐름 속에서 시대적 상황 및 쟁점을 파악하는 능력
기본	한국사의 필수 지식과 기본적인 흐름을 이해하는 능력

이 책의 특징

한판정리

설쌤이 꼭 알아야 할 핵심 내용만 쏙쏙 골라 '한판정리'에 담았어요.
공부할 내용을 미리 한눈에 살펴본 뒤 본문을 보면, 훨씬 더 머릿속에 잘 들어오고 오래 기억될 거예요.

내용이해

한국사능력검정시험 기본 급수 시험에서 자주 나오는 내용과 출제 경향을 꼼꼼히 분석한 후 28개의 강의로 알차게 정리했어요.
이 시험은 높은 점수를 받는 것보다 '합격'이 더 중요한 시험이기 때문에, 자주 출제되는 핵심 내용만 집중해서 공부해도 충분히 목표를 이룰 수 있어요.

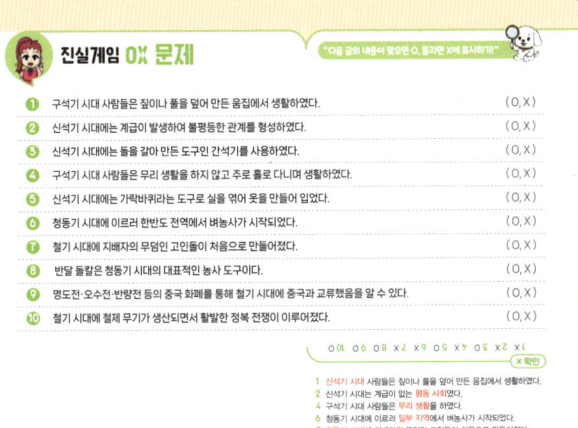

복습

복습은 아무리 강조해도 모자라지 않죠?
'OX 문제'와 '빈칸 채우기'를 빠르게 풀어보며 얼마나 잘 기억하고 있는지 확인해 봐요.
혹시 틀린 문제나 기억이 잘 나지 않는 내용이 있다면, 앞의 본문을 다시 한 번 읽어보세요.
금방 기억이 떠오를 거예요!

기출문제

설쌤이 여러 문제 중에서 대표 기출문제만 쏙쏙 골라 준비했어요. 각 문제 아래에는 어떤 단서를 통해 정답을 고를 수 있는지, 왜 그게 정답인지, 다른 선지는 왜 틀렸는지까지 친절하게 설명해 뒀어요.
해설은 꼭 꼼꼼히 읽고 넘어가는 거, 잊지 마세요!

차례

전근대

Ⅰ 우리 역사의 시작과 형성
기원전 2333년 고조선 건국

- **01강** 선사 시대 ……………… 10
- **02강** 고조선과 여러 나라의 성장 ……………… 16

Ⅱ 고대
676년 신라의 삼국 통일 완성

- 24 ……………… 삼국과 가야의 성립과 발전 **03강**
- 32 ……………… 삼국과 가야의 경제·사회·문화 **04강**
- 42 ……………… 통일 신라와 발해의 발전 **05강**
- 50 ……………… 통일 신라와 발해의 경제·사회·문화 **06강**

Ⅲ 고려
918년 고려 건국

- **07강** 고려의 건국과 발전 ……………… 58
- **08강** 고려 시대 외적의 침입 ……………… 66
- **09강** 고려의 경제·사회·문화 ……………… 72

Ⅳ 조선 전기
1392년 조선 건국

- 80 ……………… 조선의 건국과 발전 **10강**
- 86 ……………… 조선 전기의 경제·사회·문화 **11강**
- 92 ……………… 임진왜란과 병자호란 **12강**

Ⅴ 조선 후기
1592년 임진왜란 발발

- **13강** 조선 후기의 정치 변동 ……………… 100
- **14강** 조선 후기의 경제와 사회 ……………… 106
- **15강** 조선 후기 새로운 문화의 흐름 ……………… 112

플러스 1점 주제별 빈출 특강

1. 유네스코 세계 유산 …………… 228
2. 우리나라의 세시 풍속 …………… 234
3. 지역사 …………… 235

현대 1945년 광복

- 198 …… 대한민국의 수립과 6·25 전쟁 **25강**
- 208 …… 민주주의의 발전을 위한 노력 **26강**
- 218 …… 현대의 경제 성장과 통일 정책 **27강**

1910년 경술국치 **VII** ## 일제 강점기

- **21강** 일제의 식민지 통치 정책 …………… 162
- **22강** 3·1 운동과 대한민국 임시 정부 …… 170
- **23강** 무장 독립 투쟁의 전개 …………… 178
- **24강** 민족 문화 수호 운동 …………… 186

근대  1876년 강화도 조약 체결

- 120 …… 흥선 대원군의 집권과 강화도 조약 **16강**
- 130 …… 임오군란과 갑신정변 **17강**
- 136 …… 동학 농민 운동과 갑오·을미개혁 **18강**
- 144 …… 근대화를 위한 노력 **19강**
- 152 …… 일제의 국권 침탈과 국권 수호 운동 **20강**

근현대

I

우리 역사의 시작과 형성

↑ 선사 시대

01강 선사 시대

기출키워드

+ 구석기 #사냥·채집 #동굴·막집 #평등 #이동 생활 #뗀석기 #주먹도끼 #찍개 #연천 전곡리 #공주 석장리
+ 신석기 #가락바퀴 #농경 #움집 #정착 생활 #평등 #간석기 #갈판·갈돌 #빗살무늬 토기 #서울 암사동
+ 청동기 #벼농사 #사유 재산 #계급 발생 #고인돌 #반달 돌칼 #비파형 동검 #청동 방울 #거푸집 #부여 송국리
+ 철기 #철제 무기 #세형동검 #거푸집 #반구대 바위그림 #명도전

02강 고조선과 여러 나라의 성장

기출키워드

+ 고조선 #단군왕검 #『삼국유사』 #8조법 #위만 조선 #한무제 침입 #우거왕
+ 부여 #사출도 #영고
+ 고구려 #제가 회의 #서옥제
+ 옥저 #민며느리제
+ 동예 #책화 #무천 #단궁·과하마·반어피
+ 삼한 #신지·읍차 #천군 #소도 #제정 분리

01강 선사 시대

설쌤의 한판정리

🖊 구석기 시대

약 70만 년 전

의	짐승 가죽
식	사냥·채집
주	• 동굴, 바위 그늘, 강가의 막집에 거주 • 불 사용
사회	• 무리 사회 • 이동 생활 • 평등 사회
유물	뗀석기(주먹도끼, 슴베찌르개 등)
유적	• 경기 연천 전곡리 • 충남 공주 석장리

🖊 신석기 시대

기원전 8000년경(약 1만 년 전)

의	가락바퀴·뼈바늘 → 옷과 그물 등 제작
식	농경·목축 시작
주	• 움집(강가나 바닷가) • 원형 또는 모서리가 둥근 사각형 바닥
사회	• 정착 생활 • 부족 사회 • 평등 사회
유물	간석기(갈돌과 갈판 등), 빗살무늬 토기
유적	• 서울 암사동 유적 • 부산 동삼동 유적

🖊 청동기 시대

기원전 2000~1500년경

식	농경 발달 → 벼농사(논농사) 시작
주	• 주로 배산임수, 나지막한 언덕 • 집터는 대체로 원형, 직사각형 • 지상 가옥화
사회 변화	• 사유 재산 발생 • 계급 사회(무덤인 고인돌 제작)
유물	• 간석기(반달 돌칼) • 비파형 동검, 청동 방울 등 • 민무늬 토기, 미송리식 토기 등
유적	• 부여 송국리 유적 • 여주 흔암리 유적

🖊 철기 시대

기원전 5세기경

식	철제 농기구 → 농업 생산량 증가
사회	철제 무기 생산 → 정복 전쟁
유물	• 경남 창원 다호리 붓(문자 사용) • 명도전·오수전·반량전(중국 교류) • 세형동검·거푸집(독자적 문화)
유적	울산 울주 대곡리 반구대 바위그림

1 구석기 시대

(1) 시기: 약 70만 년 전부터 구석기 시대가 시작되었어요.

(2) 생활 모습

의	짐승 가죽으로 몸을 보호함
식	사냥, 채집, 고기잡이 등
주	• 주로 강가에 막집을 짓거나 동굴이나 바위 그늘에서 생활함 • 불을 이용하여 음식을 익혀 먹고 추위를 이겨냄
사회	• 무리를 짓고 사냥·채집을 하며 이동 생활을 함. • 경험이 많거나 지혜로운 자가 무리를 이끌었고, 구성원 간 관계는 평등하였음
유물	뗀석기: (주먹도끼, 슴베찌르개), 긁개, 밀개 등
유적	경기 연천 전곡리, 충남 공주 석장리, 충북 단양 금굴 등

구석기 시대의 유물

 ◀ **주먹도끼**
주먹도끼는 주먹에 쥐고 사용하는 도끼 모양의 도구로 다양한 용도로 사용되었어요.

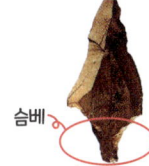 ◀ **슴베찌르개**
구석기 후기부터 등장한 도구예요. 뾰족하고 긴 슴베 부분을 창이나 화살에 꽂아서 사용하였어요.

2 신석기 시대

(1) 시기: 기원전 약 8000년(약 1만 년 전) 무렵부터 신석기 시대가 시작되었어요.

(2) 생활 모습

의	가락바퀴와 뼈바늘을 이용하여 옷·그물 등을 만듦
식	농경과 목축이 시작되었으나 사냥과 열매 채집도 여전히 이루어짐
주	강가나 바닷가에 움집을 지어 생활함
사회	• 농경·목축의 시작과 함께 한 곳에 모여 살았으며, 혈연 중심의 씨족 사회가 구성됨 • 구석기 시대와 마찬가지로 경험이 많고 지혜로운 자가 무리를 이끄는 평등 사회였음
유물	• 간석기: 갈돌과 갈판, 돌괭이, 돌삽 등 • 빗살무늬 토기: 흙으로 구워 만든 그릇으로 겉면에 빗살무늬를 새김
유적	서울 암사동 유적, 부산 동삼동 유적, 제주 고산리 유적 등

신석기 시대의 유물

 ◀ **빗살무늬 토기**
곡식이나 열매의 껍질을 벗기거나 으깨는 데 사용한 도구예요.

 ◀ **빗살무늬 토기**
음식을 담거나 식량을 보관할 때 사용하였어요.

쌤! 질문 있어요!

Q 선사 시대란 무엇인가요?
선사 시대란 문자를 사용하기 이전의 시기로, 기록이 남아 있지 않은 시대를 의미해요. 구석기 시대, 신석기 시대, 청동기 시대 등이 선사 시대에 해당해요.

+ 막집
구석기 시대에 나뭇가지와 가죽 등을 이용하여 만든 집을 말해요.

+ 뗀석기
돌을 깨뜨리거나 떼어서 만든 도구예요.

쌤! 질문 있어요!

Q 신석기 시대에 움집은 어떻게 만들었나요?
움집은 땅을 파고 내려가 벽체 없이 지붕만 씌운 집이에요. 지붕은 풀이나 짚으로 만들었고, 바닥에는 돌이나 가죽·풀·짚 등을 깔았어요. 움집의 바닥은 원형이거나 모서리가 둥근 사각형이었으며 중앙에는 화덕이 위치하였어요.

+ 간석기
돌을 갈아서 만든 도구예요.

3 청동기 시대

(1) **시기**: 기원전 2000년에서 기원전 1500년 무렵에 청동기 시대가 시작되었어요.

> 구리, 주석 등을 녹여 만든 청동을 이용하여 제작한 도구예요.

(2) **생활 모습**

식	농경이 더욱 발전하여 일부 지역에서는 벼농사(논농사)가 시작됨
주	• 주로 배산임수 지형, 나지막한 언덕(구릉)에 거주함 • 집터는 대체로 원형과 직사각형 형태이며, 지상 가옥으로 바뀌어 감
사회 변화	• 농경의 발달로 잉여 생산물이 생겨났고, 개인의 재산(사유 재산)이 발생함 • 땅이나 재산을 늘리기 위해 부족 간의 전쟁이 발생하며 이 과정에서 권력을 가진 지배자가 등장함
유물	• 간석기: 반달 돌칼 등 • 청동기: 비파형 동검, 거친무늬 거울, 청동 방울 등 → 제사 도구로 활용 • 토기: 미송리식 토기, 민무늬 토기 등
유적	강화·화순·고창 고인돌 유적, 부여 송국리 유적, 여주 흔암리 유적

+ 배산임수
산을 등지고 물을 바라보는 형태의 지형을 뜻해요.

+ 잉여 생산물
생활에 필요한 것 이상으로 생산된 것을 뜻해요.

쌤! 질문 있어요!
Q 고인돌이란 무엇인가요?
고인돌이나 청동기 시대 사람들의 무덤으로 주로 지배자를 위해 만들어졌어요. 고인돌은 무덤방(죽은 사람을 눕혀 놓는 곳) 주변으로 받침돌을 쌓은 뒤 그 위에 덮개돌을 올려 완성해요.

▲ 탁자식 고인돌

청동기 시대의 유물

▲ 반달 돌칼
곡식의 이삭을 따는 데 쓰던 도구예요.

▲ 비파형 동검·거친무늬 거울·청동 방울
주로 지배자의 장식물이나 제사 도구로 사용하였어요.

▲ 미송리식 토기
가로줄 무늬와 손잡이가 특징이에요.

4 철기 시대

(1) **시기**: 기원전 5세기 무렵부터 철기가 사용되기 시작하였습니다.

(2) **생활 모습**

식	철제 농기구 제작 → 농업 생산력이 크게 향상됨
사회	철제 무기·철제 갑옷 생산 → 활발한 정복 전쟁
유물	• 경남 창원 다호리 붓: 한자(문자) 사용 흔적 • 명도전·오수전·반량전: 중국의 화폐로 중국과의 교류 흔적 • 세형동검·거푸집·잔무늬 거울: 한반도의 독자적인 청동기 유물
유적	울산 울주 대곡리 반구대 바위그림: 사냥 성공과 풍요 기원

+ 거푸집
모양 틀로, 틀 안에 쇳물을 녹여 붓고 굳히면 그 모양대로 쇳붙이 모양이 만들어져요.

철기 시대의 유물과 유적

▲ 울산 울주 대곡리 반구대 바위그림　▲ 명도전　▲ 세형동검과 거푸집

진실게임 OX 문제

"다음 글의 내용이 맞으면 O, 틀리면 X에 표시하기!"

① 구석기 시대 사람들은 짚이나 풀을 덮어 만든 움집에서 생활하였다. (O, X)

② 신석기 시대에는 계급이 발생하여 불평등한 관계를 형성하였다. (O, X)

③ 신석기 시대에는 돌을 갈아 만든 도구인 간석기를 사용하였다. (O, X)

④ 구석기 시대 사람들은 무리 생활을 하지 않고 주로 홀로 다니며 생활하였다. (O, X)

⑤ 신석기 시대에는 가락바퀴라는 도구로 실을 엮어 옷을 만들어 입었다. (O, X)

⑥ 청동기 시대에 이르러 한반도 전역에서 벼농사가 시작되었다. (O, X)

⑦ 철기 시대에 지배자의 무덤인 고인돌이 처음으로 만들어졌다. (O, X)

⑧ 반달 돌칼은 청동기 시대의 대표적인 농사 도구이다. (O, X)

⑨ 명도전·오수전·반량전 등의 중국 화폐를 통해 철기 시대에 중국과 교류했음을 알 수 있다. (O, X)

⑩ 철기 시대에 철제 무기가 생산되면서 활발한 정복 전쟁이 이루어졌다. (O, X)

X 확인

1X 2X 3O 4X 5O 6X 7X 8O 9O 10O

1 **신석기 시대** 사람들은 짚이나 풀을 덮어 만든 움집에서 생활하였다.
2 신석기 시대는 계급이 없는 **평등 사회**였다.
4 구석기 시대 사람들은 **무리 생활**을 하였다.
6 청동기 시대에 이르러 **일부 지역**에서 벼농사가 시작되었다.
7 **청동기 시대**에 지배자의 무덤인 고인돌이 처음으로 만들어졌다.

이론완성 빈칸채우기

"오늘 배운 내용을 떠올리며 다음 글의 빈칸을 채워보자!"

① 정착하지 않고 이동 생활을 하였으며, 뗀석기를 이용하던 시기를 ☐☐☐ 시대라 부른다.

② 구석기 시대 사람들은 주로 동굴이나 강가의 ☐☐에 살았다.

③ 최초로 농사를 짓기 시작하고 가락바퀴로 옷을 만들어 입었으며, 간석기를 이용하던 시기를 ☐☐☐ 시대라 부른다.

④ 신석기 시대 사람들은 기둥을 세워 짚이나 풀을 덮어 만든 ☐☐에서 생활하였다.

⑤ 신석기 시대 사람들은 흙으로 만든 그릇인 토기를 사용하였는데, 대표적인 토기로 ☐☐☐☐ 토기가 있다.

⑥ 청동기 시대에 일부 지역에서 ☐☐☐이/가 시작되었다.

⑦ ☐☐☐ 시대에 지배자의 무덤으로 고인돌을 만들었다.

⑧ 청동기 시대의 대표 유물로, ☐☐☐ 동검·청동 방울·민무늬 토기 등이 있다.

⑨ 명도전 등은 철기 시대에 ☐☐과/와 교류하였음을 보여 준다.

⑩ ☐☐☐☐·잔무늬 거울 등은 한반도에서 독자적인 청동기 문화가 발달했음을 보여 준다.

1 구석기 2 막집 3 신석기 4 움집 5 빗살무늬 6 벼농사(쌀농사) 7 청동기 8 비파형 9 중국 10 세형동검

완벽 마무리 기출문제 풀이

"쌤이 기출문제 중 가장 도움이 될 만한 것으로 특별히 골라왔어! 같이 풀어보자!"

01 (가) 시대의 생활 모습으로 적절한 것은?

우리가 오늘 만들어 볼 것은 뗀석기를 처음 사용한 (가) 시대의 대표적 유물인 주먹도끼입니다. 주먹도끼는 짐승을 사냥하거나 가죽을 벗기는 등 다양한 용도로 사용되었습니다.

연천 전곡리 선사 체험장 / 주먹도끼 제작하기

① 우경이 널리 보급되었다.
② 주로 동굴이나 막집에서 살았다.
③ 가락바퀴를 이용하여 실을 뽑았다.
④ 지배층의 무덤으로 고인돌을 축조하였다.

02 (가) 시대의 생활 모습으로 옳은 것은?

제△△회 선사 문화 축제

정착 생활과 농경이 시작된 (가) 시대로의 시간 여행에 여러분을 초대합니다.

■ 기간: 2022년 ○○월 ○○일~○○월 ○○일
■ 장소: □□□ 선사 유적 박물관 일대

① 가락바퀴를 이용하여 실을 뽑았다.
② 무덤 껴묻거리로 오수전 등을 묻었다.
③ 철제 농기구를 사용하여 농사를 지었다.
④ 의례 도구로 청동 방울 등을 사용하였다.

---

01 구석기 시대의 생활 모습

자료에서 정답 키워드 찾기 — 정답: ②

- 뗀석기: 구석기 시대의 도구
- 주먹도끼: 구석기 시대의 대표 유물
- 연천 전곡리 유적: 구석기 시대의 대표 유적
- ② 구석기 시대 사람들은 주로 동굴이나 막집에서 살았어요.

오답선지 다시보기

① 소를 이용한 농사 방법인 우경에 대한 기록은 신라 지증왕 때부터 확인할 수 있어요.
③ 신석기 시대에는 가락바퀴를 이용하여 식물의 줄기나 동물의 털을 꼬아 실을 뽑았어요.
④ 청동기 시대에 지배층의 무덤으로 고인돌이 만들어졌어요.

02 신석기 시대의 생활 모습

자료에서 정답 키워드 찾기 — 정답: ①

- 정착 생활과 농경이 시작: 신석기 시대
- 움집 그림: 신석기 시대의 집
- 빗살무늬 토기 사진: 신석기 시대의 대표 유물
- ① 신석기 시대에는 가락바퀴를 이용해 실을 뽑고, 뼈바늘을 이용하여 옷과 그물을 만들었어요.

오답선지 다시보기

② 철기 시대에는 중국과 교류하며 명도전·오수전·반량전 등의 중국 화폐를 사용하였어요..
③ 철기 시대에 철제 농기구가 제작되어 농업 생산력이 크게 향상되었어요.
④ 청동기 시대에는 비파형 동검, 거친무늬 거울, 청동 방울, 청동 도끼 등을 만들어 제사 도구로 사용하였어요.

선사 시대

03 (가) 시대의 생활 모습으로 옳은 것은?

이곳 울주 검단리 유적에서는 마을 내부를 방어하기 위해 조성한 도랑인 환호가 확인되었어. 완전한 모습의 환호가 발견된 것은 국내 최초로, 인근에서는 다수의 고인돌도 발견되어 계급이 출현한 (가) 시대의 모습을 잘 보여주는 유적으로 평가받고 있어.

① 우경이 널리 보급되었다.
② 비파형 동검을 제작하였다.
③ 주로 동굴이나 막집에서 살았다.
④ 실을 뽑기 위해 가락바퀴를 처음 사용하였다.

04 (가) 시대의 생활 모습으로 가장 적절한 것은?

화순에는 처음으로 금속 도구를 사용한 (가) 시대의 문화유산인 고인돌 유적이 있습니다. 이곳에는 고인돌의 덮개돌을 떼어 냈던 채석장이 남아 있어서 고인돌을 만들었던 과정을 확인할 수 있습니다.

① 철제 농기구로 농사를 지었다.
② 주로 동굴이나 막집에서 살았다.
③ 반달 돌칼로 벼 이삭을 수확하였다.
④ 빗살무늬 토기에 곡식을 저장하기 시작하였다.

---

03 청동기 시대의 생활 모습

자료에서 정답 키워드 찾기 정답: ②

- 울주 검단리 유적: 청동기 시대의 대표 유적
- 고인돌: 청동기 시대 지배자의 무덤
- 계급 출현: 청동기 시대에 계급이 발생함
② 비파형 동검은 청동기 시대의 대표 유물이에요.

오답선지 다시보기

① 신라 지증왕 때 우경이 널리 보급되었어요.
③ 구석기 시대 사람들은 주로 동굴이나 바위 그늘에 살거나, 강가에 막집을 짓고 살았어요.
④ 신석기 시대에는 가락바퀴를 이용해 실을 뽑았어요.

04 청동기 시대의 생활 모습

자료에서 정답 키워드 찾기 정답: ③

- 화순: 청동기 시대의 고인돌 유적지
- 금속 도구: 청동기 혹은 철기
- 고인돌: 청동기 시대 지배자의 무덤
③ 반달 돌칼은 청동기 시대의 대표 유물로, 벼 등을 베어 이삭을 따는 데에 쓰던 도구예요.

오답선지 다시보기

① 철기 시대부터 철제 농기구로 농사를 지었어요.
② 구석기 시대 사람들은 주로 동굴이나 막집에 살았어요.
④ 신석기 시대에는 빗살무늬 토기에 식량을 저장했어요.

02강 고조선과 여러 나라의 성장

설쌤의 한판정리

부영 고동 동무!
(부여 영고! 고구려 동맹! 동예 무천!)

🖊 고조선의 건국과 발전

고조선의 건국

풍백·우사·운사 + 환인 — 환웅 + 웅녀(토착 세력) → 단군왕검 (제정일치 사회)

건국	청동기 문화를 기반으로 성립
특징	최초의 국가, 범금 8조법
건국 이념	홍익인간
문화 범위	비파형 동검, 탁자식 고인돌

기원전 3세기 무렵
- 부왕·준왕 등 강력한 왕 등장
- 관직 설치: 상·대부·장군
- 중국의 연(燕)과 대적할 만큼 성장

위만 조선

위만의 집권
위만이 무리를 이끌고 고조선으로 건너와 준왕을 몰아내고 왕위 차지

발전
철기 본격 수용, 중계 무역으로 성장

멸망
한(漢) 무제의 침공 → 1년간 항쟁 → 우거왕 사망·왕검성 함락 → 멸망(기원전 108년)

멸망 후
- 한 군현 설치(낙랑·임둔·진번·현도)
- 8조법 → 60여 조법

🖊 여러 나라의 등장

	정치	경제	제천 행사	풍습
부여	왕 + 마가·우가·구가·저가 (사출도 통치)		12월 영고	• 순장 • 1책 12법
고구려	제가 회의를 열어 중대사 결정		10월 동맹	• 서옥제 • 1책 12법
옥저	읍군·삼로와 같은 군장이 부족 통치	소금, 어물		민며느리제
동예		단궁, 과하마, 반어피	10월 무천	• 책화 • 족외혼
삼한	• 제정 분리: 군장(신지·읍차), 제사장(천군) • 신성 지역(소도) 별도 존재	• 철제 농기구 사용, 벼농사 발달 • 변한: 철 생산 많음 → 낙랑·왜 등에 철 수출	5월 수릿날, 10월 계절제	

1 고조선의 건국과 발전

(1) **건국**: 우리나라 최초의 국가 고조선은 **홍익인간**의 정신에 따라 청동기 문화를 바탕으로 기원전 2333년 성립하였습니다. 〔고조선의 건국 이념으로, '널리 인간을 이롭게 한다'는 의미를 담고 있어요.〕

(2) **사회**: 고조선에서는 사회 질서를 유지하기 위하여 **범금 8조(8조법)**을 두었으나, 지금은 3가지만 전해지고 있어요.

8조법(일부)	의미
사람을 죽인 자는 즉시 사형에 처한다.	형벌이 존재함
남에게 상처를 입힌 자는 곡식으로 갚는다.	• 농업 중심 사회 • 노동력을 중시함
남의 물건을 훔친 자는 노비로 삼는다. 만일 용서받고자 한다면 50만 전을 내야 한다.	• 계급 사회 • 화폐를 사용함 • 개인의 재산을 인정함

(3) **고조선의 건국 이야기**

> 옛날에 하늘을 다스리는 환인과 그의 아들 환웅이 있었는데 환웅은 인간 세상을 다스리고 싶어 하였다. …… 환웅은 풍백(바람을 다스리는 사람), 우사(비를 다스리는 사람), 운사(구름을 다스리는 사람)와 무리 삼천을 이끌고 태백산으로 내려와 사람들을 다스렸다. 그때 곰과 호랑이가 환웅에게 사람이 되기를 빌었다. …… 곰은 21일 동안 금기를 지켜 여자의 몸을 얻었다. …… 환웅이 웅녀와 혼인하여 아이를 낳았으니 이름을 단군왕검이라고 하였다. – 『삼국유사』 –

① 고조선의 건국 이야기는 선진 문물을 가진 부족(환웅)이 주변의 다른 부족(곰 숭배 부족)을 통합하는 과정을 표현한 것이라 할 수 있어요.
② 단군왕검은 하늘에 제사를 지내는 제사장인 '단군'과 정치적 지배자인 '왕검'이 합쳐진 말이에요. 이를 통해 **고조선이 제정일치 사회**였음을 알 수 있어요.

(4) **고조선의 문화 범위**: 비파형 동검, 탁자식 고인돌의 출토 범위를 통해 **고조선의 문화 범위**를 파악할 수 있어요.

(5) **고조선의 발전**
① 기원전 3세기 무렵 부왕·준왕 등의 강력한 왕이 등장하였어요.
② 통치 제도를 정비하고 상·대부·장군 등 관직을 두었어요.
③ 중국의 연(燕)과 맞설 정도로 성장했어요.

▲ 고조선의 문화 범위

쌤! 질문 있어요!

Q 고조선의 건국 이야기는 어떻게 요즘 시대에도 알 수 있나요?

역사서인 일연의 『삼국유사』, 이승휴의 『제왕운기』 등에 고조선의 건국 이야기가 전해지고 있어요.

✦ **제정일치**
제사와 정치가 일치하는 것을 의미해요.

(6) 위만 조선

① 기원전 3세기 말, 중국에서 **위만**⁺이 무리 1,000여 명과 함께 고조선으로 건너와 왕을 몰아내고 왕위를 차지했어요. 이때부터 본격적으로 고조선에도 철기 문화가 들어왔어요.
② 위만 조선은 중국의 한(漢)과 한반도 남부의 진(辰) 사이에서 **중계 무역**을 통해 성장했어요.
③ 우거왕 때 중국 **한 무제**의 침략을 받아 1년간 맞서 싸웠으나 끝내 멸망했습니다(기원전 108년).
④ 멸망 이후에 한은 고조선의 옛 땅에 **군현을 설치**하여 통치하였어요. 또 **법 조항도 60여개**로 늘어나며 사람들의 생활이 어려워졌어요.

2 여러 나라의 등장

(1) **철기 문화의 발전**: 철기 문화가 발전하면서 철제 무기가 만들어지고, 정복 전쟁이 활발해지며 여러 나라가 탄생했어요.

(2) **여러 나라의 등장**: 만주와 한반도 북부에서는 부여·고구려·옥저·동예가 세워졌고, 남부 지방에서는 마한·진한·변한의 삼한이 세워졌습니다.

+ 위만
중국의 관리로 알려져 있어요. 그러나 중국에 온 이후에는 상투를 올리고 고조선의 옷을 입었다고 해요. 즉위 후에도 '조선'이라는 나라 이름을 유지했을 뿐만 아니라 토착민 출신을 고위 관직에 등용했다고 해요.

+ 만주
한반도 북쪽의 압록강과 두만강, 러시아 일부 지역과 맞닿아 있는 중국 동북 지역을 의미해요.

+ 순장
왕이 죽었을 때 그를 따르던 사람들을 함께 묻는 풍습이에요.

+ 1책 12법
도둑질을 한 경우 12배로 갚게 하는 법이에요.

+ 서옥제
남자가 처가에 서옥이라는 집을 짓고 살다가 자식을 낳아 그 자식이 다 크고 나면, 아내를 데리고 남자의 집으로 돌아가는 풍습이에요.

+ 민며느리제
남자 집에서 며느리가 될 여자아이를 데려와 키운 후, 여자아이가 어른이 되면 여자 집에 재물을 주고 정식으로 혼인하는 제도예요.

+ 책화
동예는 읍락 간의 경계를 중시했어요. 다른 부족의 영역을 침범하면 소나 말, 노비 등으로 물어야 했죠. 이 풍습을 책화라고 했어요.

+ 족외혼
같은 씨족끼리 결혼하지 않는 것을 말해요.

+ 소도
삼한에 존재했던 신성 구역을 말해요. 천군이 소도를 다스렸으며, 솟대를 세워 영역을 표시했죠. 이곳엔 군장의 힘이 미치지 못했기 때문에 죄인이 숨어도 함부로 잡아갈 수 없었답니다.

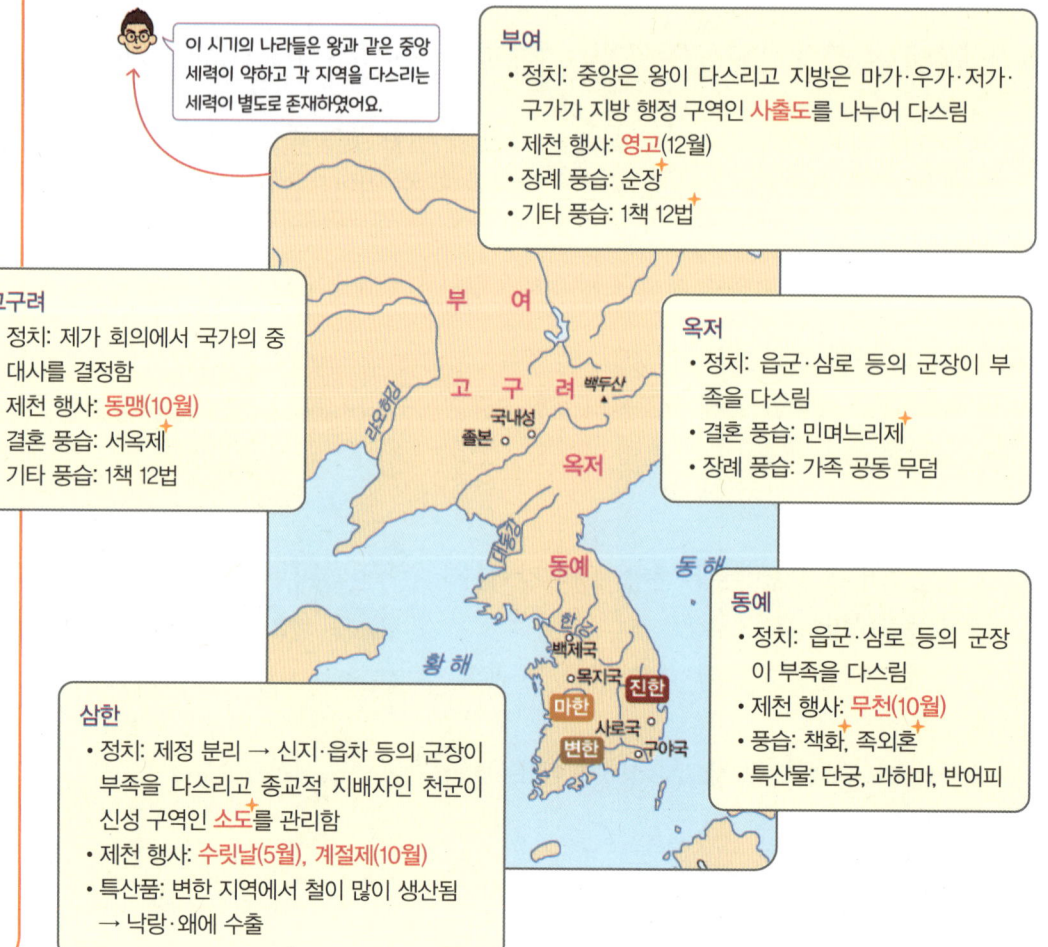

이 시기의 나라들은 왕과 같은 중앙 세력이 약하고 각 지역을 다스리는 세력이 별도로 존재하였어요.

부여
- 정치: 중앙은 왕이 다스리고 지방은 마가·우가·저가·구가가 지방 행정 구역인 **사출도**를 나누어 다스림
- 제천 행사: **영고**(12월)
- 장례 풍습: 순장⁺
- 기타 풍습: 1책 12법

고구려
- 정치: 제가 회의에서 국가의 중대사를 결정함
- 제천 행사: **동맹**(10월)
- 결혼 풍습: 서옥제
- 기타 풍습: 1책 12법

옥저
- 정치: 읍군·삼로 등의 군장이 부족을 다스림
- 결혼 풍습: 민며느리제
- 장례 풍습: 가족 공동 무덤

동예
- 정치: 읍군·삼로 등의 군장이 부족을 다스림
- 제천 행사: **무천**(10월)
- 풍습: 책화, 족외혼
- 특산물: 단궁, 과하마, 반어피

삼한
- 정치: 제정 분리 → 신지·읍차 등의 군장이 부족을 다스리고 종교적 지배자인 천군이 신성 구역인 **소도**를 관리함
- 제천 행사: **수릿날**(5월), 계절제(10월)
- 특산품: 변한 지역에서 철이 많이 생산됨 → 낙랑·왜에 수출

진실게임 OX 문제

"다음 글의 내용이 맞으면 O, 틀리면 X에 표시하기!"

1. 고조선은 철기 문화를 바탕으로 세워졌다. (O, X)
2. 고조선은 사회 질서를 유지하기 위해 8조법을 두었다. (O, X)
3. 고조선은 우리 역사상 최초의 국가가 아니다. (O, X)
4. 고조선이 세워진 청동기 시대에는 사회적으로 계급이 존재하였다. (O, X)
5. 고조선의 문화 범위를 보여 주는 대표적인 유물로는 빗살무늬 토기와 가락바퀴가 있다. (O, X)
6. 부여에서는 마가·우가·구가·저가가 지방 행정 구역인 사출도를 나누어 다스렸다. (O, X)
7. 고구려에서는 10월에 계절제라는 제천 행사를 개최하였다. (O, X)
8. 동예는 다른 부족의 영역을 마음대로 드나들었다. (O, X)
9. 옥저의 결혼 풍습으로는 민며느리제가 있었다. (O, X)
10. 삼한은 제정일치 사회였다. (O, X)

X 확인
1X 2O 3X 4O 5X 6O 7X 8X 9O 10X

1 고조선은 **청동기 문화**를 바탕으로 세워졌어요.
3 고조선은 우리 역사상 **최초의 국가**예요.
5 고조선의 문화 범위를 보여 주는 대표적인 유물로는 **비파형 동검과 미송리식 토기**가 있어요.
7 고구려에서는 10월에 **동맹**이라는 제천 행사를 개최하였어요.
8 동예에는 **부족 간의 경계를 중시하는 책화**라는 풍습이 있었어요.
10 삼한은 정치적 지배자인 신지·읍차가 있고, 이와 별도로 제사장인 천군이 존재하는 **제정 분리 사회**였어요.

이론완성 빈칸채우기

"오늘 배운 내용을 떠올리며 다음 글의 빈칸을 채워보자!"

1. 환웅과 웅녀 사이에서 태어난 ☐☐☐☐이/가 고조선을 건국하였다.
2. 고조선은 ☐☐☐문화를 바탕으로 세워졌다.
3. 고조선에는 사회 질서를 유지하기 위한 ☐☐8조가 있었다.
4. 고조선의 건국 이야기는 일연이 쓴 ☐☐☐☐에 실려 있다.
5. 고조선의 세력이 점점 커지자 우거왕 시기에 중국의 ☐이/가 고조선을 침입하였다.
6. 부여에서는 왕 아래의 마가·우가·저가·구가 등이 별도의 행정 구역인 ☐☐☐을/를 다스렸다.
7. 고구려는 10월에 ☐☐(이)라는 제천 행사를 개최하였다.
8. 동예는 읍락 간의 경계를 중시하는 ☐☐(이)라는 풍습이 있었다.
9. 옥저는 결혼 풍습으로는 ☐☐☐☐☐이/가 있었다.
10. 삼한 중 특히 ☐☐에서는 철이 많이 생산되었다.

정답
1 단군왕검 2 청동기 3 「사기인조」 4 삼국유사 5 한 6 사출도 7 동맹 8 책화 9 민며느리제 10 변한

완벽 마무리 기출문제풀이

"쌤이 기출문제 중 가장 도움이 될 만한 것으로 특별히 골라왔어! 같이 풀어보자!"

01 밑줄 그은 '이 나라'에 대한 설명으로 옳은 것은?

우리 역사상 최초의 국가인 이 나라의 건국 이야기에 나오는 단군왕검, 곰, 호랑이를 표현해 보았어요.

① 영고라는 제천 행사를 열었다.
② 혼인 풍습으로 민며느리제가 있었다.
③ 읍락 간의 경계를 중시하는 책화가 있었다.
④ 범금 8조를 만들어 사회 질서를 유지하였다.

02 (가) 나라에 대한 설명으로 옳은 것은?

이것은 중국 지린 마오얼산 유적에서 출토된 (가) 의 수레바퀴 부품입니다. 기록에 따르면 (가) 에서는 좋은 말이 생산되었으며, 마가·우가 등의 여러 가들이 각각 사출도를 다스렸습니다.

① 영고라는 제천 행사를 열었다.
② 신성 지역인 소도가 존재하였다.
③ 혼인 풍습으로 민며느리제가 있었다.
④ 사회 질서를 유지하기 위하여 범금 8조를 만들었다.

---

01 고조선

자료에서 정답 키워드 찾기 — 정답: ④

- 우리 역사상 최초의 국가: 고조선
- 단군왕검: 고조선을 세운 인물
- 곰, 호랑이: 고조선의 건국 이야기에 등장하는 동물
④ 고조선에는 사회 질서 유지를 위한 범금 8조(8조법)가 있었어요. 현재에는 세 가지 내용만 전해지고 있어요.

오답선지 다시보기

① 부여에서는 매년 12월 영고라는 제천 행사를 열었어요.
② 옥저에는 민며느리제라 하여 남자 집으로 여자아이를 데려와 키운 후, 여자아이가 성인이 되면 여자 집에 재물을 주고 결혼시키는 풍습이 있었어요.
③ 동예에는 읍락 간의 경계를 중시하는 책화라는 풍습이 있었어요. 다른 부족의 영역을 함부로 침범하면 노비나 소, 말로 배상하였어요.

02 부여

자료에서 정답 키워드 찾기 — 정답: ①

- 마가·우가 등: 부여의 관직
- 사출도: 부여의 여러 가(加)들이 별도로 다스린 지방 행정 구역
① 부여에서는 12월에 영고라는 제천 행사를 열었어요.

오답선지 다시보기

② 삼한에는 제사장인 천군이 다스리던 신성 지역으로 소도가 있었어요.
③ 옥저에는 민며느리제라는 혼인 풍습이 있었어요.
④ 고조선에는 사회 질서 유지를 위한 범금 8조(8조법)가 있었어요.

02강 고조선과 여러 나라의 성장

03 (가)에 들어갈 내용으로 옳은 것은?

① 서옥제라는 혼인 풍습을 표현해 보자.
② 무예를 익히는 화랑도의 모습을 보여 주자.
③ 특산물인 단궁, 과하마, 반어피를 그려 보자.
④ 지배층인 마가, 우가, 저가, 구가를 등장시키자.

04 (가) 나라에 대한 설명으로 옳은 것은?

① 영고라는 제천 행사가 있었다.
② 신지, 읍차 등의 지배자가 있었다.
③ 혼인 풍습으로 민며느리제가 있었다.
④ 읍락 간의 경계를 중시하는 책화가 있었다.

---

03 동예

자료에서 정답 키워드 찾기 — 정답: ③

- 무천: 동예의 제천 행사
- 책화: 동예의 풍습
- ③ 동예는 특산물로 단궁, 과하마, 반어피가 유명했어요.

오답선지 다시보기

① 고구려에는 남자가 처가에 서옥이라는 집을 짓고 살다가 자식이 장성하면 아내를 데리고 남자 집으로 돌아가는 서옥제라는 혼인 풍습이 있었어요.
② 화랑도는 신라의 청소년 교육 집단이에요.
④ 부여에서는 왕 아래에 가축 이름을 딴 마가·우가·구가·저가 등이 있었으며, 이들이 사출도를 다스렸어요.

04 삼한

자료에서 정답 키워드 찾기 — 정답: ②

- 천군: 삼한의 제사장
- 소도: 천군의 관할 구역인 신성 지역
- ② 삼한은 신지나 읍차 등의 군장이 각 부족을 지배하였어요.

오답선지 다시보기

① 부여에서는 매년 12월에 영고라는 제천 행사를 개최하였어요.
③ 옥저에는 민며느리제라는 혼인 풍습이 있었어요.
④ 동예에는 읍락 간의 경계를 중시하는 책화라는 풍습이 존재했어요.

II

고대

↑장군총

03강 삼국과 가야의 성립과 발전

기출키워드

- 고구려 #고국천왕 #진대법 #소수림왕 #율령·불교·태학 #광개토 대왕 #영락 연호 #영토 확장 #호우명 그릇 #장수왕 #남진 정책 #평양 천도 #백제 수도 함락(백제 개로왕 전사) #광개토 대왕릉비 #충주 고구려비
- 백제 #근초고왕 #평양성 공격(고구려 고국원왕 전사) #고흥 『서기』 #침류왕(불교) #문주왕 웅진 천도 #무령왕 22담로 #성왕 사비 천도 #한강 하류 지역 일시 회복 #관산성 전투(성왕 전사)
- 신라 #지증왕 #왕 칭호 사용 #국호 신라 #우산국(울릉도) 정벌 #법흥왕 #율령·불교·건원 연호·금관가야 정복 #진흥왕 #화랑도 정비 #한강 유역 차지 #대가야 정복 #순수비 #거칠부 『국사』 #선덕 여왕 #황룡사 9층 목탑 #김춘추

04강 삼국과 가야의 경제·사회·문화

기출키워드

- 사회 #제가 회의(고구려) #정사암 회의(백제) #화백 회의(신라) #골품제
- 학문과 사상 #태학·경당·소수림왕 불교 수용·강서 대묘(고구려) #오경박사·침류왕 불교 수용·백제 금동 대향로(백제) #임신서기석·법흥왕 불교 공인(신라)
- 고분 #장군총·강서 대묘·각저총·무용총·안악 3호분(고구려) #서울 석촌동 고분군·무령왕릉·부여 능산리 고분군(백제) #황남 대총·천마총(신라) #김해 대성동 고분군·고령 지산동 고분군(가야)
- 불상과 탑 #금동 연가 7년명 여래 입상(고구려) #서산 용현리 마애여래 삼존상·익산 미륵사지 석탑(백제) #경주 배동 석조여래 입상·황룡사 9층 목탑(신라)
- 교류 #일본(담징·칠지도·가야 토기) #서역

05강 통일 신라와 발해의 발전

기출키워드

- 고구려vs수·당 #을지문덕(살수 대첩) #연개소문 #당태종
- 통일 신라 #황산벌 #백제 부흥 운동(복신·도침·부여풍·흑치상지) #고구려 부흥 운동(고연무·검모잠·안승) #나·당 전쟁(매소성·기벌포 전투) #문무왕(삼국 통일 완성) #신문왕(9주 5소경·국학) #원종·애노의 난 #호족 #6두품 #최치원
- 발해 #대조영 #무왕(인안·산둥반도 공격) #문왕(대흥·3성 6부) #선왕(건흥·해동성국) #고구려 계승

06강 통일 신라와 발해의 경제·사회·문화

기출키워드

- 통일 신라 #원효(일심 사상·불교 대중화·무애가) #의상(화엄종·부석사 『화엄일승법계도』) #혜초(왕오천축국전) #경주 감은사지 3층 석탑 #경주 불국사 3층 석탑(『무구정광대다라니경』) #경주 석굴암 본존불상 #화순 쌍봉사 철감선사탑
- 발해 #고구려 계승 #온돌 유적 #발해 석등 #모줄임천장 #이불병좌상

03강 삼국과 가야의 성립과 발전

설쌤의 한판정리

금법대진!
(금관가야는 법흥왕이,
대가야는 진흥왕이 정복)

🖋 고구려

고국천왕	을파소 건의 → 진대법 실시
고국원왕	백제 근초고왕의 공격 → 평양성 전투에서 전사
소수림왕	불교 수용, 율령 반포, 태학 설립
광개토 대왕	독자 연호(영락) 사용, 신라에 침입한 왜 격퇴
장수왕	남진 정책, 평양 천도, 광개토 대왕릉비 건립

🖋 백제

근초고왕	고구려 평양성 공격, 요서 진출, 동진·왜와 교류, 고흥의 『서기』 편찬, 왜왕에 칠지도 선물
문주왕	개로왕의 전사 → 문주왕 즉위, 웅진 천도
무령왕	22담로(왕족 파견), 중국 남조와 교류
성왕	사비 천도, 한강 하류 일시적 회복, 신라 진흥왕에게 빼앗긴 후 관산성 전투에서 전사

5세기 고구려의 세력 확대

4세기 백제의 세력 확대

칠지도

🖋 신라

내물 마립간	'마립간' 칭호 사용, 광개토 대왕의 도움으로 왜구 물리침
지증왕	'왕' 칭호 사용, 국호 '신라', 우산국 정벌(이사부)
법흥왕	율령 반포, 연호 '건원', 불교 공인(이차돈 순교), 금관가야 병합
진흥왕	화랑도 개편, 대가야 정복, 한강 유역 확보(4개의 순수비 건립), 거칠부의 『국사』 편찬
선덕 여왕	자장의 건의 → 황룡사 9층 목탑 건립

🖋 가야

금관가야	전기 가야연맹 주도, 법흥왕에 멸망
대가야	후기 가야 연맹 주도, 진흥왕에 멸망

6세기 신라의 세력 확대

1 삼국의 성립과 발전

(1) 고구려

① 건국: 주몽이 도읍을 졸본으로 정하고 고구려를 세웠어요.

② 성장

태조왕	옥저를 복속함
고국천왕	을파소의 건의로 진대법을 시행함
미천왕	한 군현(대방군, 낙랑군)을 몰아낸 뒤 한반도 서북부 지역을 확보함
고국원왕	백제 근초고왕의 공격을 받아 평양성 전투에서 전사함

일종의 구휼(가난한 사람을 돕는) 제도로 봄에 곡식을 빌려주고 가을에 갚게하는 제도예요.

도읍 한 나라의 수도를 뜻해요.

복속 복종하여 따른다는 뜻이에요.

③ 발전

소수림왕	불교 수용, 태학 설립, 율령 반포
광개토 대왕 (5세기)	• 최초로 독자적 연호인 '영락'을 사용함 • 신라 왕의 요청으로 신라에 침입한 왜를 물리침 → 이 과정에서 가야에도 큰 영향을 끼침(금관가야의 세력 약화)
장수왕 (5세기)	• 남쪽으로 세력을 확장하는 남진 정책 추진 → 평양으로 천도 • 백제의 도읍인 한성을 공격함(백제 개로왕 전사) → 백제는 웅진(공주)으로 천도 • 광개토 대왕릉비를 건립함

▲ 5세기 고구려의 세력 확대

태학 나라의 인재를 기르기 위해 설립한 대학이에요.

율령 나라를 다스리는 법 등을 뜻해요.

연호 임금이 즉위한 해를 붙이던 칭호로 연도를 구분하기 위하여 사용하였어요. 우리나라에서는 중국의 연호를 따라 사용하기도 하였어요.

천도 도읍을 옮긴다는 뜻이에요.

고구려의 세력을 보여 주는 유물

▲ 호우명 그릇
신라의 수도였던 경주에서 발견된 고구려의 청동 그릇이에요. 이를 통해 신라에 대한 고구려의 영향력을 짐작할 수 있어요.

바닥에 '광개토 대왕을 기념하여 만들었다.'라고 쓰여 있어요.

▲ 광개토 대왕릉비
중국 지린성에 세워진 비석으로 광개토 대왕의 아들인 장수왕이 아버지 광개토 대왕의 업적을 기리기 위해 세웠어요.

▲ 충주 고구려비
충청북도 충주에 있는 비석으로, 비석의 위치와 그 내용을 통해 당시 고구려의 세력을 짐작할 수 있어요.

④ 7세기 고구려의 상황

㉠ 영양왕 때 중국의 수가 고구려를 공격했어요. 을지문덕이 이끄는 고구려군은 살수 지역에서 중국의 수를 물리쳤어요(살수 대첩, 612).

㉡ 영양왕의 뒤를 이은 영류왕 때 장군 출신의 연개소문이 반란을 일으켰어요. 연개소문은 영류왕을 죽이고, 보장왕을 새로운 왕으로 옹립했어요.

㉢ 보장왕 때 중국의 당이 또다시 고구려를 공격하였어요. 고구려군이 안시성 전투(645)에서 당을 몰아냈지만, 고구려는 잇따른 전쟁으로 약해져 갔어요.

수 임수는 중국에 세워진 나라예요. 수는 고구려와의 전쟁과 내부의 문제로 30여 년 만에 멸망하였으며, 이후 중국에는 당이 세워졌지요.

옹립하다 임금으로 받들어 모신다는 뜻이에요.

쌤! 질문 있어요!

Q 고구려와 백제의 뿌리가 같다는 게 진짜인가요?

고구려의 건국 이야기에 따르면 고구려를 세운 주몽은 부여 금와왕의 아들이라고 해요. 또한 백제를 세운 온조는 주몽의 아들이라고 해요. 즉 고구려와 백제는 모두 부여의 뿌리를 가지고 있다고 볼 수 있어요.

+ 공복

관리들이 나랏일을 할 때 입던 옷으로, 관리의 등급에 따라 옷의 색깔이 달랐어요.

+ 담로

백제가 설치한 지방 행정 구역을 뜻하는 말이에요.

쌤! 질문 있어요!

Q 이차돈의 순교란 무엇인가요?

이차돈은 불교가 신라의 성장에 도움이 될 것이라 믿으며 법흥왕에게 불교 공인을 제안한 인물이에요. 그러나 귀족들의 반발이 심하자 이차돈은 스스로 희생하기로 결심하였어요. 법흥왕은 명령을 내려 사람들이 보는 앞에서 이차돈의 목을 베었는데, 목에서 흰 피가 솟구쳤다고 해요. 그리고 이를 계기로 사람들이 불교를 믿게 되었어요. 이러한 사건을 일컬어 이차돈의 순교라고 해요.

+ 공인

국가가 어떤 행위나 물건 등을 인정한다는 뜻이에요.

---

(2) 백제

① **건국**: 온조가 한강 유역에 터를 잡고 백제를 세웠어요.

② **성장과 발전**

고이왕	• 관리들의 등급을 16개로 나누는 **16관등제**를 마련하고 관리의 **공복**을 제정함 • **율령**을 반포함
근초고왕 (4세기)	• 고구려 **평양성을 공격**함 → 고구려 고국원왕 전사 • 요서 지역으로 진출하였고, 중국 산둥반도·일본 규슈 지역과도 교류함 • 고흥으로 하여금 역사서인 『**서기**』를 편찬하도록 함
침류왕	중국 동진으로부터 **불교를 수용함**

▲ 4세기 백제의 세력 확대

백제 왕이 왜왕에게 선물한 칼(칠지도)를 통해 백제와 일본의 교류 관계를 알 수 있어요.

③ **중흥을 위한 노력**

위기	• 고구려 장수왕의 세력 확장 → 백제 비유왕과 신라 눌지 마립간의 동맹 (나·제 동맹) • 고구려 **장수왕의 공격**을 받아 백제의 도읍인 한성이 함락되고 **개로왕이 전사**함 • 개로왕의 뒤를 이은 문주왕은 도읍을 한성에서 **웅진(공주)으로 옮김**
무령왕	• 지방에 **22담로를 설치**하고 왕족을 파견함 • 중국 남조와 교류함
성왕	• 도읍을 **사비(부여)로 옮기고 나라 이름(국호)을 '남부여'**로 고침 • 신라 진흥왕과 연합하여 고구려에 빼앗겼던 한강 하류 지역을 되찾음 → 진흥왕의 배신으로 한강 유역을 다시 잃음 • 신라를 공격하였으나 **관산성 전투에서 전사함**(554)

(3) 신라

① **건국**: 박혁거세가 경주 지역에 신라를 세우고 박·석·김씨가 교대로 왕위에 올랐어요.

② **왕호의 변천**: 신라에서는 왕의 호칭이 '거서간(군장) → 차차웅(제사장) → 이사금(연장자) → 마립간(대군장) → 왕' 순으로 변하였어요.

③ **김씨 왕위 세습**: 내물 마립간 때 김씨가 독점적으로 왕의 자리를 이어받기 시작하였으며, 마립간 칭호도 처음 사용했어요.

④ **신라의 발전**

지증왕	• '**왕**' 칭호를 사용하고, 나라 이름을 '**신라**'로 정함 • 이사부를 보내어 **우산국(울릉도)을 정벌**함
법흥왕	• 이차돈의 순교를 계기로 **불교를 공인**함 • **율령**을 반포함 • '**건원**'이라는 연호를 사용함 • 신분 제도인 골품제를 정비함 • **금관가야를 정복**함

신라 때 혈통에 따라 나눈 신분 제도예요. 왕족은 성골과 진골, 그 아래 귀족은 6·5·4두품으로 나누었어요. 훗날 진골 출신의 태종 무열왕이 즉위하기 전까지는 오직 성골만이 왕이 될 수 있었어요.

진흥왕 (6세기)	• 청소년 단체의 일종이었던 **화랑도**를 국가적 조직으로 개편함 • 백제 성왕과 연합하여 고구려가 차지했던 **한강 유역을 점령**함 • 관산성 전투에서 승리 → 백제 성왕 전사 • **대가야를 정복**하여 낙동강 일대를 장악함 • 고구려 지역을 점령하고 단양 신라 적성비를 세웠으며, 영토를 넓히고 **4개의 순수비**를 건립함 • 거칠부에게 역사서인 『**국사**』를 편찬하게 함	▲ 6세기 신라의 세력 확대
진흥왕 이후	• 선덕 여왕 때 승려 자장의 건의에 따라 **황룡사 9층 목탑**을 건립함 • 진덕 여왕 때 **김춘추**가 중국의 당과 동맹을 맺음(나·당 동맹)	

+ 순수비

임금이 살피며 돌아다닌 영토를 기념하기 위하여 세운 비석이에요. 서울 북한산 신라 진흥왕 순수비, 창녕 신라 진흥왕 척경비, 황초령 신라 진흥왕 순수비, 마운령 신라 진흥왕 순수비가 있어요.

2 가야의 성장과 발전

(1) 가야 연맹의 형성

> 공동의 목적을 가진 단체나 국가가 서로 돕고 함께할 것을 약속한 것을 의미해요.

① 변한 지역에서는 철기 문화를 바탕으로 여러 나라가 세워졌어요.
② 김해 지역에서 김수로가 금관가야를 건국하였고, 주변의 여러 나라와 함께 가야 연맹으로 발전하였어요.

(2) 금관가야와 대가야

	금관가야	대가야
성장	• **전기 가야 연맹을 주도**함 • 덩이쇠를 화폐처럼 사용하였으며, 낙랑과 왜 등에서 수출함	금관가야 쇠퇴 후 대가야가 **후기 가야 연맹을 주도**함
쇠퇴	• **고구려의 공격**을 받아 쇠퇴함 • **신라 법흥왕**에게 멸망함	**신라 진흥왕**에게 멸망함
대표 유적	**김해 대성동 고분군** 출토 판갑옷, 도기 기마인물형 뿔잔 등	**고령 지산동 고분군** 출토 금동관·철제 판갑옷과 투구

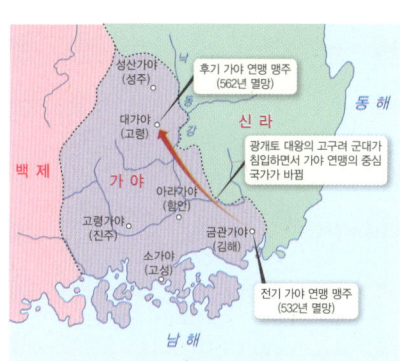

▲ 가야 중심지 이동

가야의 유물

▲ 김해 대성동 고분군 출토 판갑옷

▲ 고령 지산동 고분군 출토 철제 판갑옷과 투구

진실게임 OX 문제

"다음 글의 내용이 맞으면 O, 틀리면 X에 표시하기!"

1. 고구려 고국천왕은 백제의 공격을 받아 평양성 전투에서 전사하였다. (O , X)
2. 고구려 광개토 대왕은 '영락'이라는 연호를 사용하였다. (O , X)
3. 고구려 장수왕은 아버지 광개토 대왕의 업적을 기리기 위하여 충주 고구려비를 세웠다. (O , X)
4. 백제 근초고왕은 일본 규슈 지역과 교류하였으며, 왜왕에게 칠지도를 보냈다. (O , X)
5. 백제 문주왕은 도읍을 한성에서 웅진(공주)으로 옮겼다. (O , X)
6. 백제 성왕은 사비(부여)로 도읍을 옮기고, 나라 이름을 남부여로 고쳤다. (O , X)
7. 신라 법흥왕은 나라 이름을 '신라'로 정하고, '왕' 칭호를 사용하였다. (O , X)
8. 신라 지증왕은 화랑도를 국가적인 조직으로 정비하였다. (O , X)
9. 금관가야에서는 덩이쇠를 화폐처럼 사용하였으며 낙랑과 왜 등에도 수출하였다. (O , X)
10. 대가야는 신라 진흥왕에 의해 멸망하였다. (O , X)

정답: 1 X 2 O 3 X 4 O 5 O 6 O 7 X 8 X 9 O 10 O

X 확인

1. 고구려 **고국원왕**은 백제의 공격을 받아 평양성 전투에서 전사하였어요.
3. 고구려 장수왕은 아버지 광개토 대왕의 업적을 기리기 위하여 **광개토 대왕릉비**를 세웠어요.
7. 신라 **지증왕**은 나라 이름을 '신라'로 정하고, '왕' 칭호를 사용하였어요.
8. 신라 **진흥왕**은 화랑도를 국가적인 조직으로 정비하였어요.

이론완성 빈칸채우기

"오늘 배운 내용을 떠올리며 다음 글의 빈칸을 채워보자!"

1. 고구려 고국천왕은 구휼 제도로 ☐☐☐을/를 실시하였다.
2. 고구려 ☐☐☐☐은/는 평양성 전투에서 전사하였다.
3. 고구려 장수왕은 남쪽으로 세력을 확장하며 도읍을 ☐☐(으)로 옮겼다.
4. ☐☐은/는 한강 유역에 백제를 건국하였다.
5. 백제 ☐☐☐☐은/는 고흥으로 하여금 『서기』를 편찬하게 하였다.
6. 백제 ☐☐은/는 도읍을 사비로 옮기고, 나라 이름을 남부여라고 하였다.
7. 신라 ☐☐☐은/는 율령을 반포하였고, 금관가야를 정복하였다.
8. 신라 진흥왕은 ☐☐☐을/를 정복하여 낙동강 일대를 장악하였다.
9. ☐☐☐이/가 김해 지역에 금관가야를 건국하였다.
10. ☐☐☐☐은/는 전기 가야 연맹을 주도하였다.

정답: 1 진대법 2 고국원왕 3 평양 4 온조 5 근초고왕 6 성왕 7 법흥왕 8 대가야 9 김수로 10 금관가야

완벽 마무리 기출문제풀이

01 (가)~(다)를 일어난 순서대로 옳게 나열한 것은?

고구려의 발전 과정
- (가) 영락 연호 사용
- (나) 태학 설립
- (다) 평양 천도

① (가) – (나) – (다)
② (가) – (다) – (나)
③ (나) – (가) – (다)
④ (다) – (나) – (가)

02 (가), (나) 사이의 시기에 있었던 사실로 옳은 것은?

(가) 얼마 전 고구려가 도읍을 평양으로 옮겼다는군. / 앞으로 우리 한성을 향해 내려올 것 같아 걱정일세.

(나) 왕성이 함락되고 왕께서도 목숨을 잃으셨다고 하네. / 새로 즉위한 문주왕께서 이곳 웅진으로 오신다는군.

① 고구려가 옥저를 정복하였다.
② 백제가 신라와 동맹을 맺었다.
③ 백제가 관산성 전투에서 패배하였다.
④ 고구려가 안시성에서 당군을 물리쳤다.

01 고구려의 성장

자료에서 정답 키워드 찾기 — 정답: ③

- 영락: 광개토 대왕 때의 연호
- 태학 설립: 소수림왕의 업적
- 평양 천도: 장수왕의 업적
③ (나) 4세기 고구려 소수림왕은 인재를 양성하기 위하여 일종의 국립 대학인 태학을 설립하였어요. → (가) 5세기 고구려 광개토 대왕은 '영락'이라는 독자적인 연호를 사용하였어요. → (다) 5세기 고구려 장수왕은 남쪽으로 세력을 확장하며 도읍을 평양으로 옮겼어요.

02 5세기 백제의 상황

자료에서 정답 키워드 찾기 — 정답: ②

- 고구려가 도읍을 평양으로 옮김: 고구려 장수왕의 평양 천도(427)
- 왕성 함락: 백제 개로왕의 전사
- 새로 즉위한 문주왕, 웅진으로 옮김: 문주왕의 웅진 천도(475)
② 고구려 장수왕의 세력 확장에 대항하여 백제 비유왕과 신라 눌지 마립간이 나·제 동맹을 체결하였어요(433).

오답선지 다시보기

① 1세기 무렵에 고구려 태조왕은 옥저를 복속시켰어요.
③ 백제 성왕은 신라 진흥왕과 함께 동맹을 맺고 고구려에 빼앗겼던 한강 유역을 일시적으로 되찾았어요. 그러나 이후 신라의 배신으로 한강 유역을 다시 잃게 되었고, 성왕은 관산성을 전투에서 신라의 공격을 받아 전사하였어요(관산성 전투, 554).
④ 당이 고구려에 침입하자 안시성주가 이끄는 고구려군이 안시성 전투에서 당을 물리쳤어요(645).

03 밑줄 그은 '이 왕'의 업적으로 옳은 것은?

> 부여 나성 발굴 과정에서 성의 북문 터가 확인되었습니다. 부여 나성은 백제 사비 도성을 감싸는 방어 시설로, 수도를 웅진에서 사비로 옮긴 이 왕 때 축조된 것으로 추정됩니다.

부여 나성 북문 터 확인

① 동진으로부터 불교를 받아들였다.
② 고흥에게 역사서인 서기를 편찬하게 하였다.
③ 진흥왕과 연합하여 한강 유역을 회복하였다.
④ 대야성을 비롯한 신라의 40여 개 성을 빼앗았다.

04 밑줄 그은 '그'로 옳은 것은?

이때 고구려 관리에게 토끼와 거북이의 이야기를 듣게 되었답니다. 그는 뜻을 알아차리고 꾀를 내어 영토를 돌려주겠다고 한 뒤 신라로 무사히 돌아왔어요. 그리고 몇 해 후 당으로 건너가 동맹을 맺었지요.

선덕 여왕 11년 그는 군사를 청하러 고구려로 떠났습니다. 하지만 죽령 이북의 땅을 돌려달라는 보장왕의 요구를 들어주지 않아 별관에 갇히게 되었지요.

- 3 -   - 4 -

① 김대성   ② 김춘추
③ 사다함   ④ 이사부

---

03 백제 성왕의 업적

자료에서 정답 키워드 찾기   정답: ③

- 수도를 웅진에서 사비로 옮김: 백제 성왕
- ③ 백제 성왕은 도읍을 웅진에서 사비로 옮겼으며, 나라 이름을 '남부여'로 고쳤어요. 또 신라 진흥왕과 연합하여 한강 유역을 되찾았으나 신라의 배신으로 다시 한강 유역을 빼앗겼어요.

오답선지 다시보기

① 백제 침류왕 때 중국 동진으로부터 불교를 받아들였어요.
② 백제 근초고왕은 고흥에게 역사서인 『서기』를 편찬하게 하였어요.
④ 백제 의자왕은 즉위 후 신라를 공격하여 대야성을 비롯한 40여 개 성을 빼앗았어요.

04 김춘추

자료에서 정답 키워드 찾기   정답: ②

- 군사를 청하러 고구려로 떠남: 선덕 여왕 때 김춘추가 고구려에 가서 군사를 요청함
- 당으로 건너가 동맹을 맺음: 김춘추가 당과 군사 동맹을 맺음
- ② 신라 진덕 여왕 때 김춘추가 당으로 건너가 나·당 동맹을 맺었어요.

오답선지 다시보기

① 김대성은 통일 신라 때 불국사와 석굴암을 만든 인물이에요.
③ 사다함은 6세기 신라 진흥왕 때 이사부와 함께 대가야 정벌에 공을 세운 인물이에요.
④ 이사부는 지증왕 때 우산국을 정벌하고, 진흥왕 때에는 대가야 정벌에 앞장선 인물이에요.

03강 삼국과 가야의 성립과 발전

05 밑줄 그은 '나'의 업적으로 옳은 것은?

"나는 신라의 제23대 왕으로 병부를 설치하고, 율령을 반포하였소."

① 녹읍을 폐지하였다.
② 불교를 공인하였다.
③ 독서삼품과를 시행하였다.
④ 북한산에 순수비를 세웠다.

06 (가) 나라의 경제 상황에 대한 설명으로 옳은 것은?

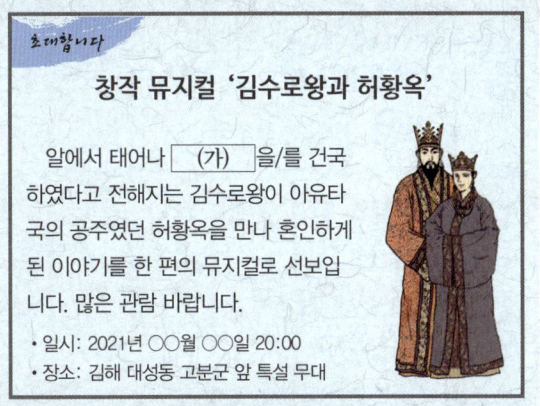

초대합니다
창작 뮤지컬 '김수로왕과 허황옥'
알에서 태어나 (가) 을/를 건국하였다고 전해지는 김수로왕이 아유타국의 공주였던 허황옥을 만나 혼인하게 된 이야기를 한 편의 뮤지컬로 선보입니다. 많은 관람 바랍니다.
• 일시: 2021년 ○○월 ○○일 20:00
• 장소: 김해 대성동 고분군 앞 특설 무대

① 낙랑과 왜에 철을 수출하였다.
② 모내기법이 전국적으로 확산되었다.
③ 물가 조절을 위하여 상평창을 두었다.
④ 활구라고도 불린 은병을 제작하였다.

05 신라 법흥왕의 업적

자료에서 정답 키워드 찾기 — 정답: ②

- 병부 설치, 율령 반포: 신라 법흥왕의 업적
② 신라 법흥왕 때 이차돈의 순교를 계기로 불교가 공인되었어요.

오답선지 다시보기
① 통일 신라 신문왕은 관리들에게 지급되던 토지의 일종인 녹읍을 폐지하였어요.
③ 통일 신라 원성왕은 관리들을 선발하는 제도인 독서삼품과를 실시하였으나 귀족들의 반발로 성과를 거두지 못하였어요.
④ 신라 진흥왕은 북한산에 순수비를 세웠어요.

06 금관가야

자료에서 정답 키워드 찾기 — 정답: ①

- 김수로왕: 금관가야를 건국한 인물
- 허황옥: 김수로왕의 왕비
- 김해 대성동 고분군: 금관가야의 대표 유적
① 금관가야는 덩이쇠를 화폐처럼 사용하였으며, 낙랑과 왜 등에 철을 수출하였어요.

오답선지 다시보기
② 조선 후기에 모내기법이 전국으로 확산하였어요.
③ 고려 성종 때 물가 조절 기관인 상평창을 설치하였어요.
④ 고려 숙종 때 화폐인 은병(활구)을 제작하였어요.

04강 삼국과 가야의 경제·사회·문화

설쌤의 한판정리

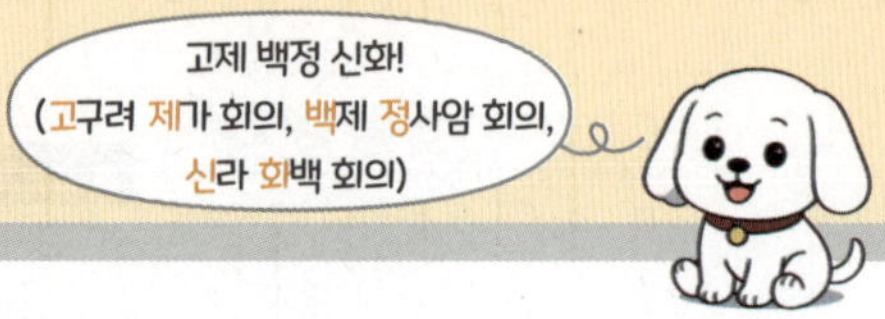

> 고제 백정 신화!
> (고구려 제가 회의, 백제 정사암 회의, 신라 화백 회의)

📝 삼국의 사회 모습

고구려
- 제가 회의
- 1책 12법, 서옥제 풍습

백제
- 정사암 회의
- 고구려와 풍습 유사

신라
- 화백 회의(만장일치)
- 골품제
- 화랑도(세속 오계를 규범으로 삼음)

📝 삼국과 가야의 문화

학문과 사상

	고구려	백제	신라
불교 수용	소수림왕	침류왕	법흥왕
유교	태학, 경당 설립	오경박사 파견	임신서기석
도교	강서대묘 사신도	백제 금동 대향로	

고분

고구려	백제	신라	가야
• 초기: 돌무지 무덤 (장군총) • 후기: 굴식 돌방무덤 (벽화)	• 한성 시대: 돌무지 무덤(서울 석촌동 고분군) • 웅진 시대: 굴식 돌방무덤, 벽돌무덤(무령왕릉) • 사비 시대: 굴식 돌방무덤(부여 능산리 고분군)	통일 이전: 돌무지 덧널무덤(천마총)	• 금관가야: 김해 대성동 고분군 • 대가야: 고령 지산동 고분군

불상·탑

고구려	백제	신라
 금동 연가 7년명 여래 입상	   익산 미륵사지 석탑 / 부여 정림사지 5층 석탑 / 서산 용현리 마애여래 삼존상	  경주 분황사 모전 석탑 / 경주 배동 석조 여래 삼존 입상

대외 교류

일본
- 고구려: 담징(종이 기술 전수), 다카마쓰 고분 벽화에 영향
- 백제: 칠지도
- 가야: 스에키 토기에 영향

서역
- 아프라시압 궁전 벽화 고구려 사신
- 황남대총 출토 유리 그릇, 경주 계림로 보검

1 삼국의 사회 모습

(1) 엄격한 신분제 사회: 왕족을 비롯한 귀족들은 사회·경제적 특권을 세습하였어요. 그리고 귀족들을 중심으로 한 귀족 회의에서 국가의 큰 일을 결정하였어요.

(2) 삼국의 사회 모습

고구려	• 귀족 회의: 제가 회의 • 사회 풍습 　- 도둑질한 자는 12배로 배상하도록 함(1책 12법) 　- 형사취수제, 서옥제 등의 혼인 풍습이 있었음
백제	• 귀족 회의: 정사암 회의 • 사회 풍습: 언어와 풍속, 의복 등이 고구려와 비슷했고, 일찍부터 중국의 선진 문화를 받아들였음
신라	• 귀족 회의: 화백 회의(만장일치로 결정) • 신분 제도: 골품제라는 엄격한 신분 제도가 존재함 • 화랑도: 진흥왕 때 국가적인 조직으로 개편하였으며, 원광의 세속 오계를 행동 규범으로 삼음

+ 세습
집안의 재산이나 신분, 직업 따위를 대대로 물려주고 물려받는 것을 뜻해요.

+ 세속 오계
신라 시대에 화랑이 지켜야 했던 다섯 가지 계율이에요.

2 삼국과 가야의 문화

(1) 고대 국가의 학문과 사상

고구려	학문	• 소수림왕 때 도읍에 태학을 설립하여 유교 경전을 가르침 • 지방에는 경당을 두어 책 읽기와 활쏘기 등을 가르침
	사상	• 불교: 소수림왕 때 중국 전진으로부터 불교를 수용함 • 도교: 강서 대묘 등에 사신도가 그려져 있음
백제	학문	오경박사·의박사·역박사 등이 유교 경전·의료·천문 등을 가르침
	사상	• 불교: 침류왕 때 중국 동진으로부터 불교를 수용함 • 도교: 산수무늬 벽돌·백제 금동 대향로 등의 유적과 유물이 남아 있음
신라	학문	유교 공부에 힘쓸 것을 다짐하는 내용이 새겨진 비석이 남아 있음 (임신서기석)
	사상	법흥왕 때 이차돈의 순교로 불교가 공인됨

쌤! 질문 있어요!

Q 유교, 도교, 불교란 무엇인가요?
유교란 중국의 공자가 정리하여 발전시킨 학문이자 종교로, 나라에 대한 충성과 부모에 대한 효를 중요하게 여겼어요. 도교란 도를 닦고 자연과 함께 더불어 사는 삶에 바탕을 둔 종교예요. 산이나 강, 상상 속 동물인 주작과 현무 등이 도교의 상징이지요. 마지막으로 불교는 부처의 가르침을 따르는 종교예요. 신라에서는 왕을 부처로 여겼으며, 고구려와 백제에서도 왕권을 강화하는 데 도움을 주었어요.

+ 사신도
도교에서 동서남북을 상징하는 신을 나타낸 것으로, 동쪽의 청룡, 서쪽의 백호, 남쪽의 주작, 북쪽의 현무를 그린 그림이에요.

+ 오경박사·의박사·역박사
유교 경전, 의학, 천문학에 통달한 사람에게 주어진 관직의 이름이에요.

(2) 고구려의 고분 〔고대에 만들어진 무덤을 뜻해요.〕

① 전기: 돌무지무덤
　㉠ 고구려 초기의 무덤 구조로, 돌을 쌓아 올려 만든 **계단식 무덤**이에요.
　㉡ 돌무지무덤은 내부에 벽화가 없어요.
　㉢ 대표 고분: 장군총

장군총

✚ **널방**
시체가 안치된 관(널)이 있는 무덤 속의 방을 뜻해요.

✚ **모줄임천장**

② 후기: 굴식 돌방무덤
  ㉠ 돌로 **널방**을 만들고 입구와 통로를 연결한 후, 그 위에 흙을 덮어 봉분을 만든 무덤이에요.
  ㉡ 천장의 네 귀퉁이에 삼각형 받침돌을 놓고 점차 모서리를 좁혀 나가는 모줄임 **천장** 구조가 나타나기도 해요.
  ㉢ 천장과 벽에 **벽화**가 그려져 있으며, 무덤 구조상 도굴이 쉬웠어요.
  ㉣ 대표 고분: 강서 대묘, 각저총, **무용총**, 안악 3호분

> **굴식 돌방무덤의 구조와 고구려의 고분 벽화**
>
> ▲ 굴식 돌방무덤의 구조   ▲ 강서 대묘 사신도   ▲ 각저총 씨름도   ▲ 무용총 수렵도

(3) 백제의 고분
① 한성 시대: 돌무지무덤
  ㉠ 한성 시대의 무덤 구조는 고구려 초기의 고분 형태와 유사해요.
  ㉡ 대표 유적: 서울 석촌동 고분군

서울 석촌동 고분군

② 웅진 시대: 굴식 돌방무덤, 벽돌무덤
  ㉠ 백제의 고분 형태는 돌무지무덤에서 점차 굴식 돌방무덤으로 바뀌었어요.
  ㉡ 백제 무령왕의 무덤인 **무령왕릉은 벽돌무덤**으로, 중국의 영향을 받아 만들어졌어요.
  ㉢ 대표 유적: 공주 무령왕릉과 왕릉원(공주 송산리 고분군)

> **공주 무령왕릉과 왕릉원**
>
> ▲ 공주 송산리 고분군 / 무령왕릉을 비롯한 왕과 귀족들의 무덤이 있어요.
> ▲ 무령왕릉 내부 / 벽돌을 쌓아 만들고 나무로 만든 관과 껴묻거리를 두었어요.
> ▲ 무령왕릉 지석 / 무덤의 주인을 알 수 있는 비석이에요.
> ▲ 무령왕릉 석수 / 무덤을 지키는 상상의 동물 형상이에요.

✚ **지석**
죽은 사람의 정보 등을 기록한 비석이에요.

③ 사비 시대: 굴식 돌방무덤
  ㉠ 부여 능산리 고분군 근처 절터에서 **백제 금동 대향로**가 출토되었어요. 이는 백제의 금속 공예 기술을 보여주는 대표적인 문화유산입니다.
  ㉡ 대표 유적: 부여 능산리 고분군

> 향을 피우는 도구로 도교의 영향을 받아 만들어졌어요. 첩첩산중이 표현되어 있고, 그 안에 여러 인물과 산신, 악사 등이 있으며, 가장 꼭대기에는 봉황이 서 있어요.

부여 능산리 고분군   백제 금동 대향로

(4) 신라의 고분: 돌무지 덧널무덤
① 특징: 삼국 통일 이전 신라의 무덤 구조예요. 평지 위에 시신을 넣은 널을 놓고 그 바깥에 나무로 짠 덧널을 설치한 후, 그 위에 돌을 덮고 흙을 씌워 만들었어요.
② 대표 고분: 황남 대총, **천마총**

> **돌무지 덧널무덤의 구조와 무덤에서 출토된 유물**
>
>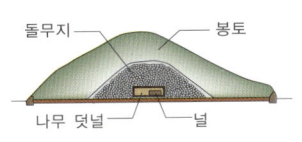
> ▲ 돌무지 덧널무덤 구조
>
>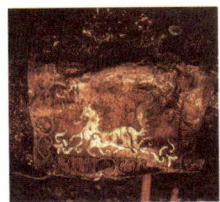
> ◀ 천마도
> 천마총에서 출토되었어요. 벽화가 아니라 말의 안장 양쪽에 달아 늘어뜨리는 말다래(말을 탄 사람의 옷에 흙이 튀지 않게 만든 기구)에 그려진 그림이에요.

(5) 가야의 고분
① 금관가야의 대표 고분: 김해 대성동 고분군
② 대가야의 대표 고분: 고령 지산동 고분군
③ 유네스코 세계 유산 지정: 2023년 9월에 가야를 대표하는 '가야 고분군' 7개의 유네스코 세계 유산 등재가 확정되었어요.

김해 대성동 고분군 　 고령 지산동 고분군

(6) 삼국의 불상

▲ 금동 연가 7년명 여래 입상
뒷면에 '연가 7년'이라고 새겨져 있어요.

▲ 서산 용현리 마애여래 삼존상
'백제의 미소'라고도 불려요.

▲ 경주 배동 석조여래 삼존 입상
경주 남산에 흩어진 석상을 모아 둔 것이에요.

(7) 삼국의 탑 　고구려의 경우 현재 남아 있는 것이 없어요.
① 백제의 탑

▲ 익산 미륵사지 석탑
목탑 양식으로 만들어 졌으며, 우리나라 석탑 중 가장 커요.

▲ 부여 정림사지 5층 석탑
당 장수 소정방이 백제 정벌을 기념하며 새긴 문장이 남아 있어요.

② 신라의 탑

▲ 황룡사 9층 목탑 복원도
선덕 여왕 때 자장의 건의에 따라 건립하였으나, 고려 시대 몽골의 침입으로 소실되었어요.

▲ 경주 분황사 모전 석탑
신라에서 가장 오래된 석탑으로, 돌을 벽돌 모양으로 다듬어 제작하였으며 네 귀퉁이에 돌사자상이 놓여 있어요.

(8) 삼국과 가야의 대외 교류

① 일본과의 교류

고구려 수산리 고분 벽화 　 일본 다카마쓰 고분 벽화

고구려	• 담징: 종이와 먹 등의 제조 기술을 전수함 • 혜자: 쇼토쿠 태자의 스승이 됨 • 일본 다카마쓰 고분 벽화는 고구려의 영향을 받았음
백제	• 백제 근초고왕이 왜왕에게 **칠지도**를 전함 • 왕인: 『천자문』, 『논어』를 가르침 • 아직기: 한자를 전파함 • 노리사치계: 불경과 불상을 전함
신라	배 만드는 기술(조선술), 제방 쌓는 기술(축제술) 등을 전파함
가야	토기 제작 기술 전파: 가야의 토기는 일본 스에키 토기에 영향을 줌
삼국	금동 미륵보살 반가 사유상은 일본 고류사 목조 미륵보살 반가 사유상에 영향을 줌

칠지도

가야 토기 　 일본 스에키 토기

금동 미륵보살 반가 사유상 　 일본 고류사 목조 미륵보살 반가 사유상

✚ 서역
중국의 서쪽에 있던 여러 나라를 뜻해요.

② 서역과의 교류

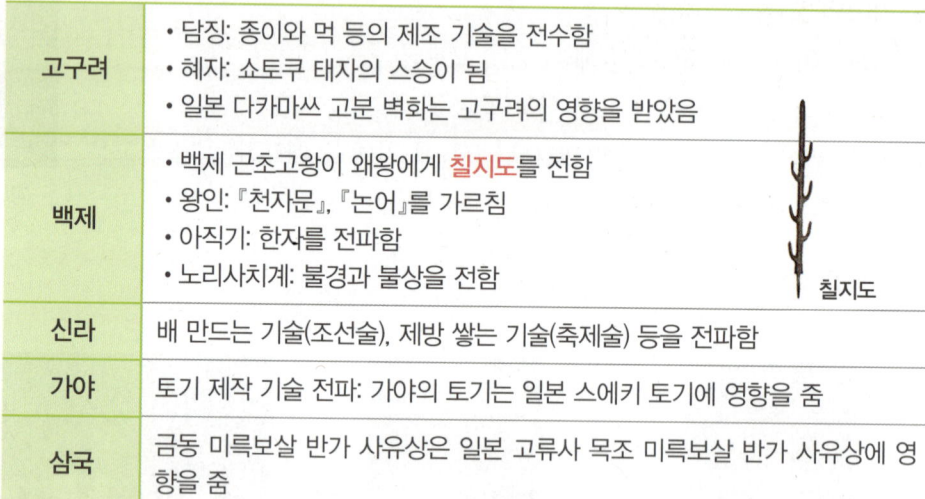

▲ 우즈베키스탄 아프라시압 궁전 벽화에 그려진 고구려 사신
고구려의 사신으로 추정되는 인물이 그려져 있어요.

▲ 황남대총 출토 유리 그릇　▲ 경주 계림로 보검
당시 로마에서 제작된 유물이에요. 이를 통해 신라와 서역의 교류 사실을 알 수 있어요.

진실게임 OX 문제

"다음 글의 내용이 맞으면 O, 틀리면 X에 표시하기!"

1. 고구려의 귀족들은 정사암 회의에서 국가의 큰 일을 의논하고 결정하였다. (O, X)
2. 신라의 화랑도는 진평왕 때 국가적인 조직으로 정비되었다. (O, X)
3. 고구려 소수림왕 때 유교 교육을 위한 태학이 설립되었다. (O, X)
4. 백제 침류왕 때 중국 동진으로부터 불교를 받아들였다. (O, X)
5. 신라 진흥왕 때 이차돈의 순교로 불교가 공인되었다. (O, X)
6. 서울 석촌동 고분군은 고구려 돌무지무덤을 대표하는 유적이다. (O, X)
7. 백제 무령왕릉은 중국의 영향을 받아 벽돌무덤으로 만들어졌다. (O, X)
8. 익산 미륵사지 석탑에는 당의 장수가 백제의 정벌을 기념하며 새긴 문장이 남아 있다. (O, X)
9. 신라의 황룡사 9층 목탑은 고려 시대에 몽골의 침입으로 소실되었다. (O, X)
10. 경주 분황사 모전 석탑은 돌을 벽돌 모양으로 다듬어 만들었다. (O, X)

X 확인

1X 2X 3O 4O 5X 6X 7O 8X 9O 10O

1 고구려의 귀족들은 **제가 회의**에서 국가의 큰 일을 의논하고 결정하였어요.
2 신라의 화랑도는 **진흥왕** 때 국가적인 조직으로 정비되었어요.
5 신라 **법흥왕** 때 이차돈의 순교로 불교가 공인되었어요.
6 서울 석촌동 고분군은 **백제**의 돌무지무덤을 대표하는 유적이에요.
8 **부여 정림사지 5층 석탑**에는 당의 장수가 백제의 정벌을 기념하며 새긴 문장이 남아 있어요.

이론완성 빈칸채우기

"오늘 배운 내용을 떠올리며 다음 글의 빈칸을 채워보자!"

1. 고구려는 ☐☐☐☐ 때 중국 전진으로부터 불교를 받아들였다.
2. 신라의 귀족들은 만장일치제로 운영된 ☐☐☐☐에서 국가의 큰 일을 결정하였다.
3. 금동 ☐☐7년명 여래 입상은 고구려의 불상이다.
4. 백제 ☐☐☐☐☐은/는 백제의 금속 공예 기술을 보여 주는 대표적인 문화유산이다.
5. 고령 지산동 고분군은 ☐☐☐의 대표적인 고분군이다.
6. 서산 용현리 마애여래 삼존상은 ☐☐의 미소라고도 부른다.
7. 익산 미륵사지 석탑은 ☐☐ 양식으로 만들어졌다.
8. 고구려의 ☐☐은/는 일본에 종이와 먹 등을 전하였다.
9. ☐☐☐은/는 백제의 왕이 일본에게 준 검이다.
10. ☐☐의 토기 제작 기술은 일본 스에키 토기에 영향을 주었다.

1 소수림왕 2 화백 회의 3 연가 4 대향로 대응전 5 대가야 6 백제 7 목탑 8 담징 9 칠지도 10 가야

완벽 마무리 기출문제풀이

"쌤이 기출문제 중 가장 도움이 될 만한 것으로 특별히 골라왔어! 같이 풀어보자!"

01 (가) 국가에 대한 설명으로 옳은 것은?

① 진대법을 시행하였다.
② 상수리 제도를 두었다.
③ 지방에 22담로를 설치하였다.
④ 골품제라는 신분 제도가 있었다.

02 (가)에 들어갈 문화유산으로 옳은 것은?

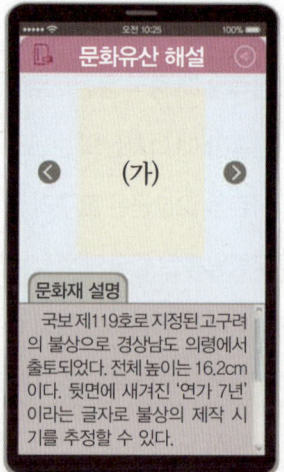

①    ②

③    ④

---

01 백제의 문화유산

자료에서 정답 키워드 찾기 — 정답: ③

- 정림사지 5층 석탑: 부여에 있는 백제 시대의 탑
- 금동 대향로: 부여 능산리 고분군 근처 절터에서 출토된 백제의 유물
- 산수무늬 벽돌: 백제의 도교 문화를 보여 주는 유물
- ③ 백제 무령왕은 22담로를 설치하고 왕족을 파견하여 지방을 통제하고자 했어요.

오답선지 다시보기

① 고구려 고국천왕은 을파소의 건의에 따라 가난한 백성을 돕기 위한 구휼 제도인 진대법을 시행했어요.
② 통일 신라에는 지방에서 세력이 강한 인물을 도읍인 경주에 머물도록 하는 상수리 제도를 운영했어요.
④ 신라에서는 관등 승진과 일상생활까지 규제하는 폐쇄적 신분 제도인 골품제를 두었어요.

02 고구려의 문화유산

자료에서 정답 키워드 찾기 — 정답: ③

- 연가 7년: 금동 연가 7년명 여래 입상
- ③ 고구려의 금동 연가 7년명 여래 입상은 뒷면에 '연가 7년'이라는 글이 새겨져 있어 불상의 제작 연도를 추측할 수 있어요.

오답선지 다시보기

① 삼국 시대에 제작된 금동 미륵보살 반가 사유상이에요.
② 통일 신라의 경주 석굴암 본존불이에요.
④ 발해의 이불병좌상이에요.

04강 삼국과 가야의 경제·사회·문화

03 (가)에 들어갈 문화유산으로 옳지 않은 것은?

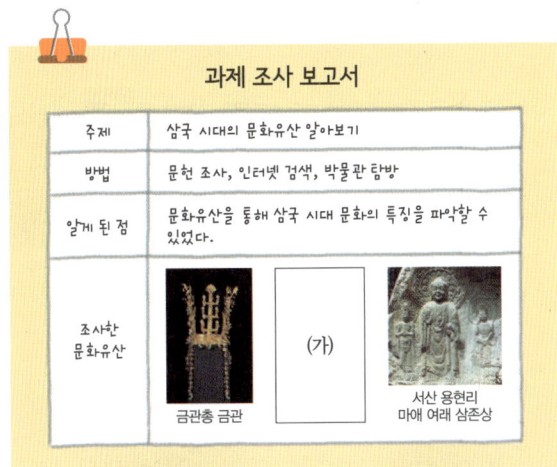

① 금동 연가 7년명 여래 입상

② 논산 관촉사 석조 미륵보살 입상

③ 천마총 장니 천마도

④ 장군총

04 (가)에 들어갈 가상 우표로 적절한 것은?

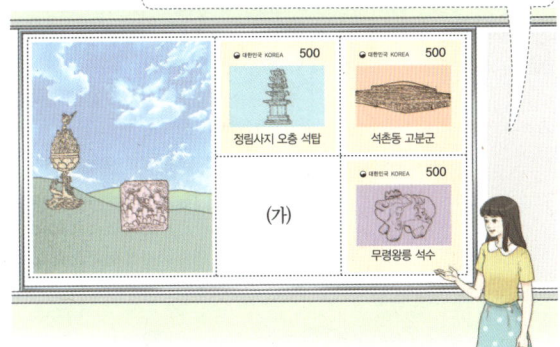

① 첨성대

② 미륵사지 석탑

③ 무용총 수렵도

④ 성덕 대왕 신종

03 삼국의 문화유산

자료에서 정답 키워드 찾기　　　정답: ②

- 금관총 금관: 신라의 금관
- 서산 용현리 마애 여래 삼존상: 백제의 불상
- ② 논산 관촉사 석조 미륵보살 입상은 고려 시대의 불상이에요.

오답선지 다시보기

① 금동 연가 7년명 여래 입상은 고구려의 불상이에요.
③ 천마도는 신라의 고분인 경주 천마총에서 발견된 유물이에요.
④ 장군총은 고구려 전기에 만들어진 돌무지무덤이에요.

04 백제의 문화유산

자료에서 정답 키워드 찾기　　　정답: ②

- 공주와 부여에 도읍했던 국가: 백제
- 정림사지 5층 석탑: 백제의 석탑
- 무령왕릉 석수: 공주 무령왕릉에서 출토된 유물
- ② 익산 미륵사지 석탑은 백제의 탑으로 우리나라에서 가장 규모가 커요. 또 미륵사지 석탑을 복원하는 과정에서 미륵사와 미륵사지 석탑의 건축 시기 등을 알려 주는 유물인 금제 사리 장엄구와 봉안기가 출토되기도 하였어요.

오답선지 다시보기

① 첨성대는 신라 선덕 여왕 때 만들어졌어요.
③ 무용총 수렵도는 고구려의 고분 벽화예요.
④ 성덕 대왕 신종은 통일 신라의 문화유산이에요.

05 (가)에 들어갈 문화유산으로 옳은 것은?

①
배동 석조여래 삼존 입상

②
관촉사 석조 미륵보살 입상

③
미륵사지 석탑

④
월정사 팔각 구층 석탑

06 교사의 질문에 대한 학생의 답변으로 옳은 것은?

① 22담로에 왕족을 파견하였어요.
② 한의 침략을 받아 멸망하였어요.
③ 신지, 읍차 등의 지배자가 있었어요.
④ 빈민 구제를 위하여 진대법을 실시하였어요.

---

05 신라의 문화유산

자료에서 정답 키워드 찾기　　　정답: ①

- 경주: 신라의 수도
- 용장사곡 3층 석탑·칠불암 마애불상군: 신라의 불교 문화유산
- ① 경주 배동 석조여래 삼존 입상은 대표적인 신라의 불교 문화유산이에요.

오답선지 다시보기

② 논산 관촉사 석조 미륵보살 입상은 고려 시대의 불상이에요.
③ 익산 미륵사지 석탑은 백제의 불교 문화유산이에요.
④ 평창 월정사 8각 9층 석탑은 고려의 문화유산으로, 중국 송의 영향을 받아 제작되었어요.

06 고구려의 문화유산

자료에서 정답 키워드 찾기　　　정답: ④

- 무용총: 고구려의 고분 벽화
- ④ 고구려의 고국천왕은 을파소의 건의를 받아들여 가난한 백성을 구제하는 제도인 진대법을 실시하였어요.

오답선지 다시보기

① 백제 무령왕은 22담로를 설치하고 왕족을 파견하였어요.
② 고조선은 우거왕 때 한의 침략을 받아 1년간 항쟁하였으나 왕검성이 함락되면서 멸망하였어요.
③ 삼한은 신지, 읍차 등의 군장이 각 부족을 지배하였어요.

04강 삼국과 가야의 경제·사회·문화

07 (가)에 들어갈 문화유산으로 옳은 것은?

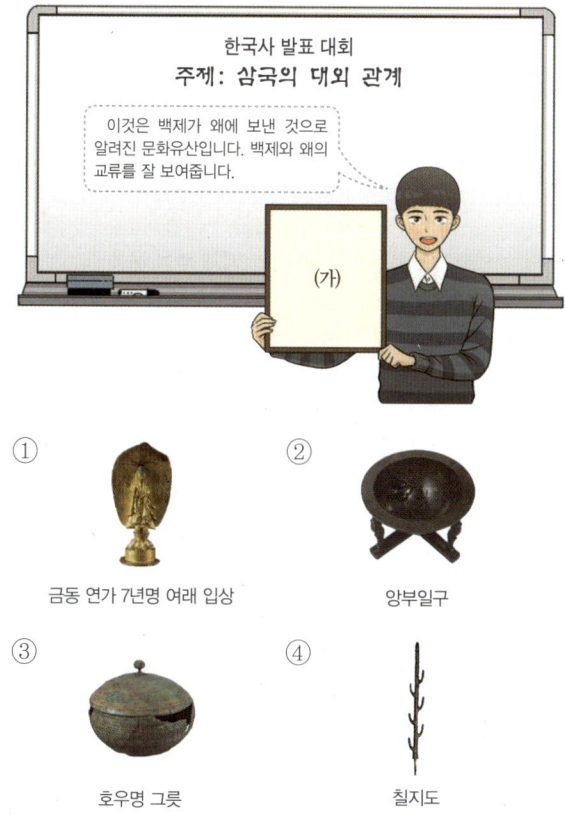

① 금동 연가 7년명 여래 입상
② 앙부일구
③ 호우명 그릇
④ 칠지도

08 (가) 국가에 대한 설명으로 옳은 것은?

① 독서삼품과를 실시하였다.
② 지배자를 마립간이라고 불렀다.
③ 정사암에서 국가 중대사를 결정하였다.
④ 태학과 경당을 두어 인재를 양성하였다.

---

07 백제의 문화유산

자료에서 정답 키워드 찾기 정답: ④

- 백제가 왜에 보낸 것: 칠지도
- ④ 칠지도는 백제가 왜에 보낸 철제 칼로, 백제와 왜의 관계를 보여 주는 문화유산이에요.

오답선지 다시보기
① 금동 연가 7년명 여래 입상은 고구려의 불상이에요.
② 앙부일구는 조선 세종 때 제작된 해시계예요.
③ 호우명 그릇은 경주 호우총에서 출토된 것으로, 밑바닥에 새겨진 글씨를 통해 당시 신라에 대한 고구려의 영향력을 확인할 수 있어요.

08 고구려의 문화유산

자료에서 정답 키워드 찾기 정답: ④

- 국내성: 고구려의 도읍
- 광개토 대왕릉비: 고구려의 영토를 크게 확장한 광개토 대왕의 업적을 기리기 위해 장수왕이 세운 비석
- 안악 3호분: 고구려의 고분
- ④ 고구려는 도읍에 태학, 지방에는 경당을 두어 인재를 양성했어요.

오답선지 다시보기
① 통일 신라 원성왕 때 독서삼품과를 시행하였어요.
② 마립간은 신라에서 왕을 칭하던 호칭이에요. 내물 마립간부터 지증왕 초기까지 사용하였어요.
③ 백제에서는 정사암 회의를 통해 국가의 중요한 일을 결정하였어요.

05강 통일 신라와 발해의 발전

 설쌤의 한판정리

문무통일, 신문관국
(문무왕-삼국 통일,
신문왕-관료전·국학)

🖊 신라의 삼국 통일

| 7세기 고구려의 대외 항쟁 | • 고구려vs수: 을지문덕의 살수 대첩
• 고구려vs당: 안시성 전투
• 당의 공격을 막고자 천리장성 축조 |

삼국 통일 과정

백제 멸망 ↓ 백제 부흥 운동 ↓ 고구려 멸망 ↓ 고구려 부흥 운동 ↓ 나·당 전쟁 승리 (매소성 전투·기벌포 전투) ↓ 삼국 통일 완성

🖊 통일 신라의 발전

태종 무열왕	백제 멸망, 삼국 통일의 발판 마련, 최초의 진골 출신의 왕
문무왕	고구려 멸망, 나·당 전쟁 승리, 삼국 통일 완성
신문왕	• 김흠돌의 난 진압 → 귀족 세력 정리 • 9주 5소경 체제 정비 • 관료전 지급, 녹읍 폐지 • 국학 설립
원성왕	독서삼품과 시행

🖊 신라 말의 혼란

| 사회 혼란 | • 김헌창의 난, 장보고의 난
• 원종·애노의 난, 적고적의 난 |
| 새로운 세력의 성장 | 호족, 6두품 |

🖊 발해의 성립과 발전

대조영	동모산에서 발해 건국(고구려 유민 + 말갈족)
무왕	연호 '인안', 산둥반도 공격(장문휴)
문왕	연호 '대흥', 3성 6부 정비, 주자감 설치
선왕	연호 '건흥', 5경 15부 62주, 해동성국
고구려 계승	일본에 보낸 국서에 '고려 국왕' 명칭 사용

발해의 문화유산

이불병좌상

돌사자상

발해 석등

1 신라의 삼국 통일

(1) 7세기 고구려의 대외 항쟁
① 고구려와 수·당의 전쟁: 고구려 영양왕 때 중국의 수가 113만 대군을 이끌고 고구려를 공격하였으나 고구려의 **을지문덕**이 **살수**에서 수의 대군을 격퇴하였어요(살수 대첩, 612). 수가 멸망하고 뒤이어 건국된 당 역시 대군을 이끌고 고구려를 침략하였어요. 이에 고구려군은 **안시성 싸움**(645)에서 당의 군대를 몰아냈지요.
② 천리장성 축조: 수가 멸망하고 당이 건국되던 시기에 고구려는 당의 침략에 대비하여 **천리장성**을 축조하였어요.

(2) 신라의 삼국 통일 과정
① 나·당 동맹 결성
　㉠ 7세기 무렵 신라 역시 백제 의자왕의 잇따른 공격으로 어려움을 겪었어요. 특히 백제의 **대야성 공격**으로 신라의 진골 귀족이었던 김춘추는 딸과 사위를 잃었지요.
　㉡ 이에 **김춘추**는 고구려에 도움을 요청하였으나 거절을 당하였고, 결국 **당과 동맹을 맺었어요**.
　㉢ 신라는 당과 연합하여 백제와 고구려를 차례로 공격하였어요.

② 백제와 고구려의 멸망과 나·당 전쟁

백제 멸망 (660)	나·당 연합군이 백제를 공격함 → 계백의 군대가 **황산벌**에서 김유신이 이끄는 신라군에 맞섰으나 패배함 → 나·당 연합군에 의해 사비성이 함락되고 의자왕이 항복함
고구려 멸망 (668)	연개소문 사망 후 자식들 간에 권력 다툼과 내분이 일어남 → 나·당 연합군이 평양성을 공격하자 보장왕이 항복함
나·당 전쟁	• 백제와 고구려가 멸망하자 당이 한반도 전체를 차지하려는 야욕을 보임 • 신라가 **매소성 전투**와 **기벌포 전투**에서 당군을 물리치고 승리하여 삼국 통일을 완성함(676)

③ 백제와 고구려의 부흥 운동

백제 부흥 운동	• **복신·도침·왕자 부여풍·흑치상지** 등이 백제 부흥 운동을 전개함 • 왜가 수군을 보내 백제의 부흥 운동을 지원하였으나 백제 부흥군이 신라와의 **백강 전투**에서 패배함
고구려 부흥 운동	• **고연무·검모잠** 등이 고구려 부흥 운동을 전개함 • 지배층의 분열로 실패함

쌤! 질문 있어요!

Q 을지문덕이 남겼다는 시의 내용이 궁금해요!

을지문덕이 고구려를 침략한 수의 장수 우중문에게 다음과 같은 시를 보냈다고 전해져요.
"신묘한 계책은 하늘의 이치를 알았고 오묘한 계획은 땅의 이치를 다 통하였구려. 전쟁이 이겨서 공이 이미 높아졌으니 만족함을 알고 전쟁을 멈추는 것이 어떠하오."

✚ 천리장성
고구려의 천리장성은 영류왕 때 축조하기 시작하여 보장왕 때 완성되었어요.

✚ 야욕
자기 잇속만 채우려는 욕심을 말해요. 약속했던 것이나 필요한 것보다 더 많이 가지려고 하는 욕심이라고 생각하면 쉬울 거예요.

쌤! 질문 있어요!

Q 진골 출신인 김춘추는 어떻게 왕이 될 수 있었나요?

신라는 골품제라는 폐쇄적인 신분 제도가 존재하여, 성골 출신만 왕이 될 수 있었어요. 그런데 진덕 여왕을 끝으로 성골이 존재하지 않아 진골 출신인 김춘추가 즉위할 수 있었답니다.

쌤! 질문 있어요!

Q 문무왕의 무덤이 바닷속에 있는 것이 사실인가요?

경주의 앞바다에는 작은 바위섬이 있는데, 이 바위섬이 바로 문무왕의 무덤인 문무대왕릉이에요. 신라의 삼국 통일을 이룬 문무왕은 죽어서도 신라를 지키겠다는 의지가 강했어요. 그래서 문무왕의 유언에 따라 바다에 있는 바위섬에 장사를 지내게 되었고, 문무대왕릉도 바다 한 가운데 위치하게 되었지요.

✦ **김헌창의 난**

김헌창은 아버지 김주원이 김경신(원성왕)에게 밀려 왕위에 오르지 못하자, 불만을 품고 반란을 일으킨 인물이에요. 김헌창의 반란은 곧 진압되었어요.

✦ **장보고의 난**

신라 앞바다의 해적들을 소탕하고 무역 기지인 청해진을 설치한 인물이에요. 장보고는 강력한 해상 군대를 이끌고 정권을 장악하였으나, 부하의 배신으로 죽임을 당하였어요.

✦ **최치원**

최치원은 6두품 출신으로, 당으로 유학을 떠나 당의 빈공과에 급제하여 관직 생활을 했어요. 신라로 돌아온 후 진성 여왕에게 개혁안인 「시무 10여 조」를 올렸으나 성과를 거두지 못했습니다. 당에 있을 때에는 「토황소격문」을 지어 문장가로 이름을 날렸고, 「계원필경」이라는 시문집을 저술했어요.

2 통일 신라의 발전과 신라 말의 혼란

(1) 통일 신라의 발전

태종 무열왕	• 김춘추가 진골 출신 최초로 왕위에 오름 • 당과 군사 동맹을 맺어 삼국 통일의 발판을 마련함
문무왕	668년에 고구려를 멸망시키고, 676년에는 나·당 전쟁에서 승리하여 **삼국 통일을 완성**함
신문왕	• **김흠돌의 난** 등 귀족들의 반란을 진압하며 귀족 세력을 없애고 왕권을 강화함 • 신라의 넓어진 영토를 관리하기 위해 전국을 9개 주로 나누고, 주요 지역 5곳에 **소경**이라는 특수 행정 구역을 설치함(9주 5소경) • 귀족들의 세력을 약화시키기 위해 다양한 혜택이 있었던 **녹읍 제도를 폐지**하고, 나라가 관리하는 **관료전을 지급**함 • 유교 교육을 위한 **국학**을 설립함
원성왕	시험을 통해 관리를 뽑는 제도인 **독서삼품과**를 실시함

▲ 통일 신라의 9주 5소경

> 소경이란 작은 수도를 뜻해요. 주요 지역을 관리하기 위해 설치하였지요.

(2) 신라 말의 사회 혼란

① 신라 말에 지배층 사이에서 권력 다툼이 자주 일어났고, 이 과정에서 혜공왕이 죽임을 당했어요. 이후 왕위 다툼이 지속되며 왕권이 약해지자 지방에서도 **김헌창의 난**, **장보고의 난**과 같은 반란이 자주 발생하였어요.

② 나라가 혼란스럽고 어려운 상황에서도 귀족들은 사치를 부렸고, 일반 백성들의 부담은 심해졌어요. 이에 전국 각지에서는 **원종과 애노의 난**, **적고적의 난** 등 농민 봉기(반란)가 발생했어요.

(3) 새로운 세력의 성장

① **호족**: 중앙 정부의 지배력이 약해지자 지방에서는 스스로 성주 혹은 장군이라 칭하는 세력인 **호족**이 성장하였어요.

② **6두품**: 폐쇄적인 골품제로 인해 출세에 제약이 있었던 **6두품**들도 사회 체제를 비판하며 개혁을 주장하였어요. 특히 **최치원**과 같은 인물은 진성 여왕에게 개혁안을 올리기도 하였어요.

3 발해의 성립과 발전

(1) 발해의 성립
① 건국: 고구려 출신의 장수인 대조영은 고구려 멸망 후 당에 살고 있었어요. 대조영은 당이 정치적으로 혼란스러운 틈을 타 고구려 유민과 말갈인을 이끌고 동쪽으로 이동하여 동모산 기슭에서 발해를 세웠어요.

> 한반도 북부와 중국 동북에 살던 민족이에요.

+ 동모산
중국 지린성에 위치해 있어요.

② 주민 구성: 발해의 주민은 고구려인과 말갈인으로 구성되었어요.

(2) 발해의 발전

무왕	• '인안'이라는 독자적인 연호를 사용함 • 장문휴로 하여금 당의 산둥반도(등주)를 공격하게 함
문왕	• '대흥'이라는 독자적인 연호를 사용함 • 중앙 통치 제도를 마련함(3성 6부) • 교육 기관으로 주자감을 설립함 • 도읍을 중경 현덕부에서 상경 용천부로 옮김 • 일본에 보낸 외교 문서에서 발해가 고구려 계승국임을 드러냄
선왕	• '건흥'이라는 독자적인 연호를 사용함 • 최대 영역을 확보하여 옛 고구려의 영토 대부분을 되찾음 • 지방 통치 체제를 완성함(5경 15부 62주) • 중국으로부터 바다 동쪽의 번성한 나라라는 뜻으로 '해동성국'이라 불림

> 발해 국왕을 외교 문서에 '고(구)려 국왕이 전한다'라고 쓰며 스스로를 '고구려 왕'이라고 불렀어요.

▲ 발해의 영역

+ 3성 6부
나라를 운영하기 위해 역할과 책임 등을 구분하여 마련한 체계로, 왕 아래 3개의 정치 기구(3성)와 6개의 부서(6부)로 구성되어 있어요.

+ 5경 15부 62주
5개의 경과 15개의 부, 62개의 주로 구성된 지방 행정 조직을 뜻해요. 경(京)은 수도라는 뜻으로 오늘날의 광역시와 비슷해요. 부(府)는 오늘날의 도(경기도, 강원도 등)과 비슷해요. 주(州)는 오늘날의 시, 군 등과 비슷해요.

(3) 멸망: 926년에 거란의 침입을 받아 멸망하였어요.

발해의 문화유산

▲ 이불병좌상　　▲ 돌사자상　　▲ 발해 석등　　▲ 영광탑

진실게임 OX 문제

"다음 글의 내용이 맞으면 O, 틀리면 X에 표시하기!"

1. 을지문덕은 수의 군대를 살수에서 크게 물리쳤다. (O , X)
2. 고구려는 살수 대첩 이후 안시성 전투에서 수의 군대를 물리쳤다. (O , X)
3. 계백이 이끄는 백제군은 황산벌에서 김유신이 이끄는 신라군에게 패배하였다. (O , X)
4. 백제 멸망 후 고연무는 백제 부흥 운동을 전개하였다. (O , X)
5. 복신·도침 등은 고구려 부흥 운동을 전개하였다. (O , X)
6. 신문왕은 김흠돌의 난을 진압하고 왕권을 강화하였다. (O , X)
7. 통일 신라 원성왕 때 인재를 뽑는 제도인 독서삼품과가 시행되었다. (O , X)
8. 발해는 '인안·대흥·건흥' 등의 독자적인 연호를 사용하였다. (O , X)
9. 발해 무왕은 당의 등주를 공격하였다. (O , X)
10. 발해는 9주 5소경의 지방 행정 체제를 정비하였다. (O , X)

X 확인

1O 2X 3O 4X 5X 6O 7O 8O 9O 10X

2 고구려는 살수 대첩에서 수의 군대를 물리치고, 안시성 전투에서는 **당**을 물리쳤다.
4 **고구려 멸망** 후 고연무는 **고구려 부흥 운동**을 전개하였다.
5 복신·도침 등은 **백제 부흥 운동**을 전개하였다.
10 **신라**는 9주 5소경의 지방 행정 체제를 정비하였다.

이론완성 빈칸채우기

"오늘 배운 내용을 떠올리며 다음 글의 빈칸을 채워보자!"

1. ☐☐☐은/는 유학 교육을 위해 국학을 세웠다.
2. 신문왕은 ☐☐☐의 난을 진압하고 왕권을 강화하였다.
3. 신라 말 나라가 혼란스러워지자 원종과 애노의 난과 같은 ☐☐ 봉기가 일어났다.
4. 신라 말 왕권이 약해지자 지방에서 ☐☐이/가 성장하였다.
5. 나·당 전쟁 때 신라는 ☐☐☐ 전투와 매소성 전투에서 승리하여 당을 물리쳤다.
6. 6두품 출신의 ☐☐☐은/는 당의 빈공과에 합격하였고, 진성 여왕에게 「시무 10여 조」를 올렸다.
7. 발해 ☐☐은/는 '대흥'이라는 독자적인 연호를 사용하였다.
8. 복신과 도침 등은 ☐☐ 부흥 운동을 전개하였다.
9. 발해의 주요 문화유산으로는 발해 석등, 돌사자상, ☐☐☐☐☐ 등이 있다.
10. 발해는 선왕 때 중국으로부터 ☐☐☐☐(이)라 불렸다.

1 신문왕 2 김흠돌 3 농민 4 호족 5 기벌포 6 최치원 7 문왕 8 백제 9 이불병좌상 10 해동성국

완벽 마무리 기출문제풀이

"쌤이 기출문제 중 가장 도움이 될 만한 것으로 특별히 골라왔어! 같이 풀어보자!"

01 다음에서 보도하고 있는 사건이 일어난 시기를 연표에서 옳게 고른 것은?

우리 고구려군이 당군에 맞서 치열하게 싸우고 있습니다. 당군이 성벽보다 높은 흙산을 쌓아 공략을 시도하고 있는데요, 성 안에서도 방어 태세를 갖추고 있는 것으로 보입니다. 지금까지 안시성 전투 현장에서 전해 드렸습니다.

391	427	554	612	668
	(가)	(나)	(다)	(라)
광개토 대왕 즉위	고구려 평양 천도	관산성 전투	살수 대첩	고구려 멸망

① (가) ② (나)
③ (다) ④ (라)

02 다음 가상 뉴스에서 보도하고 있는 사건이 일어난 시기를 연표에서 옳게 고른 것은?

우리 백제 부흥군을 지원하러 온 왜군이 백강 어귀에서 나·당 연합군에 맞서 싸웠으나 크게 패배하였습니다.

백제 부흥군, 위기에 처하다

523	554	642	660	676
	(가)	(나)	(다)	(라)
백제 성왕 즉위	관산성 전투	대야성 전투	사비성 함락	신라 삼국 통일

① (가) ② (나)
③ (다) ④ (라)

---

01 안시성 전투

자료에서 정답 키워드 찾기 — 정답: ④

- 안시성 전투: 7세기에 일어난 고구려와 당의 전쟁
- ④ 당은 수의 뒤를 이어 건국된 나라예요. 따라서 안시성 전투는 고구려와 수 사이에서 일어난 '살수 대첩' 이후인 (라) 시기에 해당해요.

02 백제 부흥 운동

자료에서 정답 키워드 찾기 — 정답: ④

- 백제 부흥군: 660년 백제 멸망 후 부흥 운동 전개
- 백강 전투: 왜의 지원을 받아 백제 부흥군이 신라에 맞서 싸운 전투 (663)
- ④ 백제는 신라와 당 연합군의 공격을 받아 사비성이 함락되며 멸망하였어요. 따라서 (라) 시기 이후 백제 부흥운동이 일어났어요.

05 통일 신라와 발해의 발전

완벽 마무리 기출문제풀이

03 (가), (나) 사이의 시기에 있었던 사실로 옳은 것은?

> (가) 헌덕왕 14년, 웅천주 도독 김헌창이 아버지 김주원이 왕위에 오르지 못함을 이유로 반란을 일으켜 국호를 장안, 연호를 경운이라 하였다.
>
> (나) 진성왕 8년, 최치원이 시무 10여 조를 올리자 왕이 좋게 여겨 받아들이고 그를 아찬으로 삼았다.

① 원종과 애노가 봉기하였다.
② 김흠돌이 반란을 도모하였다.
③ 이사부가 우산국을 복속하였다.
④ 을지문덕이 살수에서 대승을 거두었다.

04 다음 다큐멘터리에서 볼 수 있는 장면으로 가장 적절한 것은?

> ★ 다큐멘터리 기획안 ★
>
> 해동성국이라 불렸던 ○○
>
> 1. 기획 의도: 대조영이 건국한 ○○의 발전 과정을 주변국과의 관계를 통하여 살펴본다.
> 2. 장면
>   #1. 상경 용천부에 도착한 일본 사신단
>   ......

① 6진을 개척하는 김종서
② 처인성에서 싸우는 김윤후
③ 당의 등주를 공격하는 장문휴
④ 정족산성에서 교전하는 양헌수

---

03 신라 말의 혼란

자료에서 정답 키워드 찾기 정답: ①

- 김헌창이 반란을 일으킴: 통일 신라 말에 발생한 김헌창의 난
- 최치원: 통일 신라 말의 6두품 출신 유학자
① 통일 신라 말인 진성 여왕 때 원종과 애노의 난이 일어나는 등 사회가 혼란해졌어요. 이에 최치원은 당에서 귀국하여 진성 여왕에게 개혁안인 「시무 10여 조」를 올렸어요.

오답선지 다시보기

② 통일 신라 신문왕 때 김흠돌이 반란을 일으켰으나 곧 진압되었어요. 신문왕은 김흠돌의 반란을 진압한 후 귀족들의 경제적 기반을 약화시키고자 관료전을 지급하고 녹읍을 폐지하였어요.
③ 신라 지증왕은 이사부를 보내 오늘날 울릉도에 해당하는 우산국을 복속하였어요(512).
④ 고구려 영양왕 때 을지문덕이 살수에서 수의 대군을 물리쳤어요(612).

04 발해

자료에서 정답 키워드 찾기 정답: ③

- 해동성국: 발해 선왕 때 중국이 발해를 일컫던 말
- 대조영: 발해를 세운 인물
③ 발해 무왕 때 장문휴가 수군을 이끌고 당의 등주를 공격하였어요.

오답선지 다시보기

① 조선 세종 때 김종서는 여진을 정벌하고 6진을 개척하였어요.
② 고려 시대 때 몽골이 침입하자 김윤후가 처인성에서 적장 살리타를 사살하였어요.
④ 조선 고종 때 프랑스가 강화도에 침입하여 병인양요를 일으켰어요. 당시 정족산성에서 양헌수가 활약하여 프랑스군을 격퇴하였지요.

05강 통일 신라와 발해의 발전

05 밑줄 그은 시기에 볼 수 있는 모습으로 적절한 것은?

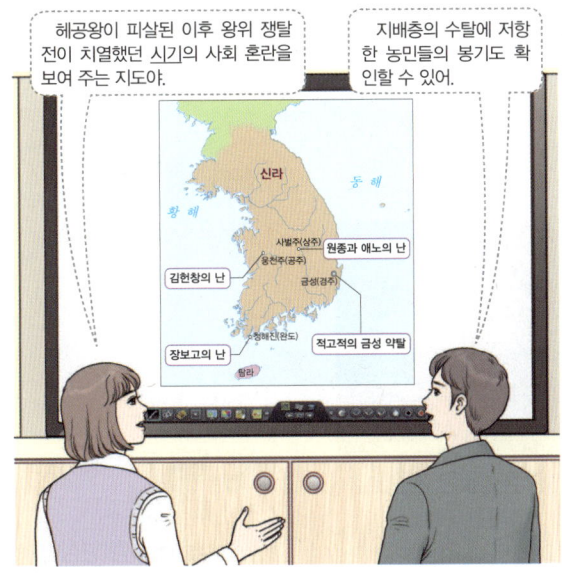

혜공왕이 피살된 이후 왕위 쟁탈전이 치열했던 시기의 사회 혼란을 보여 주는 지도야.

지배층의 수탈에 저항한 농민들의 봉기도 확인할 수 있어.

① 장용영에서 훈련하는 군인
② 의정부에 모여 회의하는 관리
③ 여진 정벌에 나선 별무반 병사
④ 스스로를 성주, 장군이라 칭하는 호족

06 (가) 국가에 대한 설명으로 옳은 것은?

(가) 은/는 해동성국이다. 비록 먼 변방에 있었다고 해도 반드시 석실에 보관된 서적이 있었을 것인데 증거로 삼을 만한 문헌이 없는 것은 어찌된 일인가?…… (가) 이/가 망한 지 천년 만에 다행히 유득공 선생을 만나 역사가 후세에 전해질 수 있게 되었으니, 사람들이 감격하게 되었다.

① 대조영이 동모산에서 건국하였다.
② 안시성에서 당의 군대를 물리쳤다.
③ 최고 행정 기구로 집사부를 설치하였다.
④ 무태, 성책 등의 독자적 연호를 사용하였다.

---

05 신라 말의 혼란

자료에서 정답 키워드 찾기 | 정답: ④

- 혜공왕이 피살된 이후: 신라 말의 혼란이 시작된 시기
- 원종과 애노의 난, 김헌창의 난, 장보고의 난, 적고적: 신라 말에 일어난 반란
④ 통일 신라 말에 혜공왕이 피살된 이후 왕위 쟁탈전이 벌어지며 사회가 혼란해졌어요. 또 중앙 정부의 힘이 약해지자 지방에서는 스스로를 성주, 장군이라 칭하는 호족이 성장하였어요.

오답선지 다시보기

① 조선 정조 때 왕의 친위 부대인 장용영이 설치되었어요.
② 조선 시대에는 최고 정치 기구로 의정부가 있었으며, 영의정·우의정·좌의정이 정책에 대해 논의하고 결정하였어요.
③ 고려 숙종 때 윤관의 건의로 별무반이 창설되었어요. 윤관은 별무반을 이끌고 여진을 정벌하였으며, 동북 9성을 설치하였어요.

06 발해

자료에서 정답 키워드 찾기 | 정답: ①

- 해동성국: 당에서 발해를 일컫던 말
- 유득공: 발해의 역사를 정리한 『발해고』를 저술한 조선의 학자
① 발해는 고구려 출신의 대조영이 동모산에서 건국한 나라예요. 선왕 시기에 이르러 크게 성장하며 당으로부터 '바다 동쪽의 번성한 나라'라는 뜻으로 해동성국이라고 불렸어요.

오답선지 다시보기

② 고구려의 양만춘은 안시성 전투에서 당의 군대를 물리쳤어요.
③ 신라에서는 최고 행정 기구로 집사부를 설치하고, 최고 관직으로는 시중을 두었어요.
④ 통일 신라 말에 궁예는 후고구려를 세웠어요. 이후 나라 이름을 마진으로 바꾸고 연호를 무태라 하였어요. 도읍을 철원으로 옮긴 후에는 연호를 성책이라 하였지요.

06강 통일 신라와 발해의 경제·사회·문화

 **설쌤의 한판정리**

 효심문화, 상승법계
(원효-일심·십문화쟁론,
의상-화엄일승법계도)

✏️ 통일 신라의 사회와 문화

불교 문화 발달

경주 감은사지 3층 석탑

경주 불국사 다보탑

경주 불국사 3층 석탑(석가탑)
↓
『무구정광대다라니경』

경주 석굴암 본존불상

성덕 대왕 신종

성덕 대왕 신종

호족 문화

화순 쌍봉사 철감선사탑

대외 교류
- 장보고 → 청해진 설치

유학 발달
- 국학 설치(신문왕)
- 독서삼품과 시행(원성왕)
- 최치원 등 6두품 유학 공부

불교 사상 발전
- 원효: 일심 사상 주장, 『십문화쟁론』 저술
- 의상: 화엄종 개창, 『화엄일승법계도』 저술
- 혜초: 『왕오천축국전』 저술

✏️ 발해의 고구려 계승 문화

발해의 고구려 계승 의식을 보여 주는 문화유산

고구려 기와

발해 기와

발해 석등

이불병좌상

\+

- 온돌 유적
- 정혜 공주

굴식 돌방무덤, 모줄임 천장

1 통일 신라의 사회와 문화

(1) 통일 신라의 사회 모습과 문화유산

① 신라는 통일 이후 영토가 넓어지고 인구가 늘어났으며, 불교 문화도 더욱 번성하였어요. 이에 따라 경주 곳곳에는 다양한 절과 탑이 세워졌어요.

통일 신라의 불교 문화유산

▲ 경주 감은사지 3층 석탑
신문왕 때 지은 감은사 터에 남아 있는 탑이에요.

▲ 경주 불국사 다보탑
부처님의 이상 세계를 표현하여 지은의 불국사 앞마당에 서 있는 탑이에요.

▲ 경주 불국사 3층 석탑(석가탑)
다보탑과 함께 불국사 앞마당에 있으며, 내부에서 『무구정광대다라니경』이 발견되었어요.

▲ 경주 석굴암 본존불상
돌을 쌓아 만든 인공 석굴 안에 있는 불상으로 균형미가 두드러져요.

▲ 무구정광대다라니경

 현재 남아 있는 것 중 가장 오래된 목판 인쇄물이에요.

② 통일 신라 시기에는 탑과 불상 외에도 여러 문화유산이 남아 있어요. 특히 아버지 성덕왕의 업적을 기리기 위해 경덕왕 때 만든 **성덕 대왕 신종**이 대표적이에요.

③ 신라 말에 이르러서는 왕권이 약해지고 지방의 **호족 세력이 성장**하기 시작했어요. 호족들은 세력을 확장해나갈 뿐만 아니라 그들만의 문화를 발전시켜 나가기도 하였어요.

통일 신라 시기의 여러 문화유산

▲ 성덕 대왕 신종
경덕왕 때 시작하여 혜공왕 때 완성되었어요. 우리나라의 범종 가운데 가장 큰 종이에요. 신라의 뛰어난 금속 제작 기술을 짐작할 수 있어요.

▲ 화순 쌍봉사 철감선사탑
승려의 유골 등을 보관하는 탑(승탑)으로, 선종이라는 불교 종파에서 주로 만들었어요. 선종은 신라 말 호족들 사이에서 유행하였어요.

④ 한편으로 통일 신라는 다른 나라와도 활발하게 교류하며 문화를 주고받았어요. 이때 바다에는 무역을 방해하던 해적들이 많았는데, **장보고**가 앞장서 이들을 소탕하고 무역 기지인 **청해진을 설치**하였어요.

 쌤! 질문 있어요!

Q 통일 신라 시기 백성들의 삶을 엿볼 수 있는 자료에는 무엇이 있을까요?

신라 촌락 문서를 통해 통일 신라 시기 백성들의 삶을 엿볼 수 있어요. 이는 노동력 동원과 세금을 걷기 위해 촌주가 3년에 한 번씩 작성한 것으로, 인구수·논밭의 면적·가축 수·나무 수 등이 기록되어 있었요.

신라 촌락 문서

(2) 통일 신라의 사상과 종교

① 유학의 발달
- ㉠ 통일 신라에서는 유교를 가르치는 교육 기관인 **국학을 설치(신문왕)**하고, 유교적 소양을 갖춘 관리를 선발하는 제도인 **독서삼품과를 시행(원성왕)**하였어요.
- ㉡ **최치원**과 같은 6두품 출신들의 학자들은 당에서 유학을 공부하며 당의 과거 시험인 빈공과에 합격하기도 하였어요.

② 불교 사상의 발전

원효	• 모든 진리는 마음에서 비롯된다는 '**일심 사상**' 주장 • 불교 대중화에 힘쓰며, 불교의 가르침을 담은 **무애가**를 지음 • '나무아미타불'만 외우면 극락에 갈 수 있다고 주장함 • 저서: 『**십문화쟁론**』, 『대승기신론소』 등
의상	• 귀족 출신 승려 • 당에서 공부한 후 돌아와 **화엄종**을 개창함 • 부석사·낙산사 등 여러 절을 건립함 • 저서: 『화엄일승법계도』
혜초	인도와 중앙아시아의 여러 나라를 답사한 후 『**왕오천축국전**』이라는 기행문을 남김

2 발해의 고구려 계승 문화

① 발해 사람들은 스스로 고구려를 계승한 나라임을 밝혔어요.
② 발해의 문화유산을 통해 발해가 고구려 문화를 계승하였음을 확인할 수 있어요.

발해의 고구려 계승 의식을 보여 주는 문화유산

▲ 고구려의 기와 　▲ 발해의 기와 　▲ 발해 석등 　▲ 이불병좌상

기와의 연꽃무늬가 서로 닮았어요. 　높이 6m의 석등으로, 고구려의 특징인 연꽃 무늬가 새겨져 있어요. 　불상의 모습이 고구려 불상과 유사해요.

이 밖에도 발해의 상경성 등에서 발견되는 온돌 유적과 발해 문왕의 딸인 정혜 공주의 묘에서 나타나는 굴식 돌방무덤 양식, 모줄임 천장 구조 등을 통해 발해의 고구려 계승 의식을 엿볼 수 있어요.

진실게임 OX 문제
"다음 글의 내용이 맞으면 O, 틀리면 X에 표시하기!"

1. 통일 신라의 경덕왕은 아버지 성덕왕을 기리며 성덕 대왕 신종을 만들었다. (O, X)
2. 통일 신라 말기에는 지방에서 호족 세력이 성장하며 그들만의 문화를 발전시켜 나갔다. (O, X)
3. 통일 신라에서는 불교 발전을 위해 국학을 설치하고 독서삼품과를 시행하였다. (O, X)
4. 김춘추는 해적을 소탕하고 무역 기지인 청해진을 설치하였다. (O, X)
5. 의상은 '나무아미타불'만 외우면 극락에 갈 수 있다고 주장하였다. (O, X)
6. 의상은 『십문화쟁론』과 『대승기신론소』를 저술하였다. (O, X)
7. 혜초는 인도와 중앙아시아의 여러 나라를 답사한 후 기행문을 남겼다. (O, X)
8. 통일 신라의 대표적인 사찰인 경주 불국사에는 경주 다보탑 등이 있다. (O, X)
9. 『무구정광대다라니경』은 경주 다보탑에서 발견된 세계에서 가장 오래된 목판 인쇄물이다. (O, X)
10. 발해가 고구려를 계승하였음을 보여 주는 문화유산으로는 연꽃무늬 기와가 있다. (O, X)

X 확인
1O 2O 3X 4X 5X 6X 7O 8O 9X 10O

3 통일 신라에서는 **유학** 발전을 위해 국학을 설치하고 독서삼품과를 시행하였어요.
4 **장보고**는 해적을 소탕하고 무역 기지인 청해진을 설치하였어요.
5 **원효**는 '나무아미타불'만 외우면 극락에 갈 수 있다고 주장하였어요.
6 **원효**는 『십문화쟁론』과 『대승기신론소』를 저술하였어요.
9 『무구정광대다라니경』은 **경주 불국사 3층 석탑**(석가탑)에서 발견된 세계에서 가장 오래된 목판 인쇄물이에요.

이론완성 빈칸채우기
"오늘 배운 내용을 떠올리며 다음 글의 빈칸을 채워보자!"

1. 신라가 삼국을 통일한 이후 ☐☐ 문화가 더욱 번성하며 절과 탑 등이 세워졌다.
2. 신라 ☐☐ 문서를 통해 당시 백성들의 삶을 엿볼 수 있다.
3. ☐☐☐은/는 해적을 소탕하고 청해진을 설치하였다.
4. 원효는 ☐☐☐☐을/를 주장하였다.
5. 통일 신라에서는 유교적 소양을 갖춘 인재를 선발하는 ☐☐☐☐☐을/를 운영하였다.
6. ☐☐은/는 '무애가'를 지어 불교의 대중화를 위하여 노력하였다.
7. 경주 ☐☐☐ 3층 석탑에서는 『무구정광대다라니경』이 발견되었다.
8. ☐☐은/는 인도와 중앙아시아의 여러 나라를 답사한 뒤 『왕오천축국전』을 저술하였다.
9. 정혜 공주 묘의 ☐☐☐ 천장 구조는 고구려의 영향을 받았다.
10. ☐☐은/는 스스로 고구려를 계승하였다고 주장하였다.

1 불교 2 촌락 3 장보고 4 일심 사상 5 독서삼품과 6 원효 7 불국사 8 혜초 9 모줄임 10 발해

01 (가)에 해당하는 인물로 옳은 것은?

저는 지금 완도 청해진 유적 상공에 있습니다. (가) 은/는 이곳을 거점으로 삼아 해적을 소탕하고 당, 일본과의 해상 무역을 주도하였습니다.

① 원효 ② 설총
③ 장보고 ④ 최치원

02 (가) 인물에 대한 설명으로 옳은 것은?

역사 인물 카드

〈주요 활동〉
- 모든 진리는 한마음에서 나온다는 일심 사상을 주장
- 무애가를 지어 불러 불교 대중화에 기여
- 『대승기신론소』 등을 저술

(가)

① 세속 5계를 지었다.
② 십문화쟁론을 저술하였다.
③ 수선사 결사를 제창하였다.
④ 영주 부석사를 건립하였다.

---

01 장보고

자료에서 정답 키워드 찾기 정답: ③

- 완도 청해진: 장보고가 설치한 무역 기지
- 해적 소탕, 당·일본과 해상 무역 주도: 장보고의 업적
③ 통일 신라 흥덕왕 때 활동한 장보고는 완도에 청해진을 설치하여 황해와 남해의 무역을 장악하였어요.

오답선지 다시보기

① 통일 신라의 승려 원효는 「무애가」를 짓는 등 불교 대중화를 위하여 노력했어요.
② 설총은 원효의 아들로, 우리말 표기법인 이두를 정리하였어요.
④ 통일 신라의 6두품 출신 학자인 최치원은 당의 빈공과에 합격하였고, 신라에 돌아와 진성 여왕에게 「시무 10여 조」를 올렸어요.

02 원효

자료에서 정답 키워드 찾기 정답: ②

- 모든 진리는 한마음에서 나온다: 원효의 일심 사상
- 무애가: 원효가 불교의 가르침을 담아 지은 노래
- 『대승기신론소』: 원효가 저술한 책
② 원효는 불교 이론을 정리하여 『십문화쟁론』 저술하였어요.

오답선지 다시보기

① 신라의 승려 원광은 화랑의 규율인 세속 5계를 만들었어요.
③ 고려의 승려 지눌은 수선사를 중심으로 일종의 불교 개혁 운동인 결사 운동을 전개했습니다.
④ 통일 신라의 승려 의상은 부석사·낙산사 등 여러 사찰을 건립하였어요.

06강 통일 신라와 발해의 경제·사회·문화

03 다음 일기의 소재가 된 절에서 볼 수 있는 문화유산으로 옳은 것은?

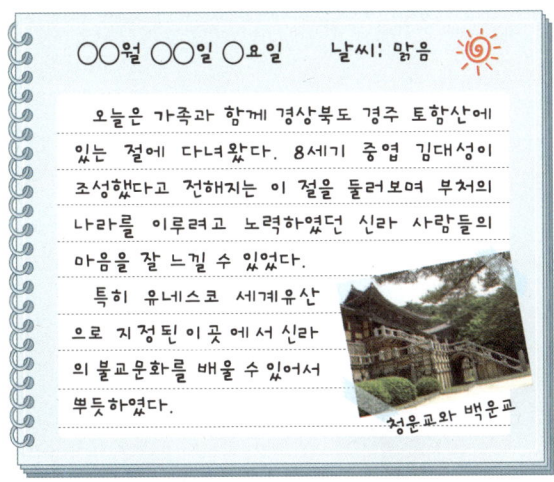

①
불국사 삼층 석탑

②
쌍봉사 철감선사탑

③
이불병좌상

④
성덕 대왕 신종

04 (가) 국가의 문화유산으로 옳은 것은?

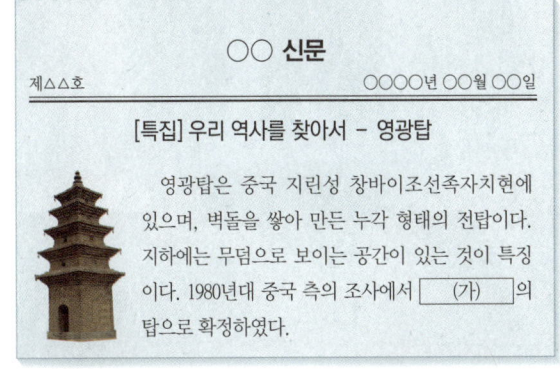

①    ②

③    ④

⑤

---

03 통일 신라의 문화유산

자료에서 정답 키워드 찾기 — 정답: ①

- 김대성이 조성한 절: 불국사
- 청운교와 백운교: 불국사에 있는 다리
① 불국사 3층 석탑은 경주 불국사의 앞마당에 있는 탑으로, 다보탑과 나란히 서 있어요. 탑 내부에서는 『무구정광대다라니경』이 발견되었어요.

오답선지 다시보기
② 쌍봉사 철감선사탑은 신라 말기에 건립된 승탑이에요.
③ 이불병좌상은 발해의 대표적인 불상으로, 고구려의 양식을 계승하였어요.
④ 성덕 대왕 신종은 경덕왕이 아버지 성덕왕의 업적을 기리기 위해 제작한 종이에요.

04 발해의 문화유산

자료에서 정답 키워드 찾기 — 정답: ①

- 영광탑: 발해의 벽돌탑 중 유일하게 완전한 형태로 남아 있는 탑
① 이불병좌상은 대표적인 발해의 불상이에요.

오답선지 다시보기
② 영주 부석사 소조 여래 좌상은 고려의 불상이에요.
③ 금동 연가 7년명 여래 입상은 고구려의 불상이에요.
④ 경주 석굴암 본존불은 통일 신라의 불상이에요.
⑤ 금동 관음보살 좌상은 고려의 불상이에요.

III

고려

↑ 무신 정변

07강 고려의 건국과 발전

기출키워드

- #후백제(견훤) #후고구려(궁예) #왕건의 고려 건국 #신라 항복 #고려 발전 #태조 왕건(사심관 제도·역분전·흑창 설치·「훈요 10조」) #광종(광덕·준풍·노비안검법·과거제) #성종(2성 6부제·최승로의 「시무 28조」·12목 설치·국자감)
- 이자겸의 난 #문벌 귀족 #척준경과 반란
- 서경 천도 운동 #묘청 #금국 정벌 #개경파vs서경파 #김부식(개경파) 진압
- 무신 정변 #문신 차별 대우 #이의방·정중부 #최충헌(최씨 무신 정권 시작) #교정도감 #만적의 난

08강 고려 시대 외적의 침입

기출키워드

- 거란의 침입 #서희의 외교 담판(강동 6주) #양규 #강감찬(귀주 대첩)
- 여진의 침입 #윤관 #별무반(신기군·신보군·항마군)
- 몽골의 침입 #강화 천도 #초조대장경·황룡사 9층 목탑 소실 #삼별초 항쟁(진도·제주도)
- 원 간섭기 #쌍성총관부 #'충'자 왕호 사용 #정동행성 #몽골풍(변발·호복) 유행
- 공민왕 #친원 세력 제거 #정동행성 폐지 #쌍성총관부 공격 #전민변정도감(신돈)
- 왜구·홍건적의 침입 #최영·이성계의 활약 #최무선(화약 무기)

09강 고려의 경제·사회·문화

기출키워드

- 거경제 #전시과 #문익점·목화 #건원중보 #은병(활구) #벽란도
- 사회 #귀족 #농민·상민 #향·부곡·소민 #빈민 구휼 제도(흑창·의창) #비교적 남녀 평등한 사회
- 유교 #김부식『삼국사기』 #최충(9재 학당) #성리학 수용(안향)
- 불교 #팔관회·연등회 #의천(천태종) #지눌(조계종) #초조대장경(거란의 침입) #팔만대장경(몽골의 침입)
- 문화유산 #영주 부석사 무량수전 #청자 상감 운학문 매병 #논산 관촉사 석조 미륵보살 입상 #개성 경천사지 10층 석탑

07강 고려의 건국과 발전

설쌤의 한판정리

광광노비, 성최국
(광종-광덕 연호·노비 안검법,
성종-최승로·국자감)

✏️ 후삼국의 성립과 고려의 건국

후백제 건국 →	후고구려 건국 →	고려 건국 →	후백제와의 전투 →	후삼국 통일
• 건국: 견훤 • 도읍: 완산주(전주)	• 건국: 궁예 • 도읍: 송악(개성) → 철원	• 건국: 왕건 • 도읍: 송악(개성)	• 공산 전투(후백제 승) • 고창 전투(고려 승)	• 신라 경순왕 항복 • 후백제 멸망

✏️ 고려 정치의 발전

태조 왕건
- 호족 정책: 정략결혼(호족 통합 정책), 사심관 제도(호족 견제 정책), 기인 제도(호족 자제 인질)
- 빈민 구제 정책: 흑창 설치
- 「훈요 10조」

광종
- 황제 선포, 독자적 연호(광덕, 준풍) 사용
- 호족 숙청, 노비안검법 실시
- 과거제 실시

성종
- 2성 6부 구성, 12목 설치, 지방관 파견
- 최승로의 「시무 28조」 수용
  - 외관 파견(지방관 파견)
  - 불교 행사 축소
  - 유교 정치 이념 채택(국자감 정비)

✏️ 문벌 귀족 사회의 동요

이자겸의 난(1126)
문벌 귀족인 이자겸이 왕권을 능가
↓
인종의 이자겸 제거 시도
↓
이자겸과 척준경이 함께 반란
↓
인종의 척준경 회유, 이자겸 제거

묘청의 서경 천도 운동(1135)
묘청, 서경 천도와 금 정벌 주장
↓
서경 천도가 실패하자 서경에서 '묘청의 난' 발생
↓
김부식이 이끄는 관군에 진압

✏️ 무신 집권기

무신 정변의 발발(1170)

무신 정변의 배경	• 문신의 무신 차별 • 이의방, 정중부 등이 정변을 일으킴
정중부 집권	• 중방을 중심으로 국정 운영 • 망이·망소이 봉기(공주 명학소)
경대승 집권	도방 설치
이의민 집권	김사미·효심의 난 발생

최씨 무신 정권

최충헌 집권	• 이의민 제거 후 권력 장악 • 최고 기구로 교정도감 설치 • 만적의 난 → 실패
최우 집권	• 최충헌의 장남으로 권력 계승 • 군사 기반인 삼별초 설치 • 정방 설치(인사권 장악)

1 후삼국의 성립과 고려의 건국

(1) 후삼국의 성립 고려라는 이름은 고구려를 계승한다는 뜻이에요.

① 신라 말 등장한 지방 호족 세력 중 하나였던 **견훤**은 완산주(전주)를 도읍으로 삼고 후백제를 세웠어요.
② 또 다른 세력인 **궁예**는 송악(개성)을 도읍으로 정하고 **후고구려**를 세웠어요. 이로써 후삼국 시대가 시작되었어요.

(2) 고려의 건국과 후삼국 통일

① 고려의 건국: 후고구려의 궁예는 도읍을 철원으로 옮기며 세력을 확장해 나갔지만, 사람들을 억압하는 등 정치는 잘하지 못했어요. 이에 신하들은 궁예를 몰아내고 궁예의 신하였던 **왕건**을 왕으로 세웠지요. 왕건은 왕위에 오른 뒤 나라 이름을 **고려**로 바꾸고(고려의 건국, 918), 도읍을 **송악**으로 옮겼어요.
② 후삼국의 통일: 태조 왕건은 신라를 받아들이고, 후백제를 무너뜨려 후삼국을 통일하였어요.

○ 고려의 후삼국 통일

공산 전투 (927)	후백제의 견훤이 신라의 수도 금성을 공격하였는데, 신라를 돕던 고려가 공산 일대(오늘날의 대구)에서 후백제에 크게 패함
고창 전투 (930)	왕건이 이끄는 고려군이 고창(오늘날의 안동)에서 후백제군에게 대승을 거둠
후백제의 왕위 다툼	• 견훤이 넷째 아들인 금강에게 왕위를 물려주려하자, 첫째 아들 **신검**이 금강을 죽이고 견훤을 사찰인 금산사에 가둠(금산사 유폐) • 견훤이 금산사를 탈출하여 왕건에게 항복함
신라의 항복 (935)	신라 **경순왕**은 스스로 고려에 항복하였고, 이에 왕건은 그를 경주의 사심관으로 삼음
후백제의 멸망 (936)	**일리천**(오늘날의 구미)에서 신검이 이끄는 후백제군을 무찌르고, 후삼국 통일을 이룸

 지방을 관리하던 특수 관직이에요.

쌤! 질문 있어요!

Q 발해 멸망 이후 발해 사람들은 어디로 갔나요?

한때 '해동성국'이라 불린 발해가 926년에 멸망한 후 많은 발해 유민(망한 나라의 백성)이 거란에 끌려갔어요. 그러나 일부 유민은 고려로 들어갔으며, 이를 계기로 고려는 발해 유민까지 흡수하며 민족 통합을 이루었어요.

2 고려 정치의 발전

(1) 태조 왕건의 정책

① 호족 정책: 후삼국을 통일하는 과정에서 공을 세운 호족들이 많이 생겼어요. 이에 왕건은 이들을 포용하고, 때로는 견제하기 위한 정책을 펼쳤어요.

정략결혼	태조 왕건은 호족 통합을 위해 지방에서 강력한 호족의 딸과 혼인 관계를 맺음
사심관 제도	고위 관직에 등용된 지방 호족을 출신 지역의 사심관으로 임명하여 지방을 통제함
기인 제도	지방 호족의 자제를 인질로 삼아 수도에 머물게 하고 때때로 출신지의 일에 대하여 자문하게 함

② 빈민 구제 정책: 오랜 전쟁에 지친 백성을 안정시키고, 빈민을 구제하기 위해 **흑창**을 설치했어요.

③ 훈요 10조: 후대 왕들이 지켜야 할 정책 방향을 제시하였어요.

- 제4조 거란을 멀리하라 → 발해를 멸망시킨 나라 견제
- 제5조 서경(평양)을 중시하라 → 고구려 계승 의식
- 제6조 연등회와 팔관회를 열어라 → 불교 중시

(2) 광종의 정책

 태조 왕건이 죽은 뒤 고려에서는 왕위 다툼이 일어났어요. 이후 왕위에 오른 광종은 왕권을 강화하기 위한 다양한 정책을 펼쳤어요.

① 광종은 스스로를 황제로 칭하고, '광덕', '준풍' 등 독자적인 연호를 사용했어요.

② **노비안검법 시행**: 호족에 의하여 불법으로 노비가 된 자를 다시 양인으로 해방시켰어요. 이는 호족 세력 숙청과 함께 그들의 경제적·군사적 기반을 약화시키고 국가 재정을 안정시키는 데 기여했어요.

③ **과거제 시행**: 중국 후주 출신의 인물인 쌍기가 제안한 정책이에요. 시험을 통해 능력이 있는 새로운 신하들을 뽑아 호족 세력을 견제하고자 했어요.

(3) 성종의 정책

① 중앙 통치 기구 마련: 국가 운영을 위한 기구로 **2성 6부**를 구성했어요.

② 지방 제도 마련: 전국의 주요 지역 **12곳**에 **목(牧)**을 설치하고, 해당 지역을 관리하는 **지방관**을 파견하였어요. 또 기존에 지방을 장악했던 호족 세력을 지방 행정 업무 담당자인 **향리**로 편입시켰어요. 이를 통해 중앙에서도 지방을 효율적으로 통제하고 관리할 수 있게 되었어요.

③ **최승로의 「시무 28조」**: 고려의 관리였던 최승로는 이전 왕들에 대한 비판과 사회 문제의 해결책 등을 담은 「시무 28조」를 올렸어요. 성종은 이를 받아들이며 여러 정책을 펼쳤어요.

- **외관(지방관)**을 두어 백성을 다스린다. → **12목** 설치, **지방관** 파견
- **불교 행사를 축소**한다 → 연등회와 팔관회를 일시적으로 폐지
- **유교**는 나라를 다스리는 근원이다 → 유교 교육 위해 **국자감** 설치하고, 지방에는 **경학박사** 파견

쌤! 질문 있어요!

Q 2성 6부제란 무엇인가요?

2성이란 중서문하성과 상서성을 일컫는 말이에요. 중서문하성은 나랏일을 총괄하는 곳이며, 상서성은 나라를 실제로 통치하는 데 필요한 일을 처리하는 곳이에요. 상서성 아래에는 또다시 군사, 경제 등을 관리하는 6개의 부서를 두었는데, 이를 일컬어 6부라고 해요.

3 문벌 귀족 사회의 동요

(1) 문벌 귀족 중앙에 진출한 호족 중 여러 대에 걸쳐 중앙의 고위 관직을 차지한 귀족 가문을 말해요.

① 문벌 귀족들은 과거 시험 없이 가문의 혜택으로 관직을 얻는 음서와 왕실과의 혼인을 통해 큰 권력을 얻었어요.
② 대표 인물: 이자겸, 김부식 등

(2) 이자겸의 난(1126)

배경	이자겸이 왕실과 혼인을 맺어 왕을 능가하는 권력을 휘두르자, 인종과 일부 신하들이 이자겸을 몰아내려 함
과정	• 이자겸을 몰아내려던 시도는 실패로 끝났고, 이 사실을 알게 된 이자겸은 부하 척준경과 함께 반란을 일으킴 • 인종은 이자겸의 부하 척준경의 마음을 돌려 이자겸을 제거함
결과	개경의 궁궐이 불에 타고, 왕의 권위가 크게 떨어짐

(3) 묘청의 서경 천도 운동(1135)

① 이자겸의 난으로 혼란스러운 시기에 만주에서는 여진족이 성장하여 금을 세우고 고려에 '임금과 신하(군신) 관계'를 요구하였어요.
② 고려는 결국 여진과 군신(임금-여진, 신하-고려) 관계를 맺었는데, 묘청은 이러한 결정에 반대하며 반란을 일으켰어요.

서경 천도 운동	• 묘청과 정지상을 중심으로 한 세력이 서경 천도를 주장함 • 이들은 '황제' 칭호와 독자적 연호 사용, 금 정벌을 주장함
반대 세력	김부식을 중심으로 한 귀족들은 서경 천도와 금 정벌을 반대함
묘청의 난	결국 묘청은 국호를 '대위', 연호를 '천개'라 칭하고 서경에서 난을 일으킴
결과	김부식이 이끄는 관군이 서경을 함락하고 반란을 진압함

4 무신 집권기 군사 업무를 담당한 관리예요. 이들은 문신 중심의 정치에서 차별을 받았으며, 결국 1170년에 무신정변을 일으켜 정권을 장악했어요.

(1) 무신 정변과 무신 정권의 시작

① 이자겸과 묘청의 난 등으로 고려의 정치는 혼란스러워졌고, 문벌 귀족 사회의 갈등도 심해졌어요.
② 한편으로 고려의 무신들은 문신과의 차별에 불만이 높아져만 갔어요. 이러한 상황에서 의종 시기에 이르러 문신을 우대하고, 무신을 더욱 무시하는 경향이 심해졌어요. 결국 이의방과 정중부 등의 무신들이 난을 일으켜 문신들을 제거하고, 정권을 장악했어요(무신 정변, 1170).

✦ 이자겸
경원 이씨 집안으로 할아버지 이자연 때부터 80년간 왕비 10여 명을 배출했어요. 이자겸은 둘째 딸을 예종에게 시집보내고, 외손자였던 인종에게는 셋째, 넷째 딸을 시집보내 권력을 휘둘렀어요.

✦ 김부식
김부식은 고려 인종 때의 관리이자 학자로, 『삼국사기』를 편찬한 인물이에요. 그는 유교를 중시하고 보수적인 성향을 지녔으며, 묘청의 서경 천도 운동을 진압하는 데 중요한 역할을 했어요.

쌤! 질문 있어요!

Q 묘청은 왜 서경 천도 운동을 주장 하였을까요?

고려 중기부터 문벌 귀족 세력이 모든 권력을 차지하는 문제가 심화되었어요. 특히 문벌 귀족이 금에 굴복하는 모습을 보이자 이러한 상황을 바꾸려는 세력이 등장하였어요. 이들은 옛 고구려의 도읍이였던 서경(평양)으로 천도하여 자주적이고 독립적인 정치를 펼치기를 희망하였지요. 그래서 서경으로의 천도를 주장하게 되었어요.

③ 무신들은 권력 다툼을 통해 '이의방 → 정중부 → 경대승 → 이의민' 순으로 정권을 장악하였어요. 이 과정에서 여러 기구가 생겨나고, 사회 혼란을 틈타 백성들의 반란도 일어났어요.

정치·군사 기구의 설치	• **정중부** 집권 시기: 최고 무신들로 구성된 회의 기구인 **중방**을 중심으로 무신이 주요 관직을 차지함 • **경대승** 집권 시기: 경대승을 경호하기 위하여 **도방**을 설치함
무신 집권기 농민 반란	• 하층민인 **망이·망소이**가 무신의 가혹한 수탈에 반발하여 공주 명학소를 중심으로 난을 일으킴 • 김사미와 효심이 연합하여 반란을 일으킴

(2) 최씨 무신 정권
① 무신 정권 초기부터 이어진 잦은 권력 다툼을 최충헌이 수습했어요.
② **최충헌**이 자신의 권력을 아들에게 물려주며, **최씨 무신 정권**이 성립되었고, 이에 따라 왕권이 더욱 약해졌어요.

최충헌 집권	집권 과정	동생과 함께 이의민을 제거한 뒤 권력을 독점
	교정도감	최고 정치 기구로 **교정도감**을 설치하고 정치를 주도함
	만적의 난	최충헌의 사노비 출신인 **만적**이 개경에서 공·사노비를 모아 대규모 **신분 해방 운동**을 꾀했다가 사전에 발각되어 사형 당함
최우 집권	삼별초	최우는 군사 기반을 강화하고자 사병 기관으로 **삼별초**를 설치함
	정방	최우는 모든 관료의 인사 행정을 담당하기 위하여 자신의 집에 **정방**을 설치함

○ 무신 집권기의 민란

✦ **망이·망소이**
망이와 망소이는 고려 명종 때 공주 명학소에서 신분 해방과 세금 감면을 요구하며 반란을 일으켰어요. 이들은 충순현을 잠시 점령하였으나, 결국 정부군에 의해 진압되었어요.

✦ **교정도감**
교정도감은 최씨 무신 정권의 최고 권력 기구로, 국정 운영을 총괄했어요. 정치적으로는 왕권을 견제하며 주요 정책을 결정하였고, 군사정책도 수립했어요. 또한 행정 관리와 인사권을 행사하여 국가 운영에 필요한 명령을 내렸어요.

진실게임 OX 문제

"다음 글의 내용이 맞으면 O, 틀리면 X에 표시하기!"

1. 고려를 건국한 인물은 태조 왕건이다. (O, X)
2. 고려는 공산 전투에서 후백제에 승리하였다. (O, X)
3. 고려는 신라를 병합하고, 후백제를 무찔러 후삼국을 통일하였다. (O, X)
4. 고려 광종은 노비안검법을 시행하여 호족 세력을 약화시켰다. (O, X)
5. 고려 성종은 국가 운영을 위한 중앙 통치 기구로 2성 6부제를 도입하였다. (O, X)
6. 최승로는 고려 성종에게 사회 문제의 해결책 등을 담은 「시무 10여 조」를 올렸다. (O, X)
7. 고려의 문벌 귀족 사회는 고려 말까지 지속되었다. (O, X)
8. 고려 광종 때 쌍기의 건의로 처음 과거제가 시행되었다. (O, X)
9. 고려 시대 무신 집권기는 이의방-정중부-최충헌-이의민 순서로 변화하였다. (O, X)
10. 고려 시대 최씨 무신 정권이 시작되며 왕권이 더욱 약화되었다. (O, X)

X 확인

1 O 2 X 3 O 4 O 5 O 6 X 7 X 8 O 9 X 10 O

2 공산 전투에서 고려는 **후백제에 패배**하였어요.
6 최승로는 고려 성종에게 사회 문제의 해결책 등을 담은 「**시무 28조**」를 올렸어요.
7 고려의 문벌 귀족 사회는 **무신 정변 이전**까지 지속되었어요.
9 고려 시대 무신 집권기는 이의방-정중부-**이의민-최충헌** 순서로 변화하였어요.

이론완성 빈칸채우기

"오늘 배운 내용을 떠올리며 다음 글의 빈칸을 채워보자!"

1. 태조 ☐☐은/는 고려를 건국하고 후삼국을 통일하였다.
2. 신라 ☐☐☐은/는 스스로 고려에 항복하였다.
3. 고려 광종은 ☐☐☐☐☐을/를 시행하여 호족들의 경제·사회적 기반을 약화시켰다.
4. 고려 성종은 유교 교육을 위해 중앙에 ☐☐☐을/를 설립하였다.
5. 최승로는 ☐☐☐☐조를 올려 유교 정치를 실현하고자 하였다.
6. 고려 성종 때 지방 통치를 강화하기 위해 주요 지역에 ☐☐☐을/를 설치하였다.
7. 고려 시대의 ☐☐☐☐은/는 과거 시험 없이 가문의 혜택으로 관직을 물려받았다.
8. 묘청은 서경 천도를 주장하며 반란을 일으켰으나, ☐☐☐이/가 이끄는 관군에 의해 진압되었다.
9. 무신 정변 직후 정중부가 만든 무신 회의 기구인 ☐☐이/가 정치의 중심이 되었다.
10. 무신 집권자 이의민을 살해하고 ☐☐☐이/가 권력을 잡았다.

1 왕건 2 경순왕 3 노비안검법 4 국자감 5 시무 28 6 12목 7 문벌 귀족 8 김부식 9 중방 10 최충헌

완벽 마무리 기출문제풀이

01 (가)에 들어갈 내용으로 옳은 것은?

 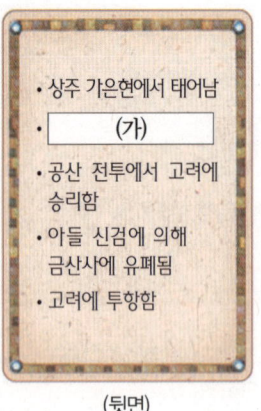

(앞면) · 상주 가은현에서 태어남
· (가)
· 공산 전투에서 고려에 승리함
· 아들 신검에 의해 금산사에 유폐됨
· 고려에 투항함
(뒷면)

① 철원으로 천도함
② 후백제를 건국함
③ 훈요 10조를 남김
④ 경주의 사심관으로 임명됨

02 (가)에 들어갈 내용으로 옳은 것은?

 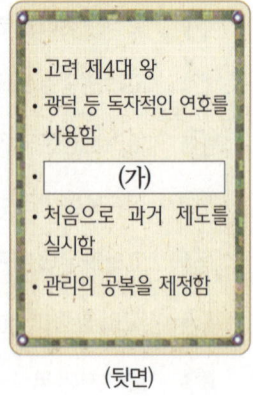

(앞면) · 고려 제4대 왕
· 광덕 등 독자적인 연호를 사용함
· (가)
· 처음으로 과거 제도를 실시함
· 관리의 공복을 제정함
(뒷면)

① 녹읍을 폐지함
② 훈요 10조를 남김
③ 노비안검법을 시행함
④ 전민변정도감을 설치함

---

01 후백제 견훤

자료에서 정답 키워드 찾기 — 정답: ②

👉 공산 전투에서 고려에 승리: 견훤의 업적
👉 아들 신검에 의하여 금산사에 유폐: 견훤의 몰락
② 신라 말의 호족인 견훤은 완산주(전주)를 도읍으로 하여 후백제를 건국하였어요.

오답선지 다시보기

① 궁예는 송악(개성)을 도읍으로 하여 후고구려를 세운 후 나라 이름을 마진으로 바꾸고, 도읍을 철원으로 옮겼어요.
③ 고려 태조 왕건은 「훈요 10조」를 남겨 후대 왕들이 지켜야 할 정책 방향을 제시하였어요.
④ 신라의 마지막 왕인 경순왕(김부)은 고려에 항복한 후 경주의 사심관으로 임명되었어요.

02 고려 광종

자료에서 정답 키워드 찾기 — 정답: ③

👉 광덕 등 독자적인 연호를 사용함: 광종의 왕권 강화 정책
👉 처음으로 과거 제도를 실시함: 광종의 업적
③ 고려 광종은 불법적으로 노비가 된 사람들을 양민으로 되돌리는 정책인 노비안검법을 시행하였어요.

오답선지 다시보기

① 통일 신라 신문왕이 녹읍을 폐지하고 관료전을 지급하였어요.
② 고려 태조 왕건은 후대 왕들에게 가르침이 되는 「훈요 10조」를 남겼어요.
④ 고려 공민왕은 토지 개혁 등을 위해 전민변정도감을 설치하였어요.

03 (가)~(다)를 일어난 순서대로 옳게 나열한 것은?

① (가) – (나) – (다)
② (가) – (다) – (나)
③ (나) – (가) – (다)
④ (다) – (가) – (나)

04 (가) 인물에 대한 설명으로 옳은 것은?

① 훈요 10조를 남겼다.
② 국호를 마진으로 바꾸었다.
③ 완산주에서 후백제를 세웠다.
④ 경주의 사심관으로 임명되었다.

03 고려의 후삼국 통일 과정

자료에서 정답 키워드 찾기 — 정답: ②

- 견훤: 후백제를 세운 인물
- 경순왕: 신라의 마지막 왕으로 고려에 항복한 인물
- 공산 전투: 후백제와 고려 사이에 일어난 전투
② (가) 신라 말의 호족이었던 견훤은 완산주를 도읍으로 하고 후백제를 세웠어요(900). → (다) 왕건이 이끄는 고려군은 공산 전투에서 후백제에 패하였어요(927). 그러나 고창 전투에서는 고려군이 후백제군에게 대승을 거두었어요(930). → (나) 신라의 경순왕은 나라를 유지하기 어렵다고 생각하여 스스로 고려에 항복하였어요(935).

04 견훤

자료에서 정답 키워드 찾기 — 정답: ③

- 신검에 의해 금산사에 유폐: 견훤이 금산사에 유폐된 사건
- 왕건: 고려를 세운 인물로, 견훤을 받아들임
③ 신라 말의 호족이었던 견훤은 완산주를 도읍으로 하고, 후백제를 세웠어요. 그러나 아들 신검에 의해 금산사에 유폐되자, 고려로 가 왕건에 항복하였어요.

오답선지 다시보기

① 고려 태조 왕건은 후대 왕들이 지켜갈 정책 방향을 제시한 「훈요 10조」를 남겼어요.
② 신라 말의 궁예는 후고구려를 세웠어요. 이후 나라 이름을 마진으로 바꾸었어요.
④ 신라의 경순왕은 나라를 유지하기 어렵다고 생각하여 스스로 고려에 항복하였어요. 이에 왕건은 경순왕을 경주의 사심관으로 임명하였어요.

08강 고려 시대 외적의 침입

 **설쌤의 한판정리**

거란 서양귀! 여진 윤별!
(거란 침입-서희·양규·귀주 대첩,
여진 침입-윤관·별무반)

📝 11세기 거란의 침입

거란의 제1차 침입
- **원인**: 고려의 북진 정책·친송 정책
- **과정**: 서희의 외교 담판
- **결과**: 고려 강동 6주 확보

거란의 제2차 침입
- **원인**: 고려의 친송 정책
- **과정**: 양규의 활약
- **결과**: 현종의 친조 약속

거란의 제3차 침입
- **원인**: 현종의 친조 불이행
- **과정**: 강감찬의 귀주 대첩
- **결과**: 나성과 천리장성 축조

📝 12세기 여진의 침입

여진의 성장
- 12세기 초 여진의 통합
- 천리장성 근처까지 와서 고려를 침범함

여진의 정벌
- 숙종 때 윤관의 건의로 별무반 창설
- 예종 때 윤관이 별무반을 이끌고 여진 정벌 단행
- 윤관이 여진 정벌 후 동북 9성 축조

📝 13세기 몽골의 침입과 원 간섭기

몽골의 침입
침입 배경	몽골 사신 저고여의 죽음
고려의 항전	• 박서, 귀주성 항전 • 고려 정부의 강화 천도 • 김윤후, 처인성에서 살리타 사살
피해	• 초조대장경, 황룡사 9층 목탑 소실
삼별초의 항쟁	• 개경(배중손, 김통정) 환도에 반발, 진도와 제주도에서 항전 • 고려 정부와 몽골에 진압

원 간섭기
영토 상실	• 쌍성총관부(동북면) • 동녕부(서북면)
용어 변화·내정 간섭	• 조·종 → 충○왕 • 정동행성 설치
기타 영향	• 변발과 호복 등 몽골풍 유행 • 권문세족 성장

📝 공민왕의 개혁 정치와 고려의 멸망

공민왕의 개혁 정치
- 기철 등 친원 세력 제거, 정동행성 폐지
- 쌍성총관부 공격(철령 이북 지역 수복)
- 전민변정도감 설치 및 신돈 등용
- 성균관 정비

홍건적과 왜구의 침입
- 최영·이성계 등 활약
- 최무선이 화약 무기를 만들어 왜구 격퇴

1 11~12세기 거란과 여진의 침입

(1) 11세기 거란의 침입

① 중국 북쪽의 유목 민족인 **거란**이 성장하여 발해를 멸망시키고, 여진을 복종시키며 고려와 국경을 접했어요.

② 중국에서는 당이 멸망하고 혼란스러운 시기를 지나 **송**이 새롭게 세워졌어요. 고려는 거란을 배척하고 송과 가깝게 지냈는데(친송 정책), 거란은 고려와 송의 관계를 끊고자 고려에 침입하였어요.

거란의 제1차 침입	원인	고려의 북진 정책과 친송 정책을 구실로 침입함
	과정 및 결과	• 서희가 거란 장수 **소손녕**과 외교 담판을 벌임 • 외교 담판 결과 **강동 6주**를 확보함
거란의 제2차 침입	원인	고려가 계속해서 친송 정책을 이어가자 다시 침입함
	과정 및 결과	• **양규**가 활약했으나, 결국 개경이 함락됨 • 현종이 거란에 들어간다는(친조) 약속을 하고, 거란군을 물려 보냄
거란의 제3차 침입	원인	현종이 친조 약속을 이행하지 않음
	과정 및 결과	• 강감찬이 귀주에서 거란군을 크게 물리침(**귀주 대첩**) • 이후 개경 둘레에 **나성**을, 국경 지역에는 **천리장성**을 쌓음

(2) 12세기 여진의 침입

① 12세기 초에는 만주에 살던 **여진**이 세력을 넓히고 하나로 통합하였어요.

② 여진은 강력한 군사력을 바탕으로 거란을 공격하는 한편, 천리장성 부근까지 침범하며 고려를 위협했어요.

고려의 여진 정벌	• 국경에서 고려군이 여진에게 패하자 윤관의 건의로 숙종 때 **별무반**이 만들어짐 • 윤관이 여진을 정벌하고 **동북 9성**을 쌓음
군신 관계 체결	• 여진의 세력이 더욱 커지면서 금을 건국하고, 거란을 멸망시킴 • 금이 고려에 **군신 관계**를 요구하자, 권력을 장악한 **이자겸**이 이를 받아들임

2 13세기 몽골의 침입과 원 간섭기

(1) 몽골의 침입

① 13세기에는 몽골이 성장하며 고려와 갈등을 빚기 시작하였어요.

② 이때 고려에 사신으로 왔던 **몽골 사신 저고여**가 국경에서 죽임을 당하는 사건이 발생하였고, 몽골은 이를 구실로 고려에 침입하였어요.

몽골의 침입	• **박서**가 **귀주성**에서 몽골군을 막아냄(제1차 침입) • 몽골의 제1차 침입 이후 고려는 도읍을 강화도로 옮겨 장기 항전을 준비함 • 승려 출신 **김윤후**가 **처인성 전투**에서 적장 **살리타**를 사살함(제2차 침입)

쌤! 질문 있어요!

Q 고려와 거란은 언제부터 사이가 안 좋았나요?

고려 태조 왕건 때 거란의 황제가 고려에 낙타 50마리를 선물로 보낸 적이 있었어요. 그러나 태조 왕건은 발해를 멸망시킨 거란을 경계하여 이를 받아들이지 않았지요. 결국 낙타는 개경의 만부교 아래에서 모두 굶어 죽었고, 이 사건으로 거란은 고려에 대해 불만을 품게 되었어요.

쌤! 질문 있어요!

Q 서희의 외교 담판은 무슨 내용인가요?

거란 장수 소손녕은 고려가 북쪽으로 세력을 확장하고, 더불어 거란과는 교류하지 않음에 대해 서희에게 그 까닭을 물었어요. 이에 서희는 고려가 고구려를 계승한 나라이므로 북쪽 지역은 본래 고려의 땅이며, 거란과 교류하지 않는 것은 중간에 여진이 가로막고 있기 때문이라고 하였지요. 이에 더해 서희는 거란에게 거란의 주요 지역(강동 6주)을 건네주면, 거란과 교류할 것을 약속하였지요. 결국 거란은 강동 6주를 고려에 넘겨주고 군대를 되돌렸어요.

✦ 별무반

별무반은 고려 숙종 때 여진 정벌을 위해 윤관이 조직한 특수 군대예요. 기존의 중앙군과 달리 기병(신기군), 보병(신보군), 승병(항마군)으로 구성되었으며, 이후 동북 9성을 개척하는 데 중요한 역할을 했어요.

✦ **강화**
싸움을 그치고 평화로운 상태가 되는 것을 뜻해요.

삼별초 항파두리 항몽 유적지(제주)

✦ **초조대장경**
대장경이란 부처와 그 제자들의 가르침을 모두 모은 책이에요. 초조대장경이란 우리나라에서 처음으로 만들어진 대장경을 뜻해요. 이는 거란의 침입 당시 부처의 힘으로 거란을 물리치기 위해 만들어졌어요.

삼별초의 항쟁	• 오랜 전쟁 끝에 고려 정부가 몽골과 강화를 맺고 개경으로 돌아가자 삼별초가 이에 반대함 • 배중손, 김통정 등이 진도와 제주도를 근거지로 삼고 활동하였으나 고려 정부와 몽골 연합군에게 진압됨
침입 피해	초조대장경 및 황룡사 9층 목탑이 불에 탐

(2) **원 간섭기**: 고려와 몽골이 강화를 맺은 이후 몽골은 중국에 원을 세웠어요. 이에 고려는 원의 간섭을 받게되었어요. 고려의 왕자들은 원에 끌려갔고, 고려의 왕도 원에서 정하였어요.

영토 상실	고려 영토의 일부를 점령하고 쌍성총관부(동북면), 동녕부(서북면) 등을 세움
기관·용어 변화	• 2성을 이루었던 중서문하성과 상서성을 첨의부로 바꾸는 등 정부 기구를 축소, 변경함 • '○조·○종' 대신 원에 충성하라는 '충(忠)'자를 붙여 충렬왕, 충선왕, 충숙왕 등으로 이름을 바꿈
내정 간섭	일본 원정을 위하여 설치한 정동행성이 내정 간섭을 위한 기구로 변함
기타 영향	• 몽골식 머리 모양인 변발과 그들의 옷인 호복 등 '몽골풍'이 유행함 • 원과 친한 권문세족이 성장하여 주요 관직을 독차지함

 반대로 원에서는 고려의 풍습인 '고려양'이 유행하였어요.

✦ **권문세족**
권문세족은 원 간섭기에 성장한 세력으로, 원과의 친밀한 관계를 바탕으로 정치·경제적 특권을 누렸어요. 이들은 관직과 토지를 세습하며 권력을 강화했으나, 조선 건국 과정에서 점차 쇠퇴했어요.

3 공민왕의 개혁 정치와 고려의 멸망

(1) **공민왕의 개혁 정치**

① 원 말기에 원 내부에서 권력 다툼이 일어나고, 중국 남부에서 새로운 나라인 명이 세워지며 원의 세력이 약해졌어요.

② 이 시기 고려의 공민왕은 원의 간섭에서 벗어나 개혁 정치를 펼쳤어요.

반원 자주 정책	• 기철 등 친원 세력을 제거하고 내정 간섭 기구인 정동행성을 폐지함 • 쌍성총관부를 공격하여 몽골 침입 때 잃어버린 철령 이북 땅을 되찾음
왕권 강화 정책	• 무신 정권 때부터 권력을 차지한 정방을 폐지함 • 전민변정도감을 설치하고 신돈을 등용하여 개혁을 실시함
교육 정책	기존의 교육 기관을 성균관으로 정비함

✦ **전민변정도감**
일부 세력의 불법적인 토지 소유와 농민 문제를 해결하기 위해 설치한 관청이에요. 그리고 이러한 개혁을 공민왕에게 제안하고, 개혁을 이끈 인물이 신돈이지요.

(2) **홍건적과 왜구의 침입**

① 고려 말에는 중국의 반란군인 홍건적과 일본의 해적 세력인 왜구가 고려에 자주 침입하며 고려의 세력도 약해졌어요.

② 홍건적과 왜구를 무찌르는 과정에서 이성계와 최영 등의 인물이 성장하였어요.

✦ **최영**
최영은 고려 말의 장수로, 홍건적과 왜구를 물리치며 큰 공을 세운 인물이에요. 그는 '황금 보기를 돌같이 하라'라는 아버지의 가르침을 평생 실천한 청렴한 인물이에요. 그러나 이성계의 위화도 회군 이후 결국 처형되었어요.

홍건적의 침입	• 홍건적의 일부가 고려에 침입하여 개경까지 함락함 • 최영 등의 장수들이 홍건적을 물리침
왜구의 침입	최무선이 화약 무기를 만들어 진포로 쳐들어온 왜구를 격퇴함

 ### 진실게임 OX 문제
"다음 글의 내용이 맞으면 O, 틀리면 X에 표시하기!"

1. 고려는 거란의 제1차 침입 때 서희의 외교 담판을 통해 강동 6주를 획득하였다. (O , X)
2. 거란의 제2차 침입 당시 양규가 활약하였으나 끝내 개경이 함락되었다. (O , X)
3. 강감찬은 거란의 제3차 침입 때 귀주 대첩에서 패배하였다. (O , X)
4. 몽골의 제1차 침입 이후 고려는 강화도로 도읍을 옮기고 몽골에 맞섰다. (O , X)
5. 김윤후는 처인성 전투에서 몽골 장수 저고여를 사살하였다. (O , X)
6. 몽골의 침입으로 초조대장경과 황룡사 9층 목탑이 불에 타 없어졌다. (O , X)
7. 삼별초는 몽골과 끝까지 항쟁하며 진도와 제주도를 근거지로 삼아 싸웠다. (O , X)
8. 원 간섭기 고려의 왕은 원이 결정하였다. (O , X)
9. 공민왕은 친원 세력인 기철을 중심으로 개혁을 펼쳤다. (O , X)
10. 고려 말 홍건적과 왜구의 침입 당시 배중손, 김통정 등이 활약하였다. (O , X)

X 확인
1O 2O 3X 4O 5X 6O 7O 8O 9X 10X

3 강감찬은 거란의 제3차 침입 때 귀주 대첩에서 **승리하였어요**.
5 김윤후는 처인성 전투에서 몽골 장수 **살리타**를 사살하였어요.
9 공민왕은 **신돈**을 중심으로 개혁을 펼쳤어요.
10 고려 말 홍건적과 왜구의 침입 당시 **최영**, **이성계** 등이 활약하였어요.

 ### 이론완성 빈칸채우기
"오늘 배운 내용을 떠올리며 다음 글의 빈칸을 채워보자!"

1. 거란의 제1차 침입 때 ☐☐이/가 외교 담판을 통해 강동 6주를 획득하였다.
2. 거란의 제2차 침입 당시 ☐☐이/가 거란군에 맞서 싸웠다.
3. 고려는 거란의 침입 이후 국경에 ☐☐☐☐을/를 쌓았다.
4. 몽골의 제1차 침입 이후 고려는 도읍을 ☐☐☐(으)로 옮기고 몽골에 맞섰다.
5. 몽골의 제2차 침입 때 승려 ☐☐☐이/가 처인성 전투에서 몽골의 장수 살리타를 사살하였다.
6. 몽골의 침입으로 신라의 ☐☐☐☐☐☐이/가 불에 타 없어졌다.
7. ☐☐☐은/는 진도와 제주도를 근거지로 하여 몽골에 맞서 싸웠으나 결국 진압되었다.
8. 원 간섭기 고려의 왕들은 원에 충성한다는 의미에서 왕의 이름 앞에 ☐자가 붙여졌다.
9. 공민왕은 개혁의 일환으로 친원 세력인 ☐☐을/를 숙청하였다.
10. 최영 등은 ☐☐☐와/과 왜구를 무찌르며 성장하였다.

1 서희 2 양규 3 천리장성 4 강화도 5 김윤후 6 황룡사 9층 목탑 7 삼별초 8 충(忠) 9 기철 10 홍건적

08 고려 시대 외적의 침입 **69**

01 (가)에 해당하는 인물로 옳은 것은?

이곳은 고려의 외교가이자 문신이었던 (가) 의 무덤으로 부인의 묘도 함께 있습니다. 그는 대군을 이끌고 온 거란 장수 소손녕과 외교 담판을 벌여 강동 6주를 확보하는 성과를 올렸습니다.

① 서희　② 윤관　③ 최영　④ 정도전

02 다음 외교 문서를 보낸 국가에 대한 고려의 대응으로 옳은 것은?

칸께서 살리타 등이 이끄는 군대를 너희에게 보내 항복할지 아니면 죽임을 당할지 묻고자 하신다. 이전에 칸께서 보낸 사신 저고여가 사라져서 다른 사신이 찾으러 갔으나, 너희들은 활을 쏘아 그를 쫓아냈다. 너희가 저고여를 살해한 것이 확실하니, 이제 그 책임을 묻고 있는 것이다.

① 이자겸이 사대 요구를 수용하였다.
② 서희가 소손녕과 외교 담판을 벌였다.
③ 김윤후 부대가 처인성에서 적장을 사살하였다.
④ 강감찬이 군사를 이끌고 귀주에서 크게 승리하였다.

---

01 서희의 활약

자료에서 정답 키워드 찾기　정답: ①

- 외교 담판을 벌여 강동 6주를 확보: 거란의 침입 당시 서희의 활약
① 고려 성종 때 거란이 침입하자 서희는 거란 장수 소손녕과 외교 담판을 벌여 거란군을 돌려보내고 강동 6주를 획득하였어요.

오답선지 다시보기

② 고려 예종 때 윤관은 별무반을 이끌고 여진족을 정벌한 뒤 동북 9성을 쌓았어요.
③ 고려 말 우왕 때 최영은 홍건적과 왜구를 물리쳤어요.
④ 고려 말 정도전은 이성계를 도와 조선을 건국하였어요.

02 몽골의 침입

자료에서 정답 키워드 찾기　정답: ③

- 살리타: 몽골군의 지휘관
- 저고여를 살해: 몽골의 침입 구실
③ 몽골의 제2차 침입 때 김윤후가 처인성 전투에서 적장 살리타를 사살하였어요.

오답선지 다시보기

① 고려 인종 때 이자겸은 금의 사대 요구를 수용하였어요. 그 결과 고려는 금에게 신하의 예를 보여야 했어요.
② 거란의 제1차 침입 때 서희가 거란의 소손녕과 외교 담판을 벌여 강동 6주를 획득하였어요.
④ 거란의 제3차 침입 때 강감찬이 귀주에서 거란군을 상대로 크게 승리하였어요(귀주 대첩).

08강 고려 시대 외적의 침입

03 (가)~(다)를 일어난 순서대로 옳게 나열한 것은?

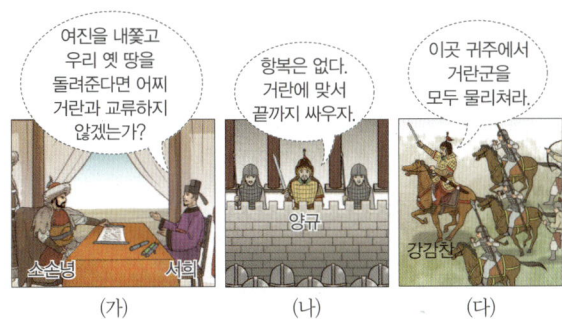

① (가) – (나) – (다)
② (가) – (다) – (나)
③ (나) – (가) – (다)
④ (다) – (가) – (나)

04 (가), (나) 사이의 시기에 있었던 사실로 옳은 것은?

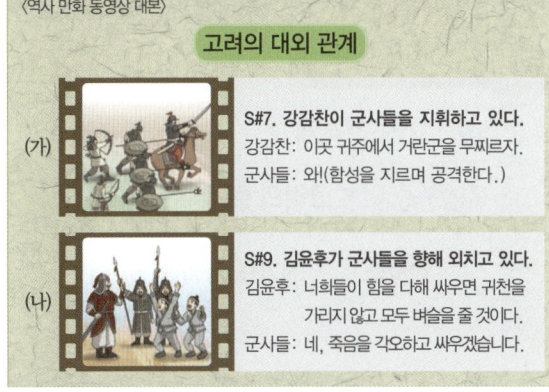

① 서희가 강동 6주를 획득하였다.
② 윤관이 동북 9성을 축조하였다.
③ 박위가 쓰시마섬을 토벌하였다.
④ 최무선이 진포에서 왜구를 물리쳤다.

---

03 거란의 침입

자료에서 정답 키워드 찾기 정답: ①

- (가) 소손녕·서희: 거란의 제1차 침입 당시 외교 담판
- (나) 양규: 거란의 제2차 침입 당시 활약한 인물
- (다) 강감찬: 거란의 제3차 침입 당시 활약한 인물
① (가) 거란의 제1차 침입(993) 때 서희는 거란의 적장 소손녕과 외교 담판을 벌여 강동 6주를 획득하였어요. → (나) 거란의 제2차 침입(1010) 때 양규가 활약했지만 개경이 함락되었어요. → (다) 거란의 제3차 침입(1018) 때 강감찬이 귀주 대첩(1019)에서 승리하며 거란이 철수하였어요.

04 귀주 대첩(11세기)과 몽골의 침입(13세기) 사이의 사실

자료에서 정답 키워드 찾기 정답: ②

- (가) 귀주에서 거란군을 무찌름: 11세기 거란의 제3차 침입 당시 강감찬이 활약한 귀주 대첩
- (나) 김윤후: 13세기 몽골의 침입 당시 처인성 전투에서 활약한 인물
② 12세기 여진의 침입 때 윤관은 별무반을 조직하고 여진족을 정벌하였으며, 동북 9성을 축조하였어요.

오답선지 다시보기

① 서희가 외교 담판을 통해 강동 6주를 확보한 것은 거란의 제1차 침입으로 (가) 이전의 사실이에요.
③ 고려 말인 14세기 후반 고려 창왕 때 왜구의 침입에 대항하여 박위가 일본 쓰시마섬을 토벌하였으며, 이는 (나) 이후의 사실이에요.
④ 14세기 후반 고려 우왕 때 최무선이 화포를 활용하여 진포에서 왜구를 물리쳤으며, 이는 (나) 이후의 사실이에요.

09강 고려의 경제·사회·문화

 설쌤의 한판정리

 벌써 고려 시대도 마지막 강의야!

✏️ 고려의 경제

고려의 토지 제도
| 전시과 | 전지+시지 지급 |

경제 생활
- **농업**: 고려 말 목화 재배(문익점)
- **국내 상업**:
  - 경시서 설치(상행위 감독)
  - 건원중보(성종)
  - 은병(활구, 숙종) 제작
- **대외 무역**:
  - 벽란도(국제 무역항)
  - 'COREA'가 세계에 알려짐

✏️ 고려의 사회

신분 제도

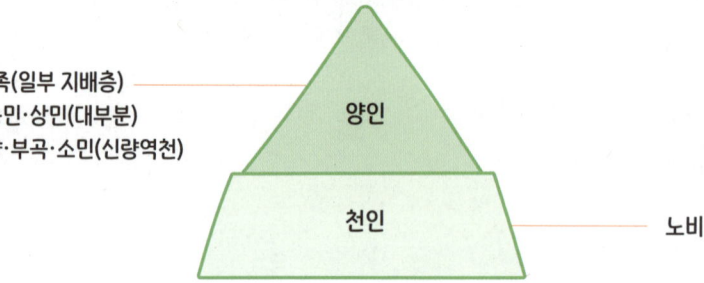

귀족(일부 지배층)
+농민·상민(대부분)
+향·부곡·소민(신량역천) → 양인

천인 → 노비

사회 및 가족 제도

- **흑창과 의창**: 빈민 구휼 제도
- **상평창**: 개경과 서경, 12목에 설치된 물가 조절 기관
- **동·서 대비원**: 가난하고 아픈 백성을 진료하는 의료 기관

- **가족 제도**:
  - 남성과 여성이 비교적 평등
  - 아들딸 재산 균등 상속
  - 딸이 제사 지내는 것 가능

✏️ 고려의 사상과 문화유산

유교	• 최승로의 「시무 28조」(유교 정치 강조) • 김부식의 『삼국사기』 • 최충의 9재 학당(문헌공도) • 안향의 성리학 수용
불교	• 팔관회와 연등회 개최 • 의천 – 천태종, 지눌 – 조계종 • 초조대장경(거란의 침입), 팔만대장경(몽골의 침입) 제작

주요 공예품·불상과 탑·건축물

청자 상감 운학문 매병 | 논산 관촉사 석조 미륵보살 입상 | 개성 경천사지 10층 석탑 | 영주 부석사 무량수전

공예품 | 불상과 탑 | 건축물

1 고려의 경제

(1) 고려의 토지 제도
① 태조 왕건은 후삼국 통일 과정에서 공을 세운 신하들에게 토지를 지급했어요.
② 이후 관직의 높고 낮음에 따라 **전지와 시지**를 지급하는 등 체계적인 토지 제도인 전시과를 운영했어요.

+ 전지와 시지
전지는 농사를 지을 수 있는 경작지로, 관리들이 곡물을 생산하여 생계를 유지할 수 있도록 했어요. 시지는 땔감을 얻을 수 있는 임야로, 난방과 생활에 필요한 연료를 확보하는 용도로 사용되었어요.

(2) 고려의 경제 생활

농업	고려 말에 **문익점**이 원에서 목화 씨앗을 들여와 목화 재배가 시작됨
국내 상업	• 시장과 상업 행위를 감독하기 위하여 개경에 **경시서**를 설치함 • 상업과 수공업이 발달하여 여러 화폐가 만들어졌음 → 성종 때 **건원중보**를 만들었으며, 숙종 때 **은병(활구)** 등을 만들었음
대외 무역	• 예성강의 **벽란도**가 국제 무역항으로 발전함 • 여러 나라의 상인을 통해 고려의 이름이 코리아(COREA)로 알려짐

+ 벽란도
벽란도는 고려의 국제 무역항으로, 현재의 개성 근처에 위치했어요. 멀리 아라비아 상인들도 왕래하며 활발한 무역이 이루어진 교역 중심지였어요.

고려의 화폐

▲ 건원중보
고려 성종 때 만들어진 최초의 철전(쇠돈)이에요. 당시 고려에서는 쌀과 옷감(베) 등이 주요 화폐 역할을 했기 때문에 잘 사용하지 않았어요.

▲ 은병(활구)
고려 숙종 때부터 사용한 은으로 만든 화폐예요. 표면에는 가치를 나타내는 무늬가 새겨져 있어요. 주로 큰 거래나 세금 납부에 사용되었어요.

2 고려의 사회

(1) 신분 제도
① 고려는 신분제 사회로 **양인**과 **천인**으로 구성되었어요. 이들 중 일부는 지배층을 이루었으나, 대부분을 농민이었어요. 천민은 대부분 노비였지요.
② **향·부곡·소민**의 경우 신분상 양인이지만 사회적으로 천대를 받는 '신량역천'으로 분류되어 더 많은 세금을 내는 등 차별을 받았어요.

+ 향·부곡·소민
향·부곡·소라는 특정 지역에 거주하며 국가의 필요에 따라 노동과 생산을 담당한 특수 집단이었어요.

(2) 고려의 사회 제도

흑창과 의창	• 흑창: 태조가 설치한 곡식 창고로 빈민 구휼을 위해 설치함 • 의창: 성종 때 흑창을 확충하여 더욱 활성화시킴
상평창	성종 때 개경과 서경, 12목에 설치한 **물가 조절 기관**
동·서 대비원	가난한 백성을 진료하기 위하여 설치한 기구

쌤! 질문 있어요!

Q 고려 시대 여성들의 삶은 어떠하였나요?

고려 시대 여성들이 비교적 존중받았어요. 비록 관직에 나갈 수는 없었으나 가정 내에서는 평등하였지요. 아들과 딸이 부모의 재산을 균등하게 상속받는 것이 일반적이었고, 여성도 집안의 대표가 되어 상속받은 재산을 직접 관리하고 처분할 권리를 가졌어요.

(3) 여성의 지위와 가족 제도

여성의 지위	• 남성과 여성이 비교적 평등함 • 여성이 집안의 대표가 될 수 있었으며 음서의 혜택도 외가까지 적용되었음 • 연애가 비교적 자유로웠고, 이혼과 재혼도 자유로웠음
가족 제도	• 한 명의 남편이 한 명의 아내를 두는 형태(일부일처제)가 일반적이었음 • 재산은 아들딸에게 균등하게 상속하고 딸이 제사를 지내기로 함

3 고려의 사상과 문화유산

(1) 유교의 발달: 고려에서는 정치를 하는 데 필요한 사상으로 유교를 장려하였어요.

성종	• 최승로의 「시무 28조」를 수용하고 유교 정치를 강조함 • 유교 교육을 위해 국립 교육 기관인 국자감을 설치(정비)함
인종	김부식이 유교적 시각으로 삼국의 역사를 정리한 『삼국사기』를 편찬함
예종	최충이 일종의 학원인 9재 학당(문헌공도)을 세우고 유교를 가르침
충렬왕	안향이 고려에 처음으로 유교의 한 갈래인 성리학을 소개함

(2) 불교의 발달: 고려 시대에 이르러 불교는 더욱 발달했어요.

관련 행사	연등회와 팔관회 등 불교 관련 행사를 개최함
종파	• 의천이 새로운 불교 종파인 해동 천태종을 개창함 • 지눌이 새로운 불교 종파인 조계종을 개창함
대장경 간행	• 거란의 침입을 물리치려는 염원을 담아 초조대장경을 제작함(몽골의 침입 때 불탐) • 몽골의 침입을 물리치려는 염원을 담아 팔만대장경(재조대장경)을 제작함

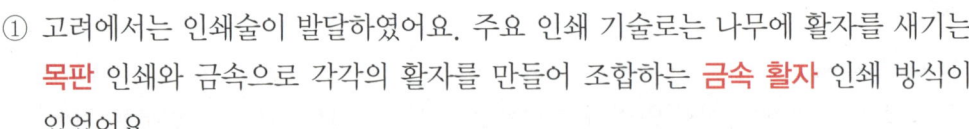
목판의 수가 8만 여 장에 이른다고 하여 '팔만대장경'이라고 불러요.

(3) 고려의 인쇄술

① 고려에서는 인쇄술이 발달하였어요. 주요 인쇄 기술로는 나무에 활자를 새기는 **목판** 인쇄와 금속으로 각각의 활자를 만들어 조합하는 **금속 활자** 인쇄 방식이 있었어요.

② 팔만대장경판은 목판, 『직지심체요절』은 금속 활자로 인쇄되었어요. 특히 『직지심체요절』은 세계에서 가장 오래된 금속 활자본이에요.

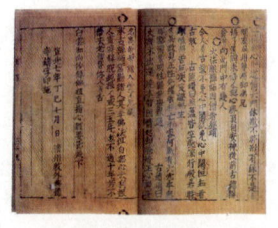

『직지심체요절』

✚ 상감 기법
상감 기법은 금속이나 도자기 표면에 무늬를 새긴 뒤, 그 홈에 다른 재료를 채워 넣어 장식하는 기법이에요.

(4) 공예품

청자	• 10세기 후반부터 푸른빛을 띠는 도자기인 청자가 만들어짐 • 12세기 중엽에 고려만의 독자적 기법인 상감 기법이 개발되었음
분청사기	원 간섭기에 이르러 도자기에 하얀 흙을 발라 굽는 분청사기가 등장함
기타	옻칠한 바탕에 자개를 붙여 무늬를 나타내는 나전 칠기 기법이 발달함

도자기와 나전 칠기

▲ 청자 상감 운학문 매병

▲ 분청사기 음각 어문 편병

▲ 나전경함

 옻나무에서 나는 진액(옻)을 바르고, 조개 껍데기 조각(자개)를 붙여 완성하지요.

(5) 불상과 주요 건축물
① 대형 철불이 많이 조성되었고, 거대하며 독특한 모습의 불상이 만들어졌어요.
② 송과 원의 영향을 받아 다각형 형태의 높은 탑도 만들어졌습니다.

고려의 불상과 탑

▲ 하남 하사창동 철조 석가여래 좌상

▲ 논산 관촉사 석조 미륵보살 입상

▲ 평창 월정사 8각 9층 석탑

▲ 개성 경천사지 10층 석탑

③ 주요 건축물: 주로 불교 건축물이 많이 남아 있어요.

고려의 건축물

▲ 영주 부석사 무량수전
가운데가 볼록한 배흘림 기둥이 특징이에요.

▲ 예산 수덕사 대웅전
주심포(기둥의 무게를 분산하는 부분이 기둥 위에 놓인 방식) 양식이 특징이에요.

(6) 주요 역사서

『삼국사기』	• 김부식이 편찬한 삼국의 역사서로 신라 계승 의식이 반영되었음 • 우리나라에 현존하는 가장 오래된 역사서
『삼국유사』	• 승려 일연이 불교와 민간 설화 등을 포함하여 삼국의 역사를 편찬함 • 고조선의 건국 이야기를 넣음
『제왕운기』	이승휴가 편찬했으며, 고조선의 건국 이야기를 넣어 고조선 계승 의식을 드러냄

+ 일연
일연은 원 간섭기에 활동한 승려이자 역사학자로, 『삼국유사』를 집필한 인물이에요. 불교적 시각에서 고대의 신화, 전설, 민간 이야기 등을 포함해 우리 고유의 문화를 잘 보여 주고 있어요.

진실게임 OX 문제

"다음 글의 내용이 맞으면 O, 틀리면 X에 표시하기!"

1. 고려의 토지 제도인 전시과에서는 관리에게 전지만 지급하였다. (O, X)
2. 문익점은 고려 말에 원에서 목화씨를 들여와 목화 재배를 시작하였다. (O, X)
3. 고려 시대에는 벽란도를 중심으로 국제 무역이 활발하게 이루어졌다. (O, X)
4. 건원중보는 고려 인종 때 주조된 화폐다. (O, X)
5. 고려 시대에는 아들과 딸이 부모의 재산을 균등하게 상속받는 것이 일반적이었다. (O, X)
6. 김부식은 불교적 시각에서 『삼국사기』를 편찬하였다. (O, X)
7. 고려 시대에는 일부일처제가 일반적이었으며, 딸도 제사를 지낼 수 있었다. (O, X)
8. 상감 기법은 도자기 표면에 무늬를 새긴 후, 다른 재료를 채워 넣는 장식 기법이다. (O, X)
9. 팔만대장경은 부처의 힘으로 거란의 침입을 막기 위한 염원을 담아 제작되었다. (O, X)
10. 일연은 『삼국유사』를 편찬하며 고조선의 건국 이야기를 포함하였다. (O, X)

X 확인
1X 2O 3O 4X 5O 6X 7O 8O 9X 10O

1 고려의 토지 제도인 전시과에서는 관리에게 **전지와 시지**를 지급하였어요.
4 건원중보는 고려 **성종** 때 주조된 화폐예요.
6 김부식은 **유교적 시각**에서 『삼국사기』를 편찬하였어요.
9 팔만대장경은 부처의 힘으로 **몽골**의 침입을 막기 위한 염원을 담아 제작되었어요.

이론완성 빈칸채우기

"오늘 배운 내용을 떠올리며 다음 글의 빈칸을 채워보자!"

1. 김부식은 유교적 시각으로 삼국의 역사를 정리한 ☐☐☐☐을/를 편찬하였다.
2. 고려 시대 국제 무역항으로 번성했던 항구는 ☐☐☐(이)다.
3. 고려 말 ☐☐☐이/가 원에서 목화씨를 들여와 목화 재배가 시작되었다.
4. 고려에서 전지와 시지를 지급하던 토지 제도는 ☐☐☐(이)다.
5. 몽골의 침입을 물리치려는 염원을 담아 만든 대장경은 ☐☐☐☐☐(이)다.
6. 고려 성종 때 주조된 우리나라 최초의 금속 화폐는 ☐☐☐☐(이)다.
7. 금속이나 도자기에 무늬를 새기고 다른 재료를 채워 넣는 기법은 ☐☐☐☐(이)다.
8. 일연은 불교와 민간 설화 등을 담아 ☐☐☐☐을/를 편찬하였다.
9. 고려 시대에는 남성과 여성의 지위가 비교적 ☐☐하였으며, 아들딸에게 부모의 재산을 균등하게 상속했다.
10. 빈민을 구제하기 위해 고려 태조가 설치한 곡식 창고는 ☐☐(이)다.

1 『삼국사기』 2 벽란도 3 문익점 4 전시과 5 팔만대장경(재조대장경) 6 건원중보 7 상감 기법 8 『삼국유사』 9 평등 10 흑창

완벽 마무리 기출문제풀이

"쌤이 기출문제 중 가장 도움이 될 만한 것으로 특별히 골라왔어! 같이 풀어보자!"

01 (가)에 들어갈 문화유산으로 옳은 것은?

경상북도 영주에 있는 고려 시대 건축물인 이 문화유산에 대하여 말해볼까요?

배흘림기둥과 주심포 양식이 특징이에요.

건물 내부에 아미타불이 모셔져 있어요.

① 금산사 미륵전

② 법주사 팔상전

③ 화엄사 각황전

④ 부석사 무량수전

02 다음 퀴즈의 정답으로 옳은 것은?

1단계 | 본관은 경주로 고려의 유학자이자 정치가이다.
2단계 | 서경에서 묘청이 난을 일으키자 진압군의 원수로 임명되어 이를 평정하였다.
3단계 | 왕명으로 감수국사가 되어 삼국사기를 편찬하였다.

제시된 단계별 힌트를 종합하여 알 수 있는 인물은 누구일까요?

① 양규　　② 일연
③ 김부식　④ 이제현

---

01 영주 부석사 무량수전

자료에서 정답 키워드 찾기　　정답: ④

- 경상북도 영주에 있는 고려 시대 건축물: 영주 부석사 무량수전
- 배흘림기둥과 주심포 양식: 무량수전의 특징
④ 영주 부석사 무량수전은 고려 시대의 건축물로, 배흘림기둥과 주심포 양식이 특징이며 내부에는 아미타불이 모셔져 있어요.

오답선지 다시보기

① 금산사 미륵전은 조선 시대의 건축물이에요.
② 법주사 팔상전은 조선 시대의 건축물이에요.
③ 화엄사 각황전은 조선 시대의 건축물이에요.

02 김부식

자료에서 정답 키워드 찾기　　정답: ③

- 묘청이 난을 일으키자 이를 평정: 김부식의 활동
- 『삼국사기』를 편찬: 김부식의 업적
③ 고려 인종 때 김부식은 관군을 이끌고 묘청의 난을 진압하였어요. 또 인종의 명을 받아 삼국의 역사서인 『삼국사기』를 편찬하였어요.

오답선지 다시보기

① 거란의 제2차 침입 당시 양규가 활약하였어요.
② 일연은 원 간섭기에 역사서인 『삼국유사』를 편찬하였으며, 고조선의 건국 이야기를 담아 고조선 계승 의식을 나타냈어요.
④ 이제현은 원 간섭기인 고려 공민왕 때 역사서인 『사략』을 편찬하였어요.

IV

조선 전기

조선 전기 과학 기술의 발전

조선의 건국과 발전

기출키워드

✦ #이성계+신진 사대부 #위화도 회군 #한양 천도 #태종(6조 직계제·호패법) #세종(의정부 서사제·훈민정음·4군 6진·쓰시마섬 정벌) #세조(6조 직계제) #성종(『경국대전』) #의정부+6조 #삼사(사헌부·사간원·홍문관) #전국 8도 #문과·무과·음서

조선 전기의 경제·사회·문화

기출키워드

✦ #과전법(고려 말~조선 초) #직전법(세조) #『농사직설』(세종) #농업 중시 #양천제(양인·천인) #반상제(양반·중인·상민·천민) #『조선왕조실록』 #『고려사』 #「혼일강리역대국도지도」 #혼천의 #앙부일구(해시계) #자격루(물시계) #경복궁 근정전 #종묘 정전 #숭례문

임진왜란과 병자호란

기출키워드

✦ 임진왜란 #조선vs일본 #이순신·김시민·권율·의병 활약 #정유재란 #명량 해전·노량 해전
✦ 정묘호란·병자호란 #조선vs후금(청) #광해군의 중립 외교 #정묘호란 #병자호란(남한산성·삼전도 굴욕) #북벌론 #나선 정벌

10강 조선의 건국과 발전

설쌤의 한판정리

📝 조선의 건국 과정

고려 말	→	위화도 회군	→	조선 건국(1392)
이성계 + 신진 사대부		공양왕 폐위(고려 멸망)		• 이성계, 태조 즉위 • 한양(서울) 천도

📝 조선 전기 왕들의 정책

태조	• 경복궁 건설	• 정도전의 『조선경국전』, 『불씨잡변』 편찬
태종	• 6조 직계제 시행(왕권 강화)	• 16세 이상의 남자를 대상으로 호패법 실시
세종	• 의정부 서사제 시행 • 집현전 설치	• 훈민정음 창제 • 4군 6진 개척 및 대마도(쓰시마섬) 정벌
세조	• 계유정난으로 집권, 조카인 단종 폐위 • 『경국대전』 편찬 시작	• 6조 직계제 재시행
성종	• 집현전을 계승한 홍문관 설치	• 『경국대전』 편찬 완성

📝 통치 체제의 정비

중앙 통치 기구
- 의정부 + 6조
- 승정원(비서 기관)
- 삼사
  - 사헌부: 비리 감시
  - 사간원: 잘잘못 논의
  - 홍문관: 경연 주최

지방 행정 조직
- 전국 8도 구분
- 모든 군현 관리 파견
- 향리 세력 축소
- 향·부곡·소 소멸

조선의 지방 행정 조직

관리 등용 제도
- 문과
- 무과
- 음서 → 기능 약화

교육 제도
- 성균관
- 향교
- 서당

1 조선의 건국 과정

(1) 신진 사대부의 등장
① 고려 말에는 **신진 사대부**라는 새로운 정치 세력이 등장하였어요.
② 신진 사대부는 최영, 이성계 등과 함께 고려를 개혁하려 하였어요.

(2) 위화도 회군과 조선의 건국
① **위화도 회군**(1388): 이 시기 중국에서는 명이 세력을 넓혀갔으며, 공민왕이 되찾았던 쌍성총관부 지역을 요구해 왔어요. 이에 반발하던 고려의 왕은 **이성계**를 보내 중국의 요동 지역을 공격하게 하였어요. 그러나 이성계는 요동으로 향하던 중 **위화도 지역에서 군을 돌려 개경으로 돌아와 권력을 장악**했어요.
② 신진 사대부의 분화: 이성계가 권력을 잡은 이후 **신진 사대부**는 개혁 방향을 두고 둘로 나뉘었어요.

온건 개혁파	이색과 **정몽주** 등이 고려 왕조를 유지하고자 함
급진 개혁파	**정도전**과 조준 등이 혁명을 일으켜 **새 왕조를 세우고자 함**

③ 조선 건국(1392): 이성계는 급진 개혁파인 **정도전**과 함께 온건 개혁파인 정몽주 등을 제거하였어요. 그리고 마침내 새로운 나라인 **조선**을 세우고 도읍을 **한양**(서울)으로 옮겼습니다.

+ 신진 사대부
신진 사대부는 고려 말에 과거로 관직에 오른 성리학자로, 조선 건국에 중요한 역할을 했어요.

쌤! 질문 있어요!
Q 고려가 멸망하고, 고려의 왕족들은 어떻게 되었나요?
고려 멸망 후 고려의 왕족은 개성에 머물며 '개성 왕씨'로 명맥을 이었어요. 조선은 이들을 존중하면서도 반란에 대한 우려로 숙청하기도 했어요.

2 조선 전기 왕들의 정책

 큰 복을 받는다는 뜻을 지녔어요.

태조 이성계	• 개경에서 한양으로 도읍을 옮기고 경복궁 등 궁궐을 세움 • **정도전**이 나라의 기본 이념을 담은 『**조선경국전**』과 불교를 비판하는 『**불씨잡변**』을 저술함
태종	• 제1·2차 왕자의 난을 일으켜 집권함 • **의정부**를 거치지 않고 **6조**에서 곧바로 왕에게 보고하는 '**6조 직계제**'를 시행함 • 16세 이상의 남자들이 신분을 증명하기 위해 **호패법**을 실시함
세종	• 의정부에서 6조의 업무를 먼저 살펴보고 국왕에게 보고하는 '**의정부 서사제**'를 시행함 • 집현전을 설치하여 학문과 정책 연구를 담당하도록 함 • **훈민정음**을 창제함 • 여진을 정벌하고 압록강 유역의 **4군**(최윤덕)과 두만강 유역의 **6진**(김종서)을 개척하고, 이종무에게는 **대마도(쓰시마섬)를 정벌**하도록 하여 왜구를 소탕함
세조	• 수양 대군 시절에 **계유정난**을 일으켜 어린 단종을 몰아내고 정권을 장악함 • 6조 직계제를 다시 실시함 • 조선의 기본 법전인 『**경국대전**』을 편찬하기 시작함 • 새로운 토지 제도인 **직전법**을 시행함
성종	• 집현전을 계승한 **홍문관**을 설치함 • 『**경국대전**』을 완성함

+ 의정부
의정부는 조선의 최고 행정 기구로, 국정을 총괄하며 왕을 보좌하는 역할을 했어요.

+ 6조
6조는 조선의 행정 조직으로, 국가의 주요 업무를 나누어 담당한 여섯 개의 부서예요.

+ 직전법
고려 말 이성계는 관리들에게 세금을 거둘 수 있는 토지를 나누어 주는 전시과 제도를 시행하였어요. 그러나 과전법은 이전에 관리를 지냈던 사람들에게도 토지를 지급하였고, 결국 토지가 부족해지는 문제가 발생했어요. 이러한 문제를 해결하기 위해 현직 관리들에게만 토지를 나누어 주는 직전법이라는 제도를 시행하게 되었지요.

3 통치 체제의 정비

(1) 중앙 통치 기구

① **의정부**: 나랏일을 총괄하는 최고 기구예요. 최고 직급인 **영의정·우의정·좌의정**이 정책을 심의하고 결정했어요.
② **6조**: 이조(인사)·호조(재정)·예조(외교 및 교육)·병조(국방)·형조(법률)·공조(건설)로 이루어진 정책 수행 기관이에요.
③ 승정원: 국왕의 직속 비서 기관으로 최고 직책은 **도승지**였으며, 왕의 명령을 전달하거나 기록하는 역할을 담당했어요.
④ 삼사: **왕권을 견제**하고 권력의 독점과 부정을 방지하는 기능을 담당했어요.

삼사의 구성	사헌부	관리의 비리 행위를 감찰하여 처벌함
	사간원	왕의 잘잘못을 논함(간쟁)
	홍문관	'옥당'이라 불리며, 경연을 주관하고 왕의 정책 자문을 담당함

(2) 지방 행정 조직

① 전국을 **8도**로 나누고 그 아래에 **부·목·군·현**을 두었습니다.
② 모든 군현에 관리를 파견하여 중앙에서 관리하였어요.
③ 고려 시대에 지방을 관리하던 **향리**는 지방관인 수령을 보좌하는 역할로 그 세력이 약화되었어요. 향리는 주로 수령을 도와 행정이 세금, 재판 업무 등을 담당했어요.
④ 고려 시대의 향·부곡·소는 일반 군현으로 바뀌거나 흡수되었어요..

↑ 조선의 지방 행정 조직

(3) 관리 등용 제도: 고려 시대와 같이 과거를 통해 관리를 선발하였어요. 시험을 원칙적으로 양인 이상이면 누구나 응시가 가능했어요.

문과	문관을 선발하는 시험으로 소과와 대과를 거쳐 선발하였음
무과	무관을 선발하는 시험으로서 고려 시대와 달리 정기적으로 시행되었음
음서	• 고려 시대보다 혜택을 받는 대상이 줄었음 • 음서로 관직에 나아가도 높은 직급으로 승진하기 어려웠음

(4) 교육 제도: 유교 교육을 강조하였어요.

성균관	• 고려 말에 세워졌으며, 한양에 위치한 최고 교육 기관 • 주요 건물로는 대성전·명륜당이 있었음
향교	• 지방의 교육 기관으로 부·목·군·현마다 하나씩 설립함 • 중앙에서 교수나 훈도를 파견함
서당	• 한양 및 지방에 위치한 초등 교육 기관 • 한양의 **4부 학당**이나 향교에 입학하지 못한 선비와 평민의 자제가 교육을 받음

✚ 4부 학당

4부 학당은 한양의 중인 이하 자제들을 위한 국립 교육 기관으로, 동·서·남·중부 학당 네 곳이 있어 붙은 이름이에요. 서민층의 과거 준비를 지원했어요.

 ### 진실게임 OX 문제
"다음 글의 내용이 맞으면 O, 틀리면 X에 표시하기!"

① 이성계는 위화도 회군을 통해 정권을 잡고 조선을 건국했다. (O, X)
② 태조는 이성계는 도읍을 옮기지 않고 개경에 그대로 있었다. (O, X)
③ 태종은 6조 직계제를 실시해 왕권을 강화했다. (O, X)
④ 세종은 집현전을 설치하고 훈민정음을 창제했다. (O, X)
⑤ 세조는 의정부 서사제를 강화하여 신하의 권한을 높였다. (O, X)
⑥ 성종은 『경국대전』을 완성하고 홍문관을 설치했다. (O, X)
⑦ 태종은 계유정난을 일으켜 조카 단종을 몰아내고 왕위에 올랐다. (O, X)
⑧ 세종 때 4군 6진을 개척하고 대마도를 정벌하였다. (O, X)
⑨ 의정부는 국왕의 비서 역할을 하며 왕명을 전달했다. (O, X)
⑩ 조선 시대에는 고려 시대에 비해 음서 제도의 혜택이 약해졌다. (O, X)

X 확인
1 O 2 X 3 O 4 O 5 X 6 O 7 X 8 O 9 X 10 O

2 태조 이성계는 도읍을 개경에서 한양으로 옮겼어요.
5 세조는 6조 직계제를 강화하여 국왕의 권한을 높였어요.
7 세조는 계유정난을 일으켜 조카 단종을 몰아내고 왕위에 올랐어요.
9 승정원은 국왕의 비서 역할을 하며 왕명을 전달했어요.

 ### 이론완성 빈칸채우기
"오늘 배운 내용을 떠올리며 다음 글의 빈칸을 채워보자!"

① 세종은 학문과 정책 연구를 위해 ☐☐☐을/를 설치했다.
② ☐☐은/는 수령을 보좌하고 행정, 세금, 재판 업무 등을 담당했다.
③ 세조는 과전법을 일부 개혁하여 ☐☐☐을/를 실시했다.
④ 수양 대군은 ☐☐☐☐을/를 일으켜 조카 단종을 몰아내고 왕위에 올랐다.
⑤ 태조는 도읍을 ☐☐(으)로 옮기고 경복궁을 세웠다.
⑥ 성종은 집현전을 계승한 ☐☐☐을/를 설치하고, 『경국대전』을 완성했다.
⑦ 이성계는 ☐☐☐☐☐ 후 정권을 장악하고 조선을 세웠다.
⑧ ☐☐은/는 왕권을 견제하는 역할을 하였다.
⑨ 태종은 신분 증명 제도인 ☐☐☐을/를 실시했다.
⑩ 조선의 최고 행정 기구인 ☐☐☐에서는 영의정·우의정·좌의정이 국정을 심의하고 결정했다.

1 집현전 2 향리 3 직전법 4 계유정난 5 한양 6 홍문관 7 위화도 회군 8 삼사 9 호패법 10 의정부

01 (가)에 들어갈 인물로 옳은 것은?

- 조선 개국 공신
- 조선의 통치 기준과 운영 원칙을 제시한 조선경국전을 저술함
- 불씨잡변을 지어 불교 교리를 비판함

(앞면) (뒷면)

① 이이 ② 송시열 ③ 정도전 ④ 정몽주

02 밑줄 그은 '왕'이 추진한 정책으로 옳은 것은?

계유정난으로 정권을 잡고 단종을 몰아낸 왕에 대하여 말해볼까요?

왕권 강화를 위하여 6조 직계제를 부활시켰어요.

집현전을 폐지하고 경연을 정지하였어요.

① 삼별초를 조직하였다.
② 직전법을 시행하였다.
③ 한양으로 천도하였다.
④ 훈민정음을 창제하였다.

---

01 정도전

자료에서 정답 키워드 찾기 정답: ③

- 『조선경국전』: 조선의 통치 방향을 담은 정도전의 저서
- 『불씨잡변』: 정도전의 사상을 담은 저서
③ 조선의 개국 공신인 정도전은 『조선경국전』을 편찬하여 성리학 중심의 통치 규범을 제시하였으며, 『불씨잡변』을 지어 불교의 폐단을 비판하였어요.

오답선지 다시보기

① 이이는 신사임당의 아들이자 조선의 성리학자로 『성학집요』를 지었어요.
② 송시열은 조선 시대의 성리학자예요.
④ 정몽주는 고려 후기 온건 개혁파로, 권문세족의 부정부패를 개혁하는 일에는 동의하였으나, 고려 왕조는 유지하고자 하였어요. 훗날 태종이 되는 이방원에게 죽임을 당했어요.

02 조선 세조

자료에서 정답 키워드 찾기 정답: ②

- 계유정난: 훗날 세조가 되는 수양 대군이 일으킨 정변
- 6조 직계제를 부활: 세조의 정책
② 조선 세조는 새로운 관리에게 지급할 토지가 부족해지자 현직 관리에게만 세금을 거둘 수 있는 토지를 지급하는 직전법을 시행하였어요.

오답선지 다시보기

① 고려 무신 집권기에 최우는 군사적 기반을 강화하고자 삼별초를 조직하였어요.
③ 조선 태조는 조선 건국 이후 한양으로 천도하였어요.
④ 조선 세종은 우리의 글인 훈민정음을 창제하였어요.

10강 조선의 건국과 발전

03 (가)에 들어갈 문화유산으로 옳은 것은?

① 경복궁 ② 경운궁
③ 경희궁 ④ 창경궁

04 (가) 왕의 재위 기간에 있었던 사실로 옳은 것은?

① 계미자가 주조되었다.
② 균역법이 실시되었다.
③ 기묘사화가 일어났다.
④ 6조 직계제가 시행되었다.

---

03 경복궁

자료에서 정답 키워드 찾기 정답: ①

- 큰 복을 받으시라는 뜻: 경복궁의 의미
- 근정전: 주요 국가 행사를 치르던 경복궁의 중심 건물
① 조선 태조 때 도읍을 한양으로 옮기고, 경복궁을 건립하였어요. 정도전이 궁궐의 이름을 지었으며, 경복궁에는 근정전, 경회루, 향원정 등의 건물이 있었어요.

오답선지 다시보기

② 대한 제국의 법궁인 경운궁은 1907년에 덕수궁으로 이름이 바뀌었어요.
③ 조선 광해군 때 세워진 경덕궁은 조선 영조 때 경희궁으로 이름이 바뀌었어요.
④ 창경궁은 조선 시대에 창덕궁과 함께 동궐로 불렸으며, 본래 이름은 수강궁이에요. 세종이 당시 물러난 태종을 모시기 위하여 지었어요.

04 조선 세조

자료에서 정답 키워드 찾기 정답: ④

- 계유정난: 수양 대군이 정권을 장악한 사건
- 집현전을 폐지: 세조의 정책
- 현직 관리에게만 수조권을 지급: 세조 때 시행된 직전법
④ 조선 세조는 6조 직계제를 시행하여 왕권을 강화하고자 하였어요.

오답선지 다시보기

① 조선 태종 때 활자를 만드는 관청인 주자소를 설치하고 동으로 만든 활자인 계미자를 주조하였어요.
② 조선 영조는 백성의 세금 부담을 줄여 주기 위하여 균역법을 시행하였어요.
③ 조선 중종 때 조광조의 개혁 정책을 계기로 기묘사화가 발생하였어요.

11강 조선 전기의 경제·사회·문화

 설쌤의 한판정리

 과전현! 직현직!
(과전법은 전·현직 관리!
직전법은 현직 관리!)

✏️ 조선 전기의 경제

토지 제도
- **과전법**: 전직 + 현직 관리 수조권 지급
- **직전법**: 현직 관리 수조권 지급(세조)

세금 납부 제도
- **조세**: 토지에 대한 세금
- **역**: 군역(군 복무) + 요역(노동력 제공)
- **공납**: 지역의 특산물로 납부

농업
- **농업**: 세종 때 『농사직설』 간행 및 보급

상업
- **국내 상업**
  - 농본억상
  - 평시서 설치(국내 상업 통제)
- **대외 무역**: 공무역만 진행

✏️ 조선 전기의 신분 제도

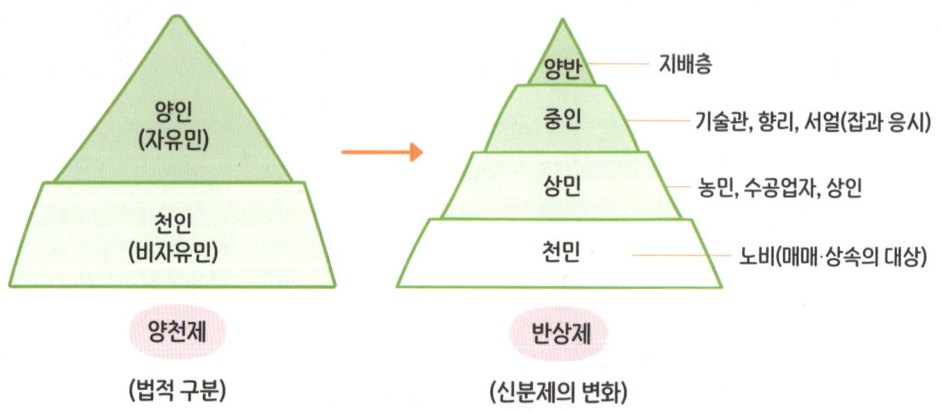

양인(자유민) / 천인(비자유민) — **양천제** (법적 구분)

→ 양반(지배층), 중인(기술관, 향리, 서얼(잡과 응시)), 상민(농민, 수공업자, 상인), 천민(노비(매매·상속의 대상)) — **반상제** (신분제의 변화)

✏️ 조선 전기의 문화

- **역사서**: 『조선왕조실록』, 『고려사』, 『동국통감』
- **지도·지리서**: 「혼일강리역대국도지도」
- **과학 기술**:
  - 관측 기구: 앙부일구, 자격루, 측우기, 혼천의
  - 『칠정산』
  - 인쇄술: 계미자, 갑인자

건축

경복궁 근정전 / 종묘 정전 / 서울 숭례문 (남대문)

1 조선 전기의 경제

(1) 토지 제도
① **과전법**: 고려 말 정도전 등의 건의로 시행된 토지 제도예요. 경기 지방 토지에 한하여 **전·현직 관리**에게 토지의 **수조권**을 지급했어요.
② **직전법**: 세조 때 이르러 새롭게 임명한 관리에게 줄 토지가 부족해졌어요. 이에 세조는 **현직 관리**에게만 토지를 지급하도록 제도를 바꾸었어요.

(2) 세금 납부 제도
조선의 세금 제도는 **조세**(토지에 대한 세금), **역**(군 복무에 관한 의무인 군역과 노동력 제공 의무인 요역), **공납**(지역의 특산물로 바치는 세금)으로 구분되어 있었어요.

(3) 농업과 상업
① **농업**: 조선에서는 농업을 중요하게 여겼어요. 이에 세종 때에는 우리 풍토에 맞는 농사법을 정리한 『**농사직설**』을 만들어 보급했어요.

> 정초 등이 편찬한 우리나라 최초의 농업 기술서예요. 조선의 기후와 풍토 등에 맞는 농사법을 담았어요.

② 상업

국내 상업	• 농사를 중시하고 상업을 억제하는(**농본억상**) 정책이 시행되어 상업이 크게 발전하지 못함 • 정부는 **평시서**를 두어 국내의 상업 행위를 통제함
대외 무역	• 나라에서 대외 무역을 통제하면서 상인 사무역을 엄격히 감시함 • 주로 다른 나라 정부와의 **공무역**만을 진행함 • 일본과는 통신사를 주고받으며 물건과 문화를 주고받음

+ 수조권
국가가 나누어 준 땅에서 세금을 거둘 수 있는 권리를 말해요. 토지 소유권이 아니라, 수확물의 일부(조세)를 받을 수 있는 권리였어요.

+ 통신사
조선 시대에 일본 막부 장군에 파견한 공식 외교 사절단으로, 양국 간의 우호 관계 유지와 문화 교류에 중요한 역할을 했어요.

2 조선 전기의 신분 제도

(1) 양천제
① 모든 사회 구성원을 자유민인 **양인**과 비자유민인 **천인**으로 구분하는 양천제를 공식적인 규정으로 삼았어요.
② 양인은 조세와 국역의 의무를 졌으며 과거에 응시하고 벼슬을 하는 데 법적으로 제한이 없었어요. 천인은 국가 혹은 개인의 재산으로서 취급받았으며 고된 일을 맡았어요.

(2) 반상제
공식적으로는 양천제이지만, 시간이 흐를수록 지배층인 양반과 피지배층인 상민을 구별하는 **반상제**로 바뀌어 갔어요.

양반	지배층으로서 과거와 음서, **천거**를 통하여 관직에 진출함
중인	• 기술관, 향리, 서얼 등이 속함 • 원칙적으로는 문과에 응시할 수 있으나, 실제로는 통역관, 의사 등을 뽑는 **잡과**만을 응시할 수 있었음
상민	• 농민, 수공업자, 상인이 속함 • 세금을 내고, 나라의 각종 의무를 졌음
천민	**노비**가 이에 속했으며, 재산으로 간주되어 매매·상속·증여의 대상이 됨

쌤! 질문 있어요!

Q 서얼은 어떤 사람들인가요?
서얼은 조선 시대에 양반 아버지와 첩 사이에서 태어난 자식이에요. 소설『홍길동전』의 주인공인 홍길동도 서얼이지요. 이들은 문과 응시나 관직 진출에 차별을 받았어요.

+ 천거
조선 시대에 덕망 있고 능력 있는 사람을 관직에 추천하는 제도예요.

+ 『조선왕조실록』
전주 등 여러 곳에 위치한 사고(史庫)에 보관했어요. 임진왜란 때 네 곳의 사고 중 세 곳이 불타자 이후 다섯 곳에 나누어 보관했어요.

+ 「혼일강리역대국도지도」
중국 중심의 세계관이 반영되어 있어요.

+ 장영실
조선 세종 대의 과학 기술자로, 신분은 노비 출신이었으나 재능을 인정받아 등용되었어요. 조선 과학 기술 발전의 핵심 인물로 평가돼요.

3 조선 전기의 문화

(1) 역사서

『조선왕조실록』	태조부터 철종까지의 역사를 날짜에 따라 순서대로 서술함
『고려사』	인물이나 사건 등을 중심으로 고려의 역사를 자주적으로 서술함
『동국통감』	성종 때 서거정 등이 고조선부터 고려 말까지 역사를 서술함

(2) 지도와 지리서

지도	「혼일강리역대국도지도」(태종): 동양에서 현존하는 가장 오래된 세계 지도
지리서	『신증동국여지승람』(중종): 군현의 연혁·지세·인물·풍속 등을 자세히 기록한 책으로, 성종 때의 『동국여지승람』을 보충하여 편찬함

(3) 과학 기술

① 관측 기구 제작: 세종 때 **장영실**이 앙부일구(해시계), 자격루(물시계), 측우기, 혼천의, 간의를 제작하였어요.

② 『**칠정산**』 편찬: 세종 때 이순지 등으로 하여금 편찬한 책이에요. 해와 달, 행성의 운행을 계산하는 데 필요한 자료와 계산법을 담고 있어요. 이를 바탕으로 계절과 날짜, 시간 등을 알아냈어요.

장영실이 제작한 관측 기구

▲ 앙부일구(해시계)

▲ 자격루(물시계)

▲ 혼천의

③ 인쇄술의 발달: 태종 때 인쇄 전담 부서인 주자소를 만들었어요. 그리고 **계미자**(태종)와 **갑인자**(세종) 등 여러 금속 활자도 만들었어요.

(4) 건축

① 궁궐·관청·성곽이 많이 남아 있어요.
② 신분에 따라 건물의 크기와 장식을 제한하였어요.

조선의 건축물

▲ 경복궁 근정전

▲ 종묘

▲ 서울 숭례문(남대문)

▲ 창덕궁 돈화문

진실게임 OX 문제

"다음 글의 내용이 맞으면 O, 틀리면 X에 표시하기!"

1. 과전법은 전·현직 관리에게 경기 지역의 토지 수조권을 지급한 제도이다. (O, X)
2. 직전법은 세조 때 전·현직 관리 모두에게 수조권을 지급한 제도이다. (O, X)
3. 세종 때 간행된 『농사직설』은 우리 풍토에 맞는 농사법을 정리하였다. (O, X)
4. 조선 전기에는 농본억상 정책으로 상업이 크게 발전하였다. (O, X)
5. 조선에서는 세금의 종류로 조세, 역, 공납이 있었다. (O, X)
6. 조선의 법적인 신분 제도는 양천제로 구분되었으나, 실제로는 양반, 중인, 상민, 천민으로 구분되었다. (O, X)
7. 중인은 주로 양반의 자제로 구성되었으며 문과에 주로 응시하였다. (O, X)
8. 『칠정산』은 세종 때 편찬되어 해와 달, 행성의 운행을 계산하는데 필요한 자료를 담고 있다. (O, X)
9. 장영실은 노비 출신 과학자로 앙부일구, 측우기, 혼천의 등을 제작하였다. (O, X)
10. 태종 때 제작된 「혼일강리역대국도지도」는 현존하는 동양에서 가장 오래된 세계 지도이다. (O, X)

정답 1 O 2 X 3 O 4 X 5 O 6 O 7 X 8 O 9 O 10 O

X 확인
2 직전법은 세조 때 현직 관리에게 수조권을 지급한 제도예요.
4 조선 전기에는 농본억상 정책으로 인해 상업이 발전하지 못했어요.
7 중인은 기술관, 향리, 서얼 등으로 구성었으며 사실상 잡과에만 응시할 수 있었어요.

이론완성 빈칸채우기

"오늘 배운 내용을 떠올리며 다음 글의 빈칸을 채워보자!"

1. 조선 세종 때 우리 풍토에 맞는 농사법을 정리하여 □□□□을/를 간행하였다.
2. 세조 때 현직 관리에게만 수조권을 지급하는 □□□을/를 시행하였다.
3. 조선 전기에는 농본억상 정책으로 인해 □□활동이 크게 발달하지 못하였다.
4. 조선 세종 때 편찬된 □□□은/는 해와 달, 행성의 운행을 계산법을 담고 있다.
5. 양인은 지배층으로서 과거 응시와 벼슬에 제한이 없었지만, □□은/는 재산 취급을 받으며 고된 일을 맡았다.
6. 중인은 기술관·향리·서얼 등이 속하며 주로 □□에만 응시하였다.
7. 태종 때 제작된 □□□□□□□□은/는 현존하는 동양에서 가장 오래된 세계 지도이다.
8. □□□은/는 조선 세종 대에 활동한 과학자로 앙부일구, 자격루, 측우기 등을 제작하였다.
9. 과전법은 고려 말 시행된 토지 제도로 경기 지역의 토지에 한해 전·현직 관리에게 □□□을/를 지급하였다.
10. 조선에는 지역 특산물을 세금으로 납부하는 □□(이)라는 제도가 있었다.

정답 1 농사직설 2 직전법 3 상업 4 칠정산 5 천민 6 잡과 7 혼일강리역대국도지도 8 장영실 9 수조권 10 공납

11 조선 전기의 경제·사회·문화

01 (가)에 들어갈 내용으로 옳은 것은?

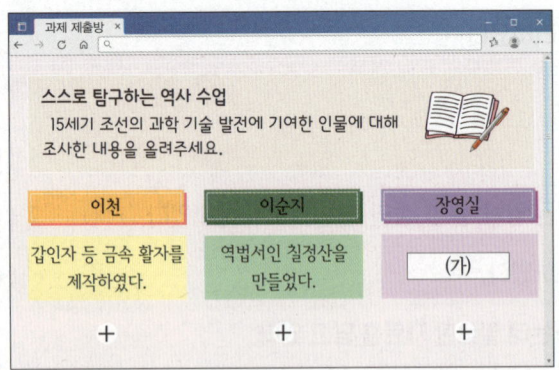

① 거중기를 설계하였다.
② 자격루를 제작하였다.
③ 대동여지도를 만들었다.
④ 동의보감을 완성하였다.

02 (가)에 해당하는 책으로 옳은 것은?

① 동의보감

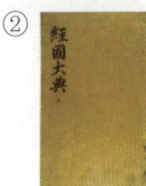
② 경국대전

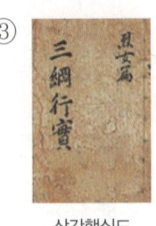
③ 삼강행실도

④ 조선왕조실록

---

01 장영실

자료에서 정답 키워드 찾기 정답: ②

- 15세기 조선의 과학 기술 발전에 기여한 인물: 조선 세종 때의 장영실
- ② 조선 세종 때 장영실은 앙부일구(해시계), 자격루(물시계), 측우기, 혼천의, 간의 등을 제작하였어요.

오답선지 다시보기

① 조선 정조 때 정약용은 수원 화성의 건설을 위하여 외국 서적인 『기기도설』을 참고하여 거중기를 설계하였어요.
③ 조선 철종 때 김정호는 우리나라의 지도인 「대동여지도」를 제작하였어요.
④ 조선 광해군 때 허준은 동양의 의학 서적을 정리하여 『동의보감』을 편찬하였어요.

02 『조선왕조실록』

자료에서 정답 키워드 찾기 정답: ④

- 전주 사고(史庫): 『조선왕조실록』의 보관 장소
- 사초와 시정기: 『조선왕조실록』의 초안이 되는 기록
- ④ 조선 시대에는 왕이 사망하면 실록청에서 사초(사관 기록한 기록의 원본), 시정기(사초 중 주요 내용만 추린 기록), 『승정원일기』 등을 모아 『조선왕조실록』을 편찬하였어요. 『조선왕조실록』은 전주 사고(史庫) 등 여러 곳에 보관되었어요.

오답선지 다시보기

① 『동의보감』은 조선 광해군 때 허준이 저술한 의학서예요.
② 『경국대전』은 조선 세조 때 편찬하기 시작하여 성종 때 완성한 조선의 법전으로 조선 통치의 기본이 되었어요.
③ 『삼강행실도』는 조선 세종 때 충신, 효자, 열녀의 행실을 모아 그림과 글로 설명한 윤리 서적이에요.

11강 조선 전기의 경제·사회·문화

03 (가)에 들어갈 문화유산으로 옳은 것은?

① 자격루 ② 측우기 ③ 앙부일구 ④ 혼천의

04 (가) 문화유산에 대한 설명으로 옳은 것은?

저는 지금 [(가)]의 정문인 광화문 앞에 와 있습니다. 여기 계단부터 문 앞까지의 공간은 광화문 월대입니다. 문헌 기록, 사진 발굴 조사 등을 종합하여 최근 복원되었습니다.

① 근정전을 정전으로 하였다.
② 몽골의 침략으로 소실되었다.
③ 정조의 명에 의해 축조되었다.
④ 역대 왕과 왕비의 신주를 모셨다.

---

03 앙부일구

자료에서 정답 키워드 찾기 — 정답: ③

✌ 조선 시대 과학 기구, 해시계: 앙부일구
③ 조선 세종 때 해시계인 앙부일구가 제작되었어요.

오답선지 다시보기

① 자격루는 조선 세종 때 제작된 물시계예요.
② 측우기는 조선 세종 때 제작된 비의 양을 측정하는 기구예요.
④ 혼천의는 조선 세종 때 제작된 천체 관측 기구예요.

04 경복궁

자료에서 정답 키워드 찾기 — 정답: ①

✌ 광화문: 경복궁의 정문
✌ 월대: 경복궁 광화문의 의례적 공간
① 경복궁은 조선 태조 때 지어졌으며, 근정전을 정전으로 하고 있어요.

오답선지 다시보기

② 몽골의 침략으로 소실된 문화유산으로는 황룡사 9층 목탑과 초조대장경 등이 있어요.
③ 조선 정조의 명에 따라 수원 화성이 축조되었어요.
④ 경복궁의 동쪽에는 역대 왕과 왕비의 신주를 모신 종묘가 있어요.

12강 임진왜란과 병자호란

설쌤의 한판정리

정후병청!
(정묘호란은 후금의 침입,
병자호란은 청의 침입)

✏️ 임진왜란의 전개와 극복

배경
- 오랜 평화로 조선의 국방력 약화
- 도요토미 히데요시, 일본 통일 후 대륙 진출 야욕
- 명 정벌을 구실로 조선 침략

임진왜란(1592)
- 신립 패배(충주 탄금대 전투)
- 이순신의 활약(일본군의 보급로 차단)
- 진주 대첩(김시민의 활약)
  행주 대첩(권율의 활약)
- 의병의 활약(곽재우 등)

정유재란(1597)
- 명과 일본의 휴전 결렬
- 명량 해전(조선 수군의 역전)
- 도요토미 히데요시의 죽음
- 일본군의 철수
- 노량 해전(이순신 전사)

왜란의 결과와 영향

조선	· 수많은 문화재 소실 · 조선의 신분 사회 동요
명	· 지원군 파병으로 국력 약화 · 여진족의 후금 성장(명 위협)
일본	· 도요토미 정권 붕괴 · 조선의 학자, 기술자 납치

✏️ 정묘호란과 병자호란의 발생

광해군의 중립 외교 정책

배경	임진왜란 직후 명의 쇠퇴와 여진의 성장 → 여진, 후금 건국 후 명 공격 → 명, 조선에 도움 요청
방식	광해군, 후금과 직접적인 전쟁을 피하고 명과 후금 사이에서 중립 외교 실시
방식	인조반정으로 광해군이 쫓겨나고, 친명배금 정책으로 변경함

호란의 배경
- 친명배금 정책으로 조선이 명과 힘을 모으자 후금은 위기를 느낌

정묘호란(1627)
- 후금이 조선을 침략하여 황해도 평산까지 진격
- 조선과 후금 사이에 형제 관계가 성립

병자호란(1636)
- 배경: 청이 군신 관계 요구, 조선의 거부로 조선 침략
- 전개: 인조가 남한산성에서 항전
- 결과: 인조가 삼전도에서 청 태종에게 항복(군신 관계 체결), 소현 세자와 봉림 대군 등이 인질로 청에 끌려감

호란의 영향

북벌 운동	송시열 등의 신하들에 의해 청을 정벌하자는 북벌 운동 주장
나선 정벌	러시아와 청의 국경 분쟁에 조선의 조총 부대가 투입(변급·신류 파견)

1 임진왜란의 전개와 극복

(1) 임진왜란의 발발 배경
① 조선은 건국 이후 큰 전쟁 없이 평화로운 시기를 보내며 국방력이 약화되었어요.
② 일본에서는 **도요토미 히데요시**가 분열되어 있던 나라를 통일한 후, 반대 세력의 관심을 밖으로 돌리고자 대륙 진출의 야욕을 펼치고자 했습니다.
③ 결국 일본은 명을 공격하는 데 필요한 길을 빌려달라는 명분을 내세워 조선을 침략하였어요(임진왜란, 1592).

(2) 임진왜란(1592)의 전개

일본군의 상륙	• 부산포와 동래성이 함락되고 **신립**이 이끄는 관군도 **충주 탄금대**에서 패배함 • 의주까지 피란한 **선조가 명에 도움을 요청**함
수군의 활약	• **옥포 해전**을 비롯해 **한산도 대첩** 등에서 **이순신**이 이끄는 수군이 승리함 • 일본군의 보급로를 차단하여 전라도를 지킴
관군의 활약	• **진주 대첩**: 김시민이 진주성 전투에서 승리함 • **행주 대첩**: 권율이 행주산성에서 승리를 거둠
의병의 활약	• 나라를 지키기 위해 백성이 스스로 모여 조직한 **의병**들도 익숙한 지형을 활용하여 일본군에게 타격을 줌 • 대표적으로 **곽재우**와 고경명, 조헌 등이 있음
휴전	• 명과 왜군 사이에 휴전 협상이 진행됨 • 유성룡의 건의에 따라 **훈련도감**을 설치함

○ 임진왜란 당시 관군과 의병의 활약

> 임진왜란 중에 설치되었어요. 군사들을 훈련시켜 화포, 조총 등으로 무장하고 체계적인 훈련으로 조선의 군사력을 강화하는 데 중요한 역할을 했어요.

(3) 정유재란(1597)의 전개

정유재란 발생	명과 일본 사이에서 3년에 걸쳐 진행된 휴전 협상이 결렬되자 **일본군이 재침략**함(정유재란, 1597)
명량 해전	원균이 이끄는 수군이 일본에게 크게 패하자, 물러나 있던 이순신이 복귀하여 **명량**에서 일본군을 크게 무찌름
일본군의 철군	도요토미 히데요시가 죽자 일본군이 철수를 시작함
노량 해전	• 이순신이 철수하는 일본군을 막고 **노량**에서 전투를 벌이다 전사함 • 노량 해전을 끝으로 전쟁이 끝남

(4) 전쟁의 결과와 영향

조선	• 많은 문화재가 소실되거나 약탈당하였으며, 백성의 생활이 피폐해짐 • 조선의 **신분 사회가 동요**하기 시작함
명	• 조선에 지원군을 보내며 국력이 크게 약화됨 • 이 틈을 타 만주에서는 **여진족이 세운 후금이 성장**함
일본	• 도요토미 정권이 무너지고 새로운 세력(도쿠가와 이에야스)이 권력을 잡음 • 조선에서 잡아간 학자, 기술자의 기여로 일본 문화가 발전함

> 임진왜란 때 많은 조선의 도공(도자기 기술자)이 일본에 끌려갔어요.

✚ 동요
확고하지 못하고 흔들리는 상태를 뜻해요.

2 정묘호란과 병자호란의 발생

(1) 국제 정세의 변화와 중립 외교 정책 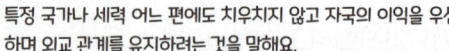 특정 국가나 세력 어느 편에도 치우치지 않고 자국의 이익을 우선하며 외교 관계를 유지하려는 것을 말해요.

① 임진왜란으로 명이 쇠약해진 틈을 타 여진족이 **후금을 건국하고 명을 공격**했어요.
② 후금의 공격을 받은 명은 조선에 도움을 요청하였어요. 광해군은 임진왜란 때 도와준 명을 위해 조선의 군대를 보냈으나, 한편으로는 빠르게 성장하는 후금과의 전쟁을 막기 위해 직접적인 싸움을 피하는 등 명과 후금 사이에서 **중립 외교**를 추진했어요.
③ 그러나 **인조반정**으로 광해군이 쫓겨나면서 중립 외교는 폐기되었어요. 조선의 외교 정책도 명과 친하고, 후금을 배척하는 **친명배금 정책**으로 바뀌었어요.

+ 인조반정
광해군의 중립 외교 정책과 여러 비윤리적인 행동을 문제 삼아 신하들이 광해군을 내쫓고 인조를 즉위시킨 사건이에요.

+ 오랑캐
오랑캐는 '자기 나라의 문화나 질서를 따르지 않는 외부의 이민족'을 낮잡아 이르던 말이에요.

↑ 호란의 전개

(2) 정묘호란과 병자호란의 배경과 전개
① 배경: 인조반정 이후 조선이 후금을 '**오랑캐**'라고 여기며 무시하자 양국 관계는 급속히 악화됐어요. 결국 후금은 조선을 침략했어요.
② 정묘호란(1627)의 전개

배경	인조와 서인 정권이 친명배금 정책을 취하자 후금은 조선과 명의 협공을 두려워함
전개	• 후금이 조선을 침략하여 압록강을 넘어 황해도 평산까지 진격함 • **정봉수**와 **이립** 등의 의병이 활약하여 후금의 진격을 방해함
결과	조선과 후금 사이에 **형제 관계**가 성립됨(후금 - 형, 조선 - 동생)

③ 병자호란(1636)의 전개

배경	후금이 나라 이름을 **청**으로 바꾼 뒤 조선에 **군신 관계**를 요구하였으나 조선이 이를 거부함
전개	• 청이 10만여 명의 대군을 이끌고 쳐들어오자 **임경업**이 **백마산성**에서 맞서 싸움 • 인조가 **남한산성**으로 피신하여 45일간 청군에 맞섬
결과	• 인조가 **삼전도**에서 청에 굴복(삼전도의 굴욕)하고 청과 군신 관계를 체결함 • 소현 세자, **봉림 대군**과 함께 백성 수만 명이 청으로 끌려감 • 조선에서는 명과의 의리를 지키고, 청에 복수하자는 **북벌론**이 일어남

쌤! 질문 있어요!

Q 삼전도에서 어떤 일이 있었나요?

병자호란 당시 한양을 떠나 남한산성에서 피난하던 인조는 결국 산성을 나와 청에 항복하였어요. 이때 삼전도(오늘날의 송파)라는 곳에서 인조는 청의 황제가 보낸 관리에게 무릎을 꿇고 이마에 피가 날 때까지 머리를 조아리는 굴욕을 당했어요.

(3) 정묘호란과 병자호란의 영향 병자호란 이후 청나라에 당한 치욕을 갚기 위해 북쪽(청)을 정벌하자는 주장이에요.

북벌 운동	• 청에 끌려갔던 봉림 대군이 효종으로 즉위하여 청에 대한 복수를 이루고자 함 • **송시열** 등의 신하들이 **북벌**을 주장함 • **어영청**을 중심으로 북벌을 준비하였으나 효종이 죽으며 시행되지 못함
나선 정벌	• 러시아가 청의 북쪽을 침범함 • 청이 러시아를 막기 위해 조선에 도움을 요청하자, 조선은 **변급**과 **신류** 등이 이끄는 조총 부대를 보내 러시아를 공격함

진실게임 OX 문제

"다음 글의 내용이 맞으면 O, 틀리면 X에 표시하기!"

1. 임진왜란 당시 이순신은 한산도 대첩 등에서 승리하며 전라도를 지켰다. (O, X)
2. 임진왜란은 조선과 일본 간의 전쟁으로 명은 개입하지 않았다. (O, X)
3. 훈련도감은 임진왜란 이전부터 조선에 존재했던 군사 조직이다. (O, X)
4. 휴전 협상이 결렬된 후 일본이 다시 침략하면서 정유재란이 발생하였다. (O, X)
5. 병자호란 때 인조는 강화도로 피난하여 전투를 계속하였다. (O, X)
6. 정묘호란으로 조선은 후금과 형제 관계를 맺게 되었다. (O, X)
7. 병자호란 이후 조선에서는 청에 대한 복수심으로 북벌론이 일어났다. (O, X)
8. 정유재란 당시 김시민이 이끄는 관군이 진주성에서 승리하였다. (O, X)
9. 광해군은 후금과 명 사이에서 중립 외교를 추진하였다. (O, X)
10. 병자호란 당시 청은 나라 이름을 후금으로 바꾸고 조선에 군신 관계를 요구하였다. (O, X)

X 확인
1O 2X 3X 4O 5X 6O 7O 8X 9O 10X

2. 임진왜란은 조선과 일본 간의 전쟁이었으나 명도 개입하였어요.
3. 훈련도감은 임진왜란 때 설치한 군사 조직이에요.
5. 병자호란 때 인조는 남한산성으로 피난하였으나 결국 청에 항복하였어요.
8. 임진왜란 당시 김시민이 이끄는 관군이 진주성에서 승리하였어요.
10. 병자호란 당시 후금은 나라 이름을 청으로 바꾸고 조선에 군신 관계를 요구하였어요.

이론완성 빈칸채우기

"오늘 배운 내용을 떠올리며 다음 글의 빈칸을 채워보자!"

1. 조선은 건국 이후 전쟁 없이 평화로운 시기를 보내며 ☐☐☐이/가 약해졌다.
2. 도요토미 히데요시는 일본을 통일한 후, ☐을/를 공격하는 데 필요한 길을 빌려달라는 명분으로 조선을 침략하였다.
3. 임진왜란 당시 이순신이 이끄는 수군은 ☐☐해전, 한산도 대첩 등에서 일본군을 격파하여 전라도를 지켰다.
4. 임진왜란 중 유성룡의 건의에 따라 설치된 ☐☐☐☐은/는 조총 등으로 무장한 부대를 훈련시켰다.
5. 정유재란 당시 이순신은 ☐☐해전에서 전사하였다.
6. 광해군은 명과 후금 사이에서 ☐☐ 외교를 펼치며 후금과의 전쟁을 피하려 하였다.
7. 정묘호란 이후 조선은 후금과 ☐☐ 관계를 맺었다.
8. 병자호란 당시 인조는 ☐☐☐☐(으)로 피신해 45일간 항전했으나 결국 청에 항복했다.
9. 병자호란 이후 효종은 청에 대한 복수를 위해 ☐☐☐을/를 중심으로 북벌을 준비하였다.
10. 병자호란 이후 조선은 ☐☐ 정벌에 조총 부대를 파견하였다.

1 국방력 2 명 3 옥포 4 훈련도감 5 노량 6 중립 7 형제 8 남한산성 9 어영청 10 나선

12 임진왜란과 병자호란

01 다음 상황 이후에 일어난 사실로 옳은 것은?

> 왕이 세자와 함께 신하들을 거느리고 삼전도에 이르렀다. …… 용골대 등이 왕을 인도하여 들어가 단 아래 북쪽을 향해 설치된 자리로 나아가도록 요청하였다. 청인(淸人)이 외치는 의식의 순서에 따라 왕이 세 번 절하고 아홉 번 머리를 조아리는 예를 행하였다.

① 송시열이 북벌론을 주장하였다.
② 조광조가 위훈 삭제를 주장하였다.
③ 광해군이 인조반정으로 폐위되었다.
④ 곽재우가 의령에서 의병을 일으켰다.

02 (가) 전쟁 중에 있었던 사실로 옳은 것은?

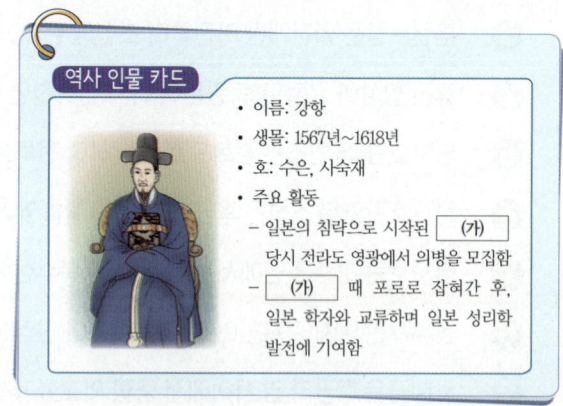

역사 인물 카드
- 이름: 강항
- 생몰: 1567년~1618년
- 호: 수은, 사숙재
- 주요 활동
  - 일본의 침략으로 시작된 (가) 당시 전라도 영광에서 의병을 모집함
  - (가) 때 포로로 잡혀간 후, 일본 학자와 교류하며 일본 성리학 발전에 기여함

① 김종서가 6진을 개척하였다.
② 어재연이 광성보에서 항전하였다.
③ 이종무가 쓰시마섬을 정벌하였다.
④ 이순신이 명량 해전을 승리로 이끌었다.

---

01 병자호란

자료에서 정답 키워드 찾기 정답: ①

- 삼전도: 병자호란 때 인조가 항복한 곳
- 왕이 세 번 절하고 아홉 번 머리를 조아리는 예를 행하였다: 삼전도의 굴욕
① 병자호란 이후 송시열은 청을 정벌하자는 북벌을 주장하였어요.

오답선지 다시보기

② 조선 중종 때 조광조가 공 없이 거짓으로 공신에 책봉된 사람을 명단에서 삭제하자는 위훈 삭제를 주장하였어요.
③ 조선 광해군이 인조반정으로 폐위되고 인조가 왕위에 오른 후 정묘호란과 병자호란이 발생했어요.
④ 임진왜란 때 곽재우가 의령에서 의병을 일으켰어요.

02 임진왜란

자료에서 정답 키워드 찾기 정답: ④

- 일본의 침략: 임진왜란
- 의병: 임진왜란 당시 활약한 조직
④ 임진왜란 때 이순신이 이끄는 수군이 명량 해전에서 승리하였어요.

오답선지 다시보기

① 조선 세종 때 김종서가 두만강 유역의 6진을 개척하였어요.
② 조선 고종 때 어재연이 광성보에서 미군에 맞서 싸웠어요.
③ 조선 세종 때 이종무가 대마도(쓰시마섬)의 왜구를 정벌하였어요.

12강 임진왜란과 병자호란

03 (가) 문화유산에 대한 설명으로 옳은 것은?

> 이것은 김시민이 진주성 전투에서 활약한 내용을 기록한 전공비입니다. 비문에는 그가 이 전쟁 당시 진주성에서 기묘한 계책으로 적을 물리치고, 전사하는 순간까지 전투에 임한 사실을 칭송하는 내용이 기록되어 있습니다. 그의 활약으로 조선은 적군의 보급로를 끊고 전라도의 곡창 지대를 지킬 수 있었습니다.

① 김상용이 강화도에서 순절하였다.
② 한성근이 문수산성에서 항전하였다.
③ 곽재우가 의령에서 의병을 일으켰다.
④ 계백이 황산벌에서 결사대를 이끌었다.

04 밑줄 그은 '이 전쟁' 중에 있었던 사실로 옳은 것은?

> **문학으로 만나는 한국사**
>
> 청석령을 지났느냐 초하구는 어디쯤인가
> 북풍도 차기도 차다 궂은비는 무슨 일인가
> 그 누가 내 행색 그려 내어 임 계신 데 드릴까
>
> 위 시조는 이 전쟁 당시 인조가 삼전도에서 항복한 뒤 봉림 대군이 청에 볼모로 끌려가며 지었다는 이야기가 전해집니다. 청의 심양으로 끌려가는 비참함과 처절한 심정이 잘 표현되어 있습니다.

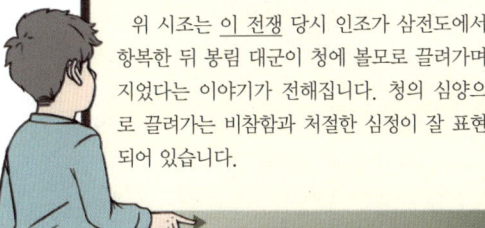

① 왕이 남한산성으로 피신하였다.
② 양헌수가 정족산성에서 항전하였다.
③ 김윤후가 적장 살리타를 사살하였다.
④ 조명 연합군이 평양성을 탈환하였다.

---

03 임진왜란의 전개

자료에서 정답 키워드 찾기 — 정답: ③

- 김시민: 임진왜란 당시 활약한 장수
- 진주성 전투: 임진왜란 당시 일어난 전투
③ 임진왜란 당시 곽재우·고경명·조헌·김덕령 등의 의병장들이 활약하였어요.

오답선지 다시보기

① 김상용은 병자호란 때 왕족과 종묘의 위패를 가지고 강화도로 피난을 간 인물이에요.
② 병인양요 때 한성근은 병인양요 당시 문수산성에서 프랑스군에 맞서 싸웠어요.
④ 백제의 계백이 이끄는 결사대는 신라 김유신이 이끄는 군대와 황산벌에서 전투를 벌였으나 패배하였어요.

04 병자호란

자료에서 정답 키워드 찾기 — 정답: ①

- 인조가 삼전도에서 항복: 삼전도의 굴욕
- 봉림 대군: 병자호란으로 청에 끌려갔다가 이후 조선에 돌아와 왕위에 오름(효종)
① 병자호란 당시 인조는 남한산성으로 피신하여 45일간 청에 맞섰어요.

오답선지 다시보기

② 병인양요 때 양헌수 부대가 정족산성에서 프랑스군을 물리쳤어요.
③ 몽골의 제2차 고려 침입 당시 김윤후가 처인성 전투에서 적장 살리타를 물리쳤어요.
④ 임진왜란 당시 조·명 연합군이 일본을 공격하여 평양성을 탈환하였어요.

V

조선 후기

↑농민 봉기

13강 조선 후기의 정치 변동

기출키워드

- #훈구파와 사림파 #붕당 #예송 논쟁 #환국 #영조(탕평책·탕평비·『속대전』) #정조(규장각·장용영·초계문신제·수원 화성) #세도 정치(매관매직·사회 혼란) #홍경래의 난 #임술 농민 봉기

14강 조선 후기의 경제와 사회

기출키워드

- #영정법(인조) #균역법(영조) #대동법(광해군) #모내기법(전국적 보급) #상품 작물(인삼·면화·담배·채소 등) 재배 확대 #공명첩(양반 신분 획득) #서원·향약 발달 #유향소 #여성 차별 심화

15강 조선 후기 새로운 문화의 흐름

기출키워드

- #신분제 동요 #실학 등장 #중농학파(유형원·정약용) #중상학파(홍대용·박지원) #서학(천주교·신해박해·신유박해) #동학(최제우·인내천)
- 문화 #서민 문화(한글 소설·풍속화·탈놀이·판소리) #『승정원일기』·『발해고』 #「대동여지도」(김정호) #『동의보감』(허준) #거중기(정약용)
- 문화유산 #김제 금산사 미륵전 #보은 법주사 팔상전 #수원 화성 #백자 #「인왕제색도」(정선) #「영통동구도」(강세황)

13강 조선 후기의 정치 변동

설쌤의 한판정리

경래 차별, 임술 횡포
(홍경래의 난-서북민 차별,
임술 농민 봉기-백낙신 횡포)

조선 후기 붕당 정치의 변화

훈구파와 사림파의 대립

훈구파	고려 말 급진 개혁파 계승 → 조선 초 정치 장악
사림파	고려 말 온건 개혁파 계승 → 조선 중기에 성장
결과	사화 발생

붕당의 등장

붕당	사림 사이에서 정치적 뜻이 같은 사람들의 모임
붕당 갈등	• 예송 논쟁(현종) • 환국(숙종)

영·정조의 개혁과 탕평 정치

영조	• 탕평책 실시: 서원 정리, 성균관 앞 탕평비 건립 • 『경국대전』을 보완한 『속대전』 편찬
정조	• 왕권 강화를 위한 규장각 설치 • 국왕의 친위 부대인 장용영 설치 • 유능한 관리를 재교육하는 초계문신제 실시 • 수원 화성 건설

탕평비

세도 정치의 전개와 농민 봉기

세도 정치의 전개

사회 혼란	• 외척 가문 중심의 세도 정치 전개(비변사 확대)
지방 행정의 문란	• 벼슬을 사고파는 매관매직 성행, 삼정의 문란 발생 • 부패한 지방관(탐관오리)의 수탈 심화

농민 봉기의 발생

홍경래의 난 (순조)	원인	서북민(평안도민)에 대한 차별 대우
	전개	청천강 이북 지역을 5개월간 장악
	결과	관군이 반란군의 거점인 정주성을 함락하고 진압
임술 농민 봉기 (철종)	원인	탐관오리 백낙신의 착취와 삼정의 문란으로 봉기
	전개	북으로는 함흥, 남으로는 제주까지 확산
	결과	안핵사 박규수 파견, 삼정이정청 설치

19세기 농민 봉기

1 조선 후기 붕당 정치의 변화

(1) 훈구파와 사림파의 대립
① 고려 말 조선 건국에 기여했던 급진 개혁파들은 조선이 건국된 이후 **훈구파**라는 세력을 이루고 정치를 장악하였어요.
② 조선 중기에 이르러 조선 정부에서는 훈구파를 견제하기 위해 새로운 정치 세력인 **사림**을 등용하기 시작하였어요.
③ 사림이 성장하면서 점차 훈구파와 사림파 사이에서 갈등이 발생하였고, 그 결과 사림파가 큰 피해를 입는 사건인 **사화**가 발생하기도 하였어요.

무오사화	연산군 때 사림파였던 김종직이 세조의 계유정난을 풍자하며 쓴 글(조의제문)이 문제가 되어 사림파가 죽임을 당하였음
갑자사화	연산군의 어머니(폐비 윤씨)는 왕비에서 쫓겨났었는데, 사림파가 이를 막지 않았다는 이유로 연산군이 사림파를 대거 제거하였음
기묘사화	중종 때 사림파인 조광조가 훈구파 중심의 정치를 개혁하려 하다가 결국 사림파가 대거 죽임을 당하였음
을사사화	명종 때 왕위 계승을 둘러싸고 정치 투쟁이 일어남

> 조선을 세우는 데 공을 세운 인물들을 조사하여 적합하지 않은 사람들의 명단을 삭제(위훈 삭제)하자는 주장을 내세웠는데, 이것이 기묘사화의 원인이 되었어요.

(2) 붕당의 등장
① 조선 중기부터는 사림파 사이에서 정치적 뜻이 같은 사람들이 모여 **붕당**을 형성하였어요. 붕당은 동인과 서인 등으로 나뉘어 정치와 학문을 두고 서로 토론하고 견제하였어요.
② 그러나 여러 정치적 사건을 거치며 일부 붕당의 힘이 커지고 줄어드는 일이 반복되었어요. 특히 현종 때 일어난 **예송 논쟁**과 숙종 때 일어난 **환국**을 거치며 붕당 사이의 갈등이 깊어지고 정치적 혼란도 심해졌어요.

(3) 영·정조의 개혁과 탕평 정치
① 숙종 때의 환국으로 인해 많은 사람들이 목숨을 잃자 붕당의 문제점이 드러났어요.
② 이에 **영조와 정조**는 붕당의 갈등을 막기 위한 방법으로 한 쪽에 치우치지 않고 공평한 '**탕평 정치**'를 펼쳤어요. 또 여러 개혁을 진행하였어요.

영조	• 붕당에 관계없이 인재를 등용하여 정치를 이끌어 감 • 붕당의 근거지인 서원을 정리함 • 탕평의 의지를 알리기 위하여 성균관 앞에 **탕평비**를 건립함 • **균역법**을 시행하여 군포를 2필에서 1필로 줄여 줌 • 『경국대전』의 내용을 보충하여 『속대전』을 편찬함
정조	• 각 붕당(소론·노론·남인)의 균형을 맞추는 정책을 펼침 • 정조 자신의 권력과 정책을 뒷받침하기 위해 **규장각**을 설치함 • 국왕의 친위 부대인 **장용영**을 설치함 • 유능한 관리를 재교육하기 위해 **초계문신제**를 실시함 • 아버지 사도 세자의 묘를 수원으로 옮기며 **수원 화성**을 건설함

+ 사림
선비들의 집단이라는 뜻으로, 주로 고려 말 온건 개혁파의 뒤를 이은 사람들로 구성되었어요. 이들은 성리학을 공부하였지요.

+ 예송 논쟁
본래는 '예절에 대한 논쟁'이라는 뜻이에요. 실제로는 효종의 뒤를 이은 현종이 아버지 효종과 어머니 인선왕후의 장례 때 상복(장례를 치를 때 입는 옷)을 얼마나 입어야 하는지를 두고 서인과 남인이 서로 논쟁한 사건이에요.

+ 환국
숙종 때 급작스럽게 정치 상황이 바뀐 사건을 뜻해요. 붕당 사이 계속해서 갈등이 발생하자 숙종이 일방적으로 지배 세력을 바꾸어 버렸지요. 숙종 때 총 세 번의 환국이 일어났는데, 이는 오히려 붕당 사이의 갈등을 심화하는 결과를 가져왔어요.

+ 탕평비
"두루 원만하고 치우치지 않음이 군자의 공정한 마음이요, 치우치고 두루 원만하지 못함이 소인의 사사로운 마음이다."라는 글이 새겨져 있어요.

+ 규장각
왕실 도서관이자 학문 연구 기관이에요. 정조는 규장각을 통해 유능한 인재를 키우고 개혁 정책을 추진했어요.

+ 외척 가문
어머니 쪽의 친척으로, 왕실과 혼인 관계를 맺은 집안을 뜻해요.

+ 비변사
조선 시대 때 군사와 관련된 문제를 담당하였던 기구였어요. 그러나 임진왜란을 거치며 비변사의 역할이 확대되었고, 나랏일 전체를 결정하게 되었지요. 이로 인해 비변사와 관련된 사람들의 권력이 강해졌고, 반대로 왕권은 약해졌어요.

쌤! 질문 있어요!

Q 삼정의 문란이란 무엇인가요?
삼정이란 조선에서 세금을 걷던 세 가지 방법을 말해요. 세도 정치 시기에 이르러 관리들이 정해진 것보다 많은 세금을 부당하게 걷는 일이 자주 발생하였고, 이러한 문제를 삼정의 문란이라고 불렀어요.

+ 안핵사
조선 후기에 지방에서 발생하는 산을 수습하기 위해 파견하던 벼슬이에요.

2 세도 정치의 전개와 농민 봉기

(1) 세도 정치의 전개   〔외척 가문이 권력을 차지해 정치를 이끄는 것을 뜻해요.〕

① 강력한 정치를 펼치던 정조가 죽은 뒤 나이가 어린 순조가 왕위에 올랐어요.
② 어린 왕을 대신하여 외척 가문이 대신 정치를 이끄는 **세도 정치**가 시작되었고, 헌종·철종에 이르기까지 약 60여 년 동안 세도 정치가 이어졌어요.
③ 이 시기에는 왕의 외척인 **안동 김씨와 풍양 조씨** 등의 가문이 **비변사**를 장악하여 권력을 독점했어요. 이에 따라 중앙 정부가 부패하고 지방의 통치력도 약화되면서 사회 혼란이 심해졌어요.

세도 정치 시기 사회 혼란	• 벼슬을 돈을 주고 사고파는 사례(**매관매직**)가 늘어남 • **삼정의 문란**(전정·군정·환곡의 문란)이 발생함 • 부패한 지방 수령(탐관오리)들이 백성들에게 부당한 노동을 시키거나 뇌물을 요구함

(2) 농민 봉기의 발생: 세도 정치와 탐관오리의 수탈에 지친 백성들은 점차 **농민 봉기**라는 적극적인 형태로 사회 개혁을 요구했어요.

홍경래의 난 (순조, 1811)	원인	• 세도 가문의 부패와 삼정의 문란으로 백성의 삶이 피폐해짐 • 서북민(청천강 이북민, 평안도민)에 대한 차별 대우에 반발함
	주도 세력	몰락 양반 **홍경래**와 신흥 상공업 세력, 광산 노동자, 빈농 등과 함께 봉기함
	전개	청천강 이북 지역을 5개월간 장악함
	결과	관군이 반란군의 거점인 **정주성을 함락**하며 진압함
임술 농민 봉기 (철종, 1862)	원인	탐관오리(백낙신 등)의 수탈과 삼정의 문란으로 일어남
	주도 세력	몰락 양반 **유계춘** 등이 주도함
	전개	• 단성에서 시작하여 진주로 농민 봉기가 확산됨 • 북으로는 함흥, 남으로는 제주까지 확산됨
	결과	• 문제 해결을 위해 **안핵사 박규수**와 암행어사가 파견됨 • 삼정의 문란을 바로잡기 위하여 **삼정 이정청**이 설치됨

↑ 19세기 농민 봉기

진실게임 OX 문제

"다음 글의 내용이 맞으면 O, 틀리면 X에 표시하기!"

① 조선을 건국한 세력인 훈구파는 조선 초 정치를 장악하였다. (O, X)
② 훈구파와 사림파 사이에서 갈등이 발생하며 예송 논쟁이 일어났다. (O, X)
③ 영조는 붕당의 폐단을 줄이기 위해 서원을 정리하였다. (O, X)
④ 숙종 때에는 환국 정치로 인해 붕당의 폐해가 줄어들었다. (O, X)
⑤ 정조는 국왕의 친위 부대인 장용영을 설치하였다. (O, X)
⑥ 기묘사화는 중종 때의 사림파인 김종직이 훈구파 중심의 정치를 개혁하려 하다가 일어난 사건이다. (O, X)
⑦ 현종 때 일어난 예송 논쟁은 상복 입는 기간을 두고 서인과 남인이 서로 논쟁한 사건이다. (O, X)
⑧ 세도 정치는 순조·헌종·철종 대에 약 60년간 이어졌다. (O, X)
⑨ 홍경래의 난은 서북민에 대한 차별 대우에 반발하며 일어난 사건이다. (O, X)
⑩ 임술 농민 봉기 이후 삼정의 문란을 개혁하기 위해 비변사가 설치되었다. (O, X)

X 확인

1 O 2 X 3 O 4 X 5 O 6 X 7 O 8 O 9 O 10 X

2 훈구파와 사림파 사이에서 갈등이 발생하며 **사화**가 일어났다.
4 숙종 때의 환국 정치로 인해 붕당의 폐해가 **심화되었다**.
6 기묘사화는 중종 때의 사림파인 **조광조**가 훈구파 중심의 정치를 개혁하려 하다가 일어난 사건이다.
10 임술 농민 봉기 이후 삼정의 문란을 개혁하기 위해 **삼정이정청**이 설치되었다.

이론완성 빈칸채우기

"오늘 배운 내용을 떠올리며 다음 글의 빈칸을 채워보자!"

① 선조 때 사림이 동인과 서인으로 분화되면서 □□ 정치가 시작되었다.
② 숙종 때 정치 상황이 급작스럽게 바뀌는 □□이/가 전개되었다.
③ 영조는 붕당의 폐해를 줄이려는 의지를 담은 비석인 □□□을/를 성균관 앞에 세웠다.
④ 정조는 유능한 인재를 양성하고 정책을 뒷받침하기 위해 □□□을/를 설치하였다.
⑤ 영조는 □□□을/를 실시하여 군포의 납부 부담을 줄였다.
⑥ 정조는 국왕 친위 부대인 □□□을/를 설치하였다.
⑦ 세도 정치 시기에는 권력을 가진 외척 세력들이 □□□을/를 장악하여 정치 권력을 독점하였다.
⑧ □□□의 난은 서북민에 대한 차별과 세도 정치의 폐해에 반발하여 일어난 농민 봉기였다.
⑨ 철종 때 일어난 □□ 농민 봉기는 전국적으로 확산되었으며, 삼정이정청 설치의 계기가 되었다.
⑩ 세도 정치 시기에는 □□□□이/가 백성들을 수탈하는 일이 자주 일어났다.

1 붕당 2 환국 3 탕평비 4 규장각 5 균역법 6 장용영 7 비변사 8 홍경래 9 임술 10 탐관오리

완벽 마무리 기출문제풀이

01 (가)에 들어갈 기구로 옳은 것은?

> (가) 은/는 본래 외적의 침입에 대비하고자 설치한 임시 군사 회의 기구였으나, 양 난을 계기로 국방뿐만 아니라 국정 전반을 총괄하는 최고 기구가 되었습니다. 이로 인해 기존의 의정부와 6조가 유명무실해졌습니다.

① 비변사　② 사헌부
③ 의금부　④ 홍문관

02 밑줄 그은 '사건'에 대한 설명으로 옳은 것은?

- 이번 사건에 가담한 이유가 있나요?
- 백낙신이 경상 우병사로 있을 때 백성에게 마구잡이로 세금을 거두어들였습니다. 참다못한 저는 항의 문서를 만들어 관청에 고발하였지만, 받아들여지지 않아 행동에 나설 수밖에 없었습니다. (유계춘)

① 남접과 북접이 논산에서 연합하였다.
② 삼정이정청이 설치되는 계기가 되었다.
③ 우정총국 개국 축하연을 이용하여 일어났다.
④ 청군에 의하여 흥선 대원군이 톈진으로 납치되었다.

---

01 비변사

자료에서 정답 키워드 찾기　정답: ①

- 임시 군사 회의 기구: 비변사의 시작
- 양 난을 계기로 국방뿐만 아니라 국정 전반을 총괄: 비변사의 발전
① 비변사는 임진왜란과 병자호란을 거치면서 최고 회의 기구가 되어 국정을 총괄하였어요. 특히 세도 정치기 핵심 권력 기구였으나 이후 흥선 대원군이 집권하면서 폐지되었어요.

오답선지 다시보기

② 사헌부는 조선 시대에 관리의 비리를 감찰하던 기구예요.
③ 의금부는 조선 시대 국왕의 직속 기구로, 국가의 큰 죄인을 다스렸어요.
④ 홍문관은 조선 시대에 경연을 주관하고 왕의 정책 자문을 담당하던 기구예요.

02 임술 농민 봉기

자료에서 정답 키워드 찾기　정답: ②

- 백낙신: 임술 농민 봉기의 원인이 되는 탐관오리
- 유계춘: 임술 농민 봉기의 주도자
② 임술 농민 봉기의 결과 안핵사 박규수가 파견되고, 삼정의 문란을 바로잡기 위한 삼정이정청이 설치되었어요.

오답선지 다시보기

① 제2차 동학 농민 운동 당시 남접과 북접이 논산에서 연합하였어요.
③ 급진 개화파는 우정총국 개국 축하연을 이용하여 갑신정변(1884)을 일으켰어요.
④ 청은 임오군란(1882)의 책임을 물어 흥선 대원군을 톈진으로 납치하였어요.

13강 조선 후기의 정치 변동

03 (가) 시기에 있었던 사건으로 옳은 것은?

① 무오사화
② 병자호란
③ 경신환국
④ 임술 농민 봉기

04 밑줄 그은 '봉기'에 대한 설명으로 옳은 것은?

① 전개 과정에서 집강소가 설치되었다.
② 서북 지역민에 대한 차별이 원인이 되었다.
③ 흥선 대원군이 재집권하는 결과를 가져왔다.
④ 사태 수습을 위해 박규수가 안핵사로 파견되었다.

---

03 예송 논쟁과 탕평책 사이의 사실

자료에서 정답 키워드 찾기 정답: ③

- 자의 대비께서는 삼년복: 현종 때 상복을 입는 기간을 둘러싸고 일어난 예송 논쟁(조선 현종)
- 탕평비: 영조 때 탕평책의 의지를 담아 세운 비석
③ 조선 현종 이후 즉위한 숙종 때 일반적으로 지배 세력이 바뀌는 환국이 발생하였어요. 그중 경신환국은 남인이 물러나고 서인이 정권을 잡게 된 사건이에요. 숙종 이후에는 영조가 즉위하였어요.

오답선지 다시보기

① 무오사화(1498)는 조선 연산군 때 김종직의 「조의제문」을 빌미로 일어난 사건이에요.
② 병자호란(1636)은 조선 인조 때 발생한 청과의 전쟁으로, 병자호란의 결과 인조가 삼전도에서 굴욕을 당하고 조선은 청과 군신 관계를 체결하였어요.
④ 임술 농민 봉기(1862)는 조선 철종 때 삼정의 문란이 심화되며 일어난 반란이에요.

04 홍경래의 난

자료에서 정답 키워드 찾기 정답: ②

- 홍경래 등이 주도한 봉기: 홍경래의 난
- 관군이 정주성으로 몰려오고 있다: 홍경래의 난을 진압하는 과정
② 조선 시대에는 평안도 등의 서북 지역에 대한 차별이 존재하였어요. 그리고 이러한 차별은 세도 정치 시기에 더욱 심화되었고, 결국 조선 순조 때 차별에 반발하며 홍경래의 난이 일어나게 되었어요.

오답선지 다시보기

① 제1차 동학 농민 운동 당시 집강소가 설치되었어요.
③ 임오군란이 발생하여 흥선 대원군이 재집권하는 결과를 가져왔어요.
④ 임술 농민 봉기 이후 사태 수습을 위해 박규수가 안핵사로 파견되었어요.

14강 조선 후기의 경제와 사회

 설쌤의 한판정리

영정토지, 균역1필, 대동공인
(영정법-토지 면적당 세금,
균역법-군포 1필, 대동법-공인)

✏️ 조선 후기의 경제

세금 제도	조세(토지세)	영정법(인조): 토지 면적당 세금 납부(1결 4~6두)
	역(노동력)	균역법(영조): 1년 1필(줄어든 재정 보완 - 선박세·어장세·소금세 등 추가 징수)
	공납(토산물)	대동법(광해군): 선혜청 설치, 중간 상인인 공인 등장
농업의 발달		• 모내기법(이앙법)의 전국적인 보급 • 인삼·면화·담배·채소 등 상품 작물 재배 확대
상업의 발달	국내 상업	장시 확대, 보부상의 활동, 금난전권 폐지
	대외 무역	경강상인(한강), 송상(개성), 만상(의주), 내상(부산), 유상(평양) 등 사상 성장
화폐		'상평통보' 널리 유통(숙종)

✏️ 조선 후기의 사회

신분 질서의 동요

- 공명첩을 구매·족보 매매 및 위조하여 양반 신분 획득
- 일부 양반은 몰락하여 농민과 같은 수준의 생활

⬇

양반의 수가 증가하고 상민과 노비의 수가 감소하여
양반 중심의 신분 질서가 크게 흔들림

서원과 향약의 발달

- **서원**
  - 사립 교육 기관이자 선현 제사 담당
  - 붕당의 근거지로 전락하여 영조 때 대폭 정리
- **향약**
  - 지방의 질서 유지를 위한 약속
  - 백성을 수탈하는 부작용 발생

향촌 사회의 변화

- **유향소** 향촌의 양반들은 유향소를 운영하고, 향회를 개최하여 자신들의 결속력 강화

여성의 지위와 가족 제도

- **여성의 지위** 여성 차별 심화
- **가족 제도**
  - 남성이 집안의 대표가 되어 제사를 주관
  - 재산 상속 시 장자(큰아들) 우대
  - 아들이 없을 경우 양자를 들임

1 조선 후기의 경제

(1) 세금 제도의 변화

조세 (토지세 납부)	인조 때 **영정법**을 시행하여 풍흉에 관계없이 토지의 면적에 따라 세금을 거둠 (토지 1결당 미곡 4~6두)
역 (노동력 징발)	• 영조 때 **균역법**을 시행하여 세금 부담을 줄임 → 군포 부담을 2필에서 1필로 줄여 줌 • 그러나 줄어든 재정 수입을 채우기 위해 추가로 여러 세금(선박세, 어장세, 소금세 등)을 거둠
공납 (토산물 납부)	• 광해군 때 토산물 대신 **쌀·베·면포·동전 등으로 징수**하는 **대동법**이 경기도에서 처음 시행됨 • **선혜청**에서 담당하였으며 중간 상인인 **공인**이 등장하는 계기가 됨 • 지주의 거센 반대로 전국적으로 시행하는 데 100년이 걸림

> 대동법이 시행되며 등장하였는데, 나라에 필요한 물품을 조달(공급)하는 공식 상인이었어요.

✦ 풍흉
농사가 잘되는 풍년과 잘되지 않는 흉년을 아울러 부르는 말이에요.

✦ 군포
군대에 가지 않는 대신에 내던 세금이에요. 주로 무명실 등으로 짠 천을 세금으로 냈어요.

(2) 농업의 발달

① **모내기법(이앙법)**이 전국적으로 보급되어 노동력이 절감되었어요.
② 인삼·면화·담배·채소 등 곡식 이외의 **상품 작물 재배**가 확대되었어요.

(3) 상업의 발달

① 모내기법이 확산되면서 생산물이 늘어나고, 상품 작물 재배가 많아지자 이를 판매하는 과정에서 상업이 점차 성장했어요.
② 전문적으로 상업을 하는 상인 세력도 많이 등장하였어요.

국내 상업	• 장시(시장)의 수가 늘었음 • **보부상**이 여러 장시를 돌며 물건을 유통함 • 정조 때 육의전을 제외한 일반 시전 상인의 **금난전권**을 폐지함(**신해통공**) • **경강상인**(한강), **송상**(개성), **만상**(의주), **내상**(동래, 오늘날의 부산), **유상**(평양) 등 **사상**이 성장함 • 대동법의 시행 이후 활동한 공인은 특정 물품을 독점하여 큰 부를 쌓았음
대외 무역	• 국경 지대를 중심으로 청과 무역이 이루어짐 • 청과의 무역을 주도하는 **만상**, 일본과의 무역을 주도하는 **내상**, 그리고 이들 사이에서 중계 무역을 하는 **송상**이 크게 성장함

↑ 조선 후기 상업의 발달

✦ 육의전
궁궐이나 관청에서 필요한 여섯 가지 물건을 전담하여 판매하던 상점들을 뜻해요.

✦ 금난전권
정부가 인정한 일부 상인(시전 상인)에게 준 특권이에요. 이 권리를 가진 상인들은 자기 상품과 경쟁되는 물건을 다른 사람이 팔지 못하게 할 수 있었어요. 즉 시장에 대한 독점권이었죠.

✦ 사상
나라에서 관리하는 상인이 아닌, 개인 장사를 하는 상인을 뜻해요.

(4) 화폐

① 조선 전기에 조선통보 등 여러 화폐가 제작되었지만 제대로 유통되지 못했어요.
② 후기에 상공업이 발달하고 대동법이 시행되면서 **상평통보**가 널리 유통되었어요.

조선통보   상평통보

2 조선 후기의 사회

(1) 신분 질서의 동요
① 조선 후기에 경제적으로 부를 쌓은 백성들은 **공명첩**을 구매하거나 족보를 위조하는 방법을 통해 양반 신분을 얻었어요.
② 노비는 공을 세우거나 주인으로부터 도망쳐 일반 농민이 되기도 하였어요.
③ 중앙 정치에서 쫓겨난 일부 양반은 몰락하여 농민과 같은 수준의 생활을 하였어요.
④ 조선 후기에 이르러 점차 **양반의 수가 증가**하고 **상민과 노비의 수가 감소**하여 양반 중심의 신분 질서가 크게 흔들렸습니다.

(2) 서원과 향약의 발달
① **향촌** 사회에서 사림의 영향력이 강해졌어요.
② 이에 향촌에서의 성리학적 질서를 전파하는 **서원**과 **향약**이 널리 퍼지게 되었어요.

서원	• 사림이 지방에 세운 사립 교육 기관 • **선현**에 대한 제사와 학문 연구 및 교육을 담당함 • 국왕으로부터 노비 등을 제공받음 • 붕당의 근거지로 전락하자 **영조**는 서원을 1,000여 개에서 600여 개로 줄임
향약	• 지방의 질서를 유지하고 서로 돕기 위해 만든 약속 • **이황**과 **이이**에 의하여 향약 보급이 확산됨 • 일부 지방 지배 세력이 백성을 수탈하는 부작용을 초래함

(3) 유향소의 설치
① 16~17세기에 지방 양반들은 향촌을 중심으로 백성들에게 영향력을 행사했어요.
② 향촌의 양반들은 **유향소**를 운영하고, 그들의 모임인 향회를 개최하여 자신들의 결속력을 강화했어요.

(4) 여성의 지위와 가족 제도

여성의 지위	• 여성에 대한 차별이 심화되고 **남성 중심 사회**가 되었음 • 남자가 집안의 대표를 맡았고 족보에도 남자를 먼저 기록하였음 • 여자가 결혼한 남자 집에 들어가서 사는 시집살이가 일반화됨 • 과부의 재혼이 금지되었으며 재혼한 여성의 자손은 많은 차별을 받았음
가족 제도	• 아버지 중심의 가족 제도가 운영되었음(**가부장제**) • 일부일처제가 원칙이었으나 양반의 경우 첩을 들이는 경우가 많았음 • 재산 상속 시 **큰아들(장자)이 우대**받았음 • 아들이 없을 경우 **양자**를 들이는 것이 일반화되었음

+ 공명첩
이름을 비워둔 관직 임명장이에요. 부족한 재정을 확보하기 위해 발급한 것이었는데, 이로 인해 신분제가 흔들리고 부정부패가 심해졌어요.

+ 향촌
향촌은 조선 시대 지방 백성들이 살아가던 마을 공동체로, 주로 양반이 주도하여 자치적으로 운영되었어요.

+ 선현
선현은 훌륭한 덕과 지혜를 지닌 옛 성인이나 선비를 이르는 말이에요.

+ 유향소
지방관을 보좌하거나 비리를 감시하는 역할을 담당하였어요. 또 지방 백성들의 교육을 장려하고, 향촌 질서를 유지하기도 하였어요.

쌤! 질문 있어요!

Q 조선 후기 여성의 지위는 어떠하였나요?
조선 후기에는 여성의 지위가 고려 시대보다 낮아졌어요. 여성의 재혼이 사회적으로 금지되었고, 자식에게 재산을 물려줄 때 아들은 받을 수 있었지만 딸은 거의 제외되었어요.

진실게임 OX 문제

"다음 글의 내용이 맞으면 O, 틀리면 X에 표시하기!"

1. 조선 후기에는 모내기법이 전국적으로 보급되었다. (O, X)
2. 대동법의 시행 이후 중간 상인인 공인이 등장하였다. (O, X)
3. 상평통보는 조선 전기부터 전국적으로 널리 유통되었다. (O, X)
4. 균역법은 백성의 토지세 부담을 줄이기 위해 시행되었다. (O, X)
5. 조선 후기에는 여성의 재혼이 자유롭게 허용되었다. (O, X)
6. 조선 후기 향촌 사회에서 사림의 영향력이 커졌다. (O, X)
7. 공명첩이 발급되며 양반 중심의 신분 질서가 강화되었다. (O, X)
8. 정조는 시전 상인의 금난전권을 폐지하였다. (O, X)
9. 향촌의 양반들은 유향소를 설치하고 향회를 열어 결속력을 강화하였다. (O, X)
10. 향약은 불교 질서를 전파하는 역할을 하였다. (O, X)

X 확인

1O 2O 3X 4X 5X 6O 7X 8O 9O 10X

3 상평통보는 조선 후기부터 전국적으로 널리 유통되었어요.
4 균역법은 백성의 군포 부담을 줄이기 위해 시행되었어요.
5 조선 후기에는 성리학적 질서의 강화로 여성의 재혼이 허용되지 않았어요.
7 공명첩이 발급되며 양반 중심의 신분제가 약화되었어요.
10 향약은 성리학적 질서를 전파하는 역할을 하였어요.

이론완성 빈칸채우기

"오늘 배운 내용을 떠올리며 다음 글의 빈칸을 채워보자!"

1. 조선 후기에는 ☐☐☐법이 보급되어 노동력을 줄이고 농업 생산성을 높였다.
2. 조선 후기에는 인삼, 면화, 담배 등 ☐☐☐☐의 재배가 확대되었다.
3. 대동법 시행 이후 ☐☐(이)라는 중간 상인이 등장해 나라에 필요한 물품을 공급했다.
4. 정조는 시전 상인의 특권인 ☐☐☐☐을/를 폐지해 상업을 장려했다.
5. 조선 후기의 화폐로는 숙종 때 널리 유통된 ☐☐☐☐이/가 있다.
6. 조선 후기에 부를 쌓은 백성들은 ☐☐☐을/를 구매하거나 족보를 위조하여 양반 신분을 얻었어요.
7. 광해군 때 공납을 토산물 대신 쌀이나 동전 등으로 납부하게 하는 ☐☐☐이/가 시행되었다.
8. 조선 후기에 사림파는 서원과 향약을 통해 ☐☐ 사회에서의 영향력을 확대하였다.
9. 향촌의 양반들은 지방관을 보좌하거나 감시하는 역할의 ☐☐☐을/를 운영하였다.
10. 조선 후기에는 고려에 비해 ☐☐의 지위가 낮아졌다.

1 모내기 2 상품 작물 3 공인 4 금난전권 5 상평통보 6 공명첩 7 대동법 8 향촌 9 유향소 10 여성

완벽 마무리 기출문제풀이

01 밑줄 그은 '제도'로 옳은 것은?

양민의 부담을 덜고자 군포를 절반으로 줄이는 제도를 시행하였는데, 부족해진 군포를 메울 방도를 논의하였는가?

어장세나 소금세 등으로 보충하는 것이 좋겠습니다.

① 균역법 ② 대동법
③ 영정법 ④ 직전법

02 (가) 제도에 대한 설명으로 옳은 것은?

(가) 은/는 실로 백성을 구제하는 데 절실합니다. 경기도와 강원도에서 이미 시행하고 있으니, 우리 충청도에서도 시행하면 좋겠습니다.

김육

① 군포를 2필에서 1필로 줄였다.
② 양반에게도 군포를 부과하였다.
③ 전세를 1결당 4~6두로 고정하였다.
④ 특산물 대신 쌀, 베 등으로 납부하게 하였다.

---

01 균역법

자료에서 정답 키워드 찾기 — 정답: ①

- 군포를 절반으로 줄이는 제도: 균역법
- 어장세나 소금세 등으로 보충: 균역법의 시행으로 부족해진 세금을 보충하기 위한 방법
① 조선 영조는 백성들의 군포 부담을 줄이기 위하여 1년에 2필씩 걷던 군포를 1필로 줄이는 균역법을 시행하였어요.

오답선지 다시보기

② 조선 광해군 때 대동법이 처음 시행되며 특산물 대신 쌀·베(면포)·동전 등으로 세금을 거두었어요.
③ 조선 인조 때 풍흉에 관계없이 토지의 면적에 따라 세금은 거두는 영정법을 시행하였어요.
④ 조선 세조 때 과전법의 문제점을 해결하기 위하여 현직 관리에게만 수조권을 지급하는 직전법을 제정하였어요.

02 대동법

자료에서 정답 키워드 찾기 — 정답: ④

- 김육: 대동법을 확대시킨 인물
④ 경기도에서 처음 시행된 대동법은 공납을 특산물 대신 쌀·베·동전 등으로 거두는 방식이었어요.

오답선지 다시보기

① 균역법의 시행으로 군포가 2필에서 1필로 줄었어요.
② 흥선 대원군은 호포제를 시행하여 양반에게도 군포를 부과했어요.
③ 영정법이 시행되며 풍흉에 관계없이 1결당 4~6두를 전세로 거두었어요.

110 설민석의 초등 한국사능력검정시험

14강 조선 후기의 경제와 사회

03 다음 가상 뉴스가 보도된 시기의 경제 상황으로 옳은 것은?

① 당백전이 유통되었다.
② 동시전이 설치되었다.
③ 목화가 처음 전래되었다.
④ 모내기법이 전국으로 확산되었다.

04 선생님의 질문에 대한 학생의 대답으로 옳지 않은 것은?

---

03 조선 후기의 경제

자료에서 정답 키워드 찾기 정답: ④

- 군포를 2필에서 1필로 감면: 균역법
- ④ 균역법이 시행되던 조선 후기에는 모내기법(이앙법)이 전국적으로 확산되었고 상품 작물 재배가 늘어나며 상업도 함께 발달하였어요.

오답선지 다시보기

① 흥선 대원군은 경복궁을 중건하면서 필요한 돈을 마련하기 위해 상평통보의 100배의 가치에 해당하는 당백전을 발행하였어요.
② 신라 지증왕은 시장을 관리하기 위한 관청으로 동시전을 설치하였어요.
③ 고려 공민왕 때 문익점이 국내에 목화를 가져오면서 목화 재배가 시작되었어요.

04 조선 후기의 경제

자료에서 정답 키워드 찾기 정답: ④

- 상평통보: 조선 후기에 널리 유통된 동전
- ④ 고려 시대에는 개경 근처의 예성강 하구에 위치한 벽란도가 국제 무역항으로 번성하였어요.

오답선지 다시보기

① 조선 후기에는 정기 시장인 장시가 전국 각지에서 열렸어요.
② 조선 후기 대동법의 시행으로 관청에 물품을 조달하는 공인이 활동하였어요.
③ 조선 후기 개성의 송상이 각지에 송방이라는 지점을 설치하였어요.

15강 조선 후기 새로운 문화의 흐름

설쌤의 한판정리

> 중농학파·중상학파를 구분할 줄 알아야 해!

✏️ 성리학 질서의 강화와 실학의 등장

성리학 질서의 강화
- 임진왜란과 병자호란을 거치면서 신분제 동요
  → 지배층의 성리학적 질서 강화

실학의 등장
- **중농학파**: 경세치용 학파: 농업 중심 (유형원, 정약용)
- **중상학파**: 이용후생 학파(북학파): 상업 중심 (홍대용, 박지원)

✏️ 새로운 사상의 등장

서학(천주교)의 전파
- **수용**: 사신을 통해 서양 학문으로 소개
- **확산**: 현실 개혁을 꿈꾸던 실학자 사이에서 확산
- **탄압**: 제사를 거부하자 탄압

동학의 창시
- **창시**: 몰락 양반인 최제우가 창시
- **교리**: 사람이 곧 하늘이라는 '인내천' 사상
- **탄압**: 세상을 어지럽히고 백성을 속인다는 죄명으로 최제우를 처형

✏️ 조선 후기의 문화

서민 문화의 발달
- '전기수' 등장, 한글 소설 유행
- 풍속화: 김홍도, 신윤복
- 판소리, 탈놀이 유행

서적·지도 편찬
- 역사서: 『승정원일기』, 『발해고』(유득공) 등
- 지도: 「대동여지도」(김정호)
- 의학서: 『동의보감』(허준)

기타
- 과학 기술: 거중기(정약용)

건축

김제 금산사 미륵전

보은 법주사 팔상전

수원 화성

공예·그림

백자 주병

「인왕제색도」(정선)

「영통동구도」(강세황)

1 성리학 질서의 강화와 실학의 등장

(1) 성리학 질서의 강화
① 임진왜란과 병자호란 등을 거치면서 양반 중심의 신분제가 흔들렸어요.
② 이에 지배층은 **성리학적 질서를 더욱 강조**하며 백성들도 일상생활에서도 이를 지키게 했습니다.

(2) 실학의 등장

> 조선 후기 실학은 현실 문제를 해결하고자 한 진보적인 학문이었어요. 그러나 실학자들의 주장은 정치적인 벽 때문에 완전히 이루어지지는 못했어요. 그래도 이후 근대 개혁과 개화 사상으로 이어지는 데 중요한 밑거름이 되었답니다.

① 조선 후기에는 성리학을 대신하여 실생활에 도움이 되는 실용적인 학문인 **실학**이 등장했습니다.
② 실학을 연구하는 실학자들은 백성의 삶을 안정시키고, **부국강병**을 달성하기 위해 다양한 방법을 제시했어요.
③ 그 방법에 따라 실학자들은 중농학파와 중상학파로 나뉘었습니다.

중농학파	• **경세치용** 학파라고도 불림 • **농업 중심 개혁론**을 제시함 • 대표 인물: 유형원(『반계수록』, 균전론 주장), **정약용**(『목민심서』)
중상학파	• **북학파** 또는 **이용후생** 학파라고도 불림 • **상공업 진흥과 기술 개발**을 중시함 • 대표 인물: 홍대용(『의산문답』, 지전설 주장), **박지원**(『열하일기』, 물자의 유통을 위한 수레와 선박의 이용을 주장)

> 목민관(지방관)이 가져야 할 올바른 마음가짐을 정리한 책이에요.

2 새로운 사상의 등장

(1) 서학(천주교)의 전파: 16세기 말에서 17세기 무렵 중국을 왕래하던 사신을 통해 천주교가 조선에 소개되었어요. 당시 조선에서는 천주교를 **서양**의 학문이라 하여 '서학'이라고 불렀으며, 일부 **실학자를 중심으로 천주교가 확산**되기 시작하였어요.

확산	18세기에 현실 개혁을 꿈꾸던 **정약용·정약전** 등의 실학자를 중심으로 점차 **종교**로 받아들여짐
탄압	정부는 **제사**를 거부하는 등 유교적 질서를 부정한다는 이유로 천주교를 탄압함

(2) 동학의 창시와 확산: 동학은 몰락 양반인 **최제우**가 창시한 새로운 종교예요. 서학을 배척한다는 뜻에서 이름 **동학**이라는 이름이 붙여졌지요. 동학은 사람이라면 **모두가 평등하다는 사상**을 바탕으로 농민 등 일반 백성 사이에서 빠르게 퍼져나갔어요.

교리	사람이 곧 하늘이라는 '**인내천**' 사상을 내세워 인간의 존엄성과 평등성을 강조함
탄압	정부는 세상을 어지럽히고 백성을 속인다(**혹세무민**)는 죄명으로 최제우를 처형함

쌤! 질문 있어요!

Q 성리학적 질서가 강화되며 어떤 문제점이 나타났나요?

성리학은 지나치게 형식만을 중시하였기 때문에 당시의 현실 문제를 해결할 수 없었어요. 또 신분 질서를 강조하다보니, 일반 백성들도 족보를 사는 등 양반이 되려는 사례가 늘어나며 신분 질서가 더 혼란스러워지는 결과를 가져왔어요.

✦ **부국강병**
나라를 부유하게 하고, 군대를 강하게 만든다는 뜻이에요.

✦ **균전론**
모든 농민에게 균일하게 토지를 나누어 주자는 주장이에요.

✦ **지전설**
지구가 스스로 한 바퀴를 돈다는 주장이에요. 이는 단순한 과학적 사실을 넘어 당시의 사회상을 비판하는 것이기도 했어요. 즉 중국 중심의 생각에 맞서 홍대용은 지구와 해, 달 사이에는 고정된 중심이 없기에 중국이나 조선이 서로 같다고 주장하였지요.

3 조선 후기의 문화

 벼슬이나 특권 등이 없는 일반 사람을 뜻해요.

(1) 서민 문화의 발달: 조선 후기에는 농업과 상공업이 발달하며 경제적으로 여유가 있는 사람들이 늘어났고, 교육 수준도 높아지면서 문화를 즐기는 백성이 늘어났어요. 이에 따라 백성과 같은 서민들이 즐기는 문화가 발달했어요.

문학	· 소설을 전문적으로 읽어 주는 직업인 전기수가 활발히 활동함 · 『홍길동전』, 『춘향전』 등 한글 소설이 백성들 사이에서 널리 퍼짐
그림	김홍도, 신윤복 등이 백성들의 일상생활을 표현한 풍속화를 그림 「씨름」과 「서당」(김홍도)　　「단오풍정」(신윤복)
공연	탈놀이, 판소리 등이 유행함

(2) 서적과 지도의 편찬

역사서	『승정원일기』	승정원에서 편찬하였으며, 승정원의 업무 내용을 일기 형식으로 작성함
	『발해고』	발해와 통일 신라가 함께 있던 시기를 '남북국'이라 처음 표현함
지도	「대동여지도」	· 김정호가 산맥·하천·포구·도로망 등을 자세하게 표시함 · 22개의 목판으로 제작하여 대량으로 인쇄가 가능하도록 함 · 10리(약4km)마다 눈금을 표시하여 축척을 나타냄
의학서	『동의보감』	조선 광해군 때 허준이 중국과 우리나라 의서를 집대성함

(3) 기타

과학 기술	조선 정조 때 정약용이 서양의 기술 서적인 『기기도설』을 참고하여 거중기를 제작함
건축	김제 금산사 미륵전　　보은 법주사 팔상전　　수원 화성
공예·그림	· 분청사기를 쓰던 조선 전기와 달리 조선 후기에는 순백의 백자 사용이 증가 · 정선, 강세황 등이 우리나라의 자연 환경을 독자적인 화풍으로 표현한 진경산수화가 유행 백자 주병　　「인왕제색도」(정선)　　「영통동구도」(강세황)

✚ 거중기

거중기는 실학자 정약용이 만든 기계 장치로, 무거운 돌이나 자재를 적은 힘으로 들어 올릴 수 있게 해주는 도르래 장치예요. 수원 화성을 축조할 때 사용되었어요.

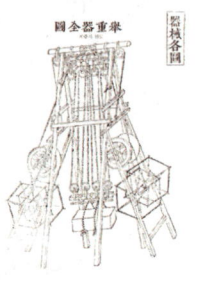

진실게임 OX 문제

"다음 글의 내용이 맞으면 O, 틀리면 X에 표시하기!"

① 실학은 조선 후기 사회 문제를 해결하기 위해 등장한 학문이다. (O, X)
② 중농학파는 상공업을 중시하였으며, 박지원이 대표 인물이다. (O, X)
③ 정약용은 대표적인 중농학파로 『목민심서』를 저술하고 거중기를 만들었다. (O, X)
④ 조선 후기에는 성리학적 질서가 약화되었다. (O, X)
⑤ 천주교는 '서학'이라 불렸으며 16세기 말 중국을 왕래하던 사신들에 의해 처음 전래되었다. (O, X)
⑥ 동학은 인간의 존엄성과 평등을 강조하는 '인내천' 사상을 바탕으로 하였다. (O, X)
⑦ 「대동여지도」는 실학자인 정약용이 만들었다. (O, X)
⑧ 『동의보감』은 허준이 서양 의학을 바탕으로 집필한 의서이다. (O, X)
⑨ 정선은 진경산수화를 통해 우리 자연의 아름다움을 표현하였다. (O, X)
⑩ 조선 후기에는 백자의 사용이 줄고 청자가 보편적으로 사용되었다. (O, X)

X 확인

1O 2X 3O 4X 5O 6O 7X 8X 9O 10X

2 **중상학파**는 상공업을 중시하였으며 박지원이 대표 인물이에요.
4 조선 후기에는 성리학적 질서가 **강화되었어요**.
7 「대동여지도」는 **지리학자인 김정호**가 만들었어요.
8 『동의보감』은 허준이 **중국과 우리나라의 의학 서적**을 바탕으로 집필한 의서예요.
10 조선 후기에는 **분청사기의 사용이 줄고 백자가** 보편적으로 사용되었어요.

이론완성 빈칸채우기

"오늘 배운 내용을 떠올리며 다음 글의 빈칸을 채워보자!"

① 조선 후기에 현실 문제를 해결하기 위한 새로운 학문인 ☐☐이/가 등장하였다.
② 실학은 농업 중심의 개혁을 주장한 중농학파와 상공업 중심의 개혁을 주장한 ☐☐☐☐(으)로 나뉘었다.
③ 실학자 유형원은 ☐☐☐☐을/를 집필하였다.
④ 정약용은 지방관이 가져야 할 마음가짐 등을 정리하여 ☐☐☐☐을/를 집필하였다.
⑤ 박지원은 ☐☐☐☐(이)라는 책을 저술하고, 수레와 선박의 이용을 주장하였다.
⑥ 정약용은 『기기도설』을 참고하여 ☐☐☐(이)라는 도르래 장치를 만들었다.
⑦ 김정호는 우리나라 전역을 정밀하게 표현한 지도인 ☐☐☐☐☐을/를 제작하였다.
⑧ ☐☐은/는 진경산수화인 「인왕제색도」를 그렸다.
⑨ ☐☐은/는 '사람이 곧 하늘'이라는 인내천 사상을 바탕으로 창시된 종교 사상이다.
⑩ 조선 후기에는 순백의 ☐☐이/가 널리 사용되었다.

1 실학 2 중상학파 3 반계수록 4 목민심서 5 열하일기 6 거중기 7 대동여지도 8 정선 9 동학 10 백자

01 (가)에 들어갈 인물로 옳은 것은?

이곳은 조선의 실학자인 (가) 이/가 머물렀던 반계 서당이다. 그는 균전론 등 여러 개혁안을 제시한 반계수록을 저술하였다. … 더보기

댓글 15개 모두 보기

① 이익
② 박제가
③ 유형원
④ 홍대용

02 다음 학생이 생각하고 있는 책으로 옳은 것은?

① 동의보감
② 목민심서
③ 열하일기
④ 향약집성방

01 유형원

자료에서 정답 키워드 찾기 정답: ③

- 조선의 실학자: 유형원, 홍대용, 정약용, 박지원 등
- 균전론: 유형원이 제시한 토지 개혁론
- 『반계수록』: 유형원의 저서

③ 조선 후기 중농학파 실학자인 유형원은 『반계수록』을 저술하고, 토지의 균등한 분배를 주장하는 균전론을 제시하였어요.

오답선지 다시보기

① 이익은 『성호사설』을 저술하였어요.
② 박제가는 『북학의』를 저술했으며, 소비를 촉진하여 생산력을 높이자는 소비론을 주장하였어요.
④ 홍대용은 『의산문답』을 저술하고, 지전설을 바탕으로 중국 중심 세계관을 비판하였어요.

02 『동의보감』

자료에서 정답 키워드 찾기 정답: ①

- 광해군 때 허준이 편찬: 『동의보감』
- 중국과 우리나라 의서를 망라하여 전통 의학을 집대성: 『동의보감』의 특징

① 『동의보감』은 조선 광해군 때 허준이 편찬한 의서로 2009년에 유네스코 세계 기록 유산으로 등재되었어요.

오답선지 다시보기

② 『목민심서』는 정약용의 저서로 지방관(목민관)이 백성을 다스리는 데 필요한 도리 등을 저술하였어요.
③ 『열하일기』는 박지원이 사절단인 연행사로 청에 다녀온 후 집필한 책으로 청의 문물을 소개하고 상공업 발달을 강조하였어요.
④ 『향약집성방』은 조선 세종 때 편찬된 의학 서적으로 우리 풍토에 알맞은 약재와 치료 방법을 정리하였어요.

15강 조선 후기 새로운 문화의 흐름

03 다음 특별전에서 볼 수 있는 작품으로 가장 적절한 것은?

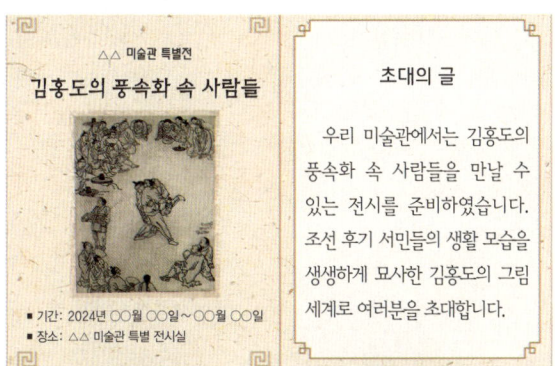

①
고사관수도

②
아집도대련

③
무동

④
월하정인

04 (가)에 들어갈 지도로 옳은 것은?

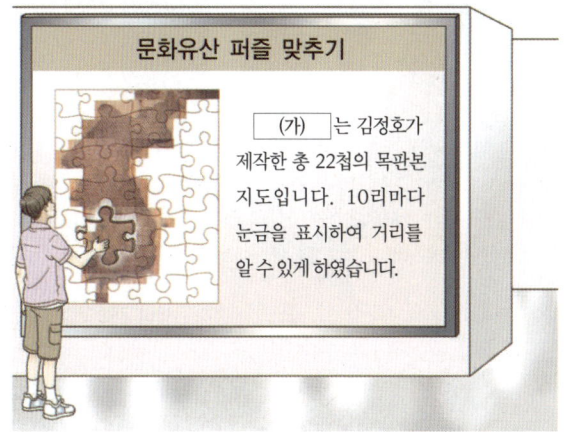

① 동국지도
② 대동여지도
③ 곤여만국전도
④ 혼일강리역대국도지도

---

03 김홍도

자료에서 정답 키워드 찾기 — 정답: ③

- 김홍도: 조선 후기의 대표 화가
- 풍속화: 조선 후기에 백성들의 생활 모습을 표현한 그림
③ 「무동」은 조선 후기 김홍도의 작품 중 하나예요. 이 밖에도 「서당」, 「씨름」 등이 있어요.

오답선지 다시보기

① 「고사관수도」는 조선 전기 강희안의 작품이에요.
② 「아집도대련」은 고려 시대의 작품이에요.
④ 「월하정인」은 조선 후기 신윤복의 작품이에요.

04 김정호의 「대동여지도」

자료에서 정답 키워드 찾기 — 정답: ②

- 김정호가 제작한 총 22첩의 목판본 지도: 「대동여지도」
- 10리마다 눈금을 표시: 「대동여지도」의 특징
② 조선 철종 때 김정호가 제작한 「대동여지도」는 22첩의 목판으로 나뉘어 휴대와 대량 인쇄가 가능하였으며, 10리마다 일정하게 눈금을 표시하였어요.

오답선지 다시보기

① 「동국지도」는 조선 영조 때 정상기가 만든 지도예요.
③ 조선 후기에 청으로부터 마테오 리치가 제작한 세계 지도인 「곤여만국전도」가 전래되었어요.
④ 「혼일강리역대국도지도」는 동양에서 현존하는 가장 오래된 세계 지도로 조선 태종 때 이회 등이 제작하였어요.

VI

근대

↑ 보빙사

16강 흥선 대원군의 집권과 강화도 조약

기출키워드

#세도 정치 #흥선 대원군 #비변사 폐지 #경복궁 중건 #서원 철폐 #삼정의 문란 개혁 #통상 수교 거부 정책 #병인박해 #제너럴셔먼호 사건 #병인양요 #오페르트 도굴 사건 #신미양요 #척화비 건립 #운요호 사건 #강화도 조약 #『조선책략』 #조·미 수호 통상 조약 #통리기무아문 #별기군 #수신사 #영선사 #보빙사 #위정척사 운동

17강 임오군란과 갑신정변

기출키워드

#별기군 #구식 군대 차별 #임오군란 #흥선 대원군 #통리기무아문 #제물포 조약 #조·청 상민 수륙 무역 장정 #급진 개화파 #우정총국 #14개조 혁신 정강 #한성 조약 #톈진 조약 #거문도 사건 #영국 #한반도 중립화론 #부들러 #유길준

18강 동학 농민 운동과 갑오·을미개혁

기출키워드

#동학 #최제우 #혹세무민 #조병갑 #고부 민란 #전봉준 #이용태 #동학 농민 운동 #보국안민·제폭구민 #황토현·황룡촌 전투 #전주성 #전주 화약 #교정청 #집강소 #폐정 개혁 #경복궁 점령 #공주 우금치 전투 #갑오개혁 #김홍집 #군국기무처 #과거제 폐지 #신분제 폐지 #홍범 14조 #교육입국 조서 #을미사변 #을미개혁 #단발령 #을미의병 #아관 파천

19강 근대화를 위한 노력

기출키워드

#독립 협회 #『독립신문』 #독립문 #만민 공동회 #관민 공동회 #절영도 조차 #헌의 6조 #중추원 관제 #환구단 #대한 제국 #광무개혁 #구본신참 #대한국 국제 #이범윤 간도 관리사 #지계 #『한성순보』 #『대한매일신보』 #경인선 개통 #광혜원 #원산 학사 #육영 공원 #명동 성당 #덕수궁 석조전

20강 일제의 국권 침탈과 국권 수호 운동

기출키워드

#조·일 수호 조규 부록 #조·일 무역 규칙 #쌀의 무제한 유출 #화폐 정리 사업 #방곡령 #국채 보상 운동 #한·일 의정서 #제1차 한·일 협약 #을사늑약 #헤이그 특사 #정미7조약 #기유각서 #경술국치 #간도 협약 #독도 #을미의병 #을사의병 #정미의병 #안중근 #보안회 #대한 자강회 #신민회

16강 흥선 대원군의 집권과 강화도 조약

 설쌤의 한판정리

 미미광어~! (신미양요-미국-광성보-어재연)

📝 19세기 조선의 국내외 상황

- **국내**: 세도 정치의 전개 → 철종의 갑작스러운 사망 → 고종의 즉위, 흥선 대원군의 집권
- **국외**: 낯선 서양 배의 출몰

📝 흥선 대원군의 집권과 개혁 정책

흥선 대원군의 개혁 정책
- 왕권 강화: 비변사 폐지, 경복궁 중건, 법전 편찬
- 민생 안정: 서원 철폐, 삼정의 문란 개혁

📝 통상 수교 거부 정책

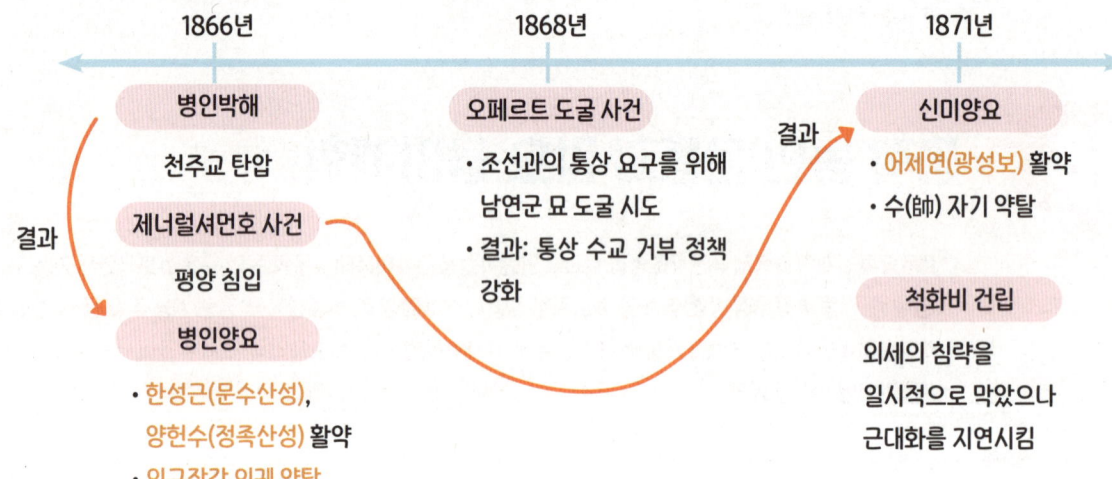

1866년
- 병인박해: 천주교 탄압
- 제너럴셔먼호 사건: 평양 침입
- 결과 → 병인양요
  - 한성근(문수산성), 양헌수(정족산성) 활약
  - 외규장각 의궤 약탈

1868년
- 오페르트 도굴 사건
  - 조선과의 통상 요구를 위해 남연군 묘 도굴 시도
  - 결과: 통상 수교 거부 정책 강화

1871년
- 신미양요
  - 어재연(광성보) 활약
  - 수(帥) 자기 약탈

척화비 건립
외세의 침략을 일시적으로 막았으나 근대화를 지연시킴

📝 강화도 조약 체결과 개항

	강화도 조약 (1876)	조·미 수호 통상 조약 (1882)
배경	운요호 사건	『조선책략』 유포
내용	1. 조선은 자주국 4. 부산, 원산, 인천 개항 7. 해안 측량권 10. 치외 법권	1. 거중 조정 4. 치외 법권 5. 관세 조항 14. 최혜국 대우
성격	조선이 외국과 맺은 최초의 근대적 조약, 불평등 조약	조선이 서양과 맺은 최초의 근대적 조약, 불평등 조약

📝 개화 정책과 위정척사 운동의 전개

정부의 개화 정책	위정척사 운동의 전개
• 통리기무아문 설치 • 별기군 창설 • 해외 사절단 파견 　일본: 수신사, 조사 시찰단 　청: 영선사 　미국: 보빙사	• 통상 반대 운동(1860년대) • 개항 반대 운동(1870년대) • 개화 반대 운동(1880년대) • 항일 의병 운동(1890년대)

1 19세기 조선의 국내외 상황

(1) **국내**: 정치적으로는 외척 가문이 권력을 차지하는 세도 정치가 전개되었고, 사회적으로는 관리들의 수탈이 심해지며 홍경래의 난, 임술 농민 봉기 등이 발생하였어요.

(2) **국외**: 해안가에 낯선 서양 배가 출몰함에 따라 사회 불안이 높아져 갔어요.

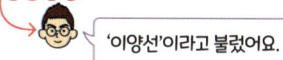 '이양선'이라고 불렀어요.

2 흥선 대원군의 집권과 개혁 정책

(1) **흥선 대원군의 집권**: 세도 정치가 한창이던 시기에 철종이 갑작스럽게 사망하자 그 뒤를 이어 고종이 12세의 나이로 왕위에 올랐어요. 그리고 어린 고종을 대신하여 고종의 아버지인 흥선 대원군이 정권을 잡았어요.

(2) **흥선 대원군의 개혁 정책**: 흥선 대원군은 세도 정치로 약해진 왕권을 회복하고, 어려워진 백성의 삶을 안정시키기 위하여 다양한 개혁 정책을 펼쳤어요.

왕권 강화 정책	비변사 폐지	• 세도 정치의 핵심 기구인 비변사를 폐지함 • 의정부 기능을 강화함
	경복궁 중건	• 내용: 임진왜란 때 불타버린 경복궁을 새로 지음 • 문제점: 경복궁 중건에 필요한 돈을 확보하기 위하여 각종 세금을 부과하고 백성을 강제로 공사에 동원함
	법전 편찬	『대전회통』과 『육전조례』를 편찬함
민생 안정 정책	서원 정리	농민을 수탈하면서 세금도 내지 않고 여러 혜택을 받던 600여 개의 서원을 47개만 남기고 모두 없앰 대원군이 명을 내려 나라 안 서원을 죄다 허물고 서원의 유생들을 쫓아 버리도록 하였다. …… 대원군이 크게 노하여 말하기를 "진실로 백성에게 해 되는 것이 있으면 비록 공자가 다시 살아난다 하더라도 나는 용서치 않겠다……."라고 하였다. – 박제형, 『근세조선정감』
	삼정의 문란 개혁	• 농지를 조사하여 그동안 세금을 내지 않았던 땅을 찾아 세금을 부과함 • 군역의 의무가 제외되었던 양반들에게도 군역의 의무를 지게 하고, 군포를 납부하게 함(호포제)

쌤! 질문 있어요!

Q 흥선 대원군은 어떤 인물인가요?

흥선 대원군은 왕족 중에서도 비교적 먼 친척이었지만, 자식도 없이 죽은 헌종의 뒤를 이어 왕위에 오를 뻔한 인물이었어요. 시간이 흘러 헌종의 뒤를 이은 철종 역시 갑작스럽게 죽게 되자 흥선 대원군은 자신의 아들을 왕위에 올렸는데, 그 아들이 바로 고종이지요. 이렇게 왕의 아버지가 된 흥선 대원군은 여러 개혁 정치를 펼치며 권력을 휘둘렀으나 고종이 성장하여 어른이 되자 결국 물러나게 되었어요.

쌤! 질문 있어요!

Q 병인박해는 왜 일어났나요?

당시에는 러시아가 남쪽으로 영토를 확장하며 조선을 위협하던 시기였어요. 흥선 대원군은 러시아를 막고자 프랑스를 끌어들이려 하였으나 계획이 실패하였어요. 이와 함께 정치적으로도 천주교 탄압 요구가 거세지면서 병인박해가 일어나게 되었어요.

+ 외규장각 의궤

의궤란 조선 왕실이나 국가의 중요한 행사 과정과 건축 등을 글과 그림으로 자세하게 기록한 책이에요. 이는 여러 곳에 나누어 보관하였는데, 그중에서도 강화도의 외규장각에 보관된 것을 가리켜 외규장각 의궤라고 부르지요.

+ 남연군

흥선 대원군의 아버지예요.

+ 근대화

기존에 농업 중심적인 신분제 사회에서 벗어나 산업이 발달하고, 신분 구분 없이 평등한 사회로 나아가는 것을 뜻해요.

+ 개화사상

기존의 제도나 생각을 없애고, 근대적인 제도 등을 받아들이려는 생각이에요.

3 통상 수교 거부 정책

> 다른 나라와의 외교 관계와 무역, 교류를 허용하지 않는 정책을 의미해요.

(1) 병인양요(1866)

배경	프랑스 선교사와 국내 천주교 신도를 학살하는 **병인박해**(1866)가 발생함
전개	• 프랑스의 로즈 제독이 병인박해를 구실로 강화도를 침략함 • **문수산성의 한성근 부대와 정족산성의 양헌수 부대가 활약**하여 프랑스를 물리침
결과	**외규장각 의궤** 등 각종 문화유산을 약탈당함

(2) 오페르트 도굴 사건(1868)

배경	독일 상인인 오페르트가 조선에 통상을 요구하였으나 거절당함
전개	오페르트는 조선과의 통상을 요구하기 위해 **남연군의 묘를 도굴하려다 발각됨**
결과	서양에 대한 반발심이 커지고 통상 수교 거부 정책이 강화됨

(3) 신미양요(1871)

배경	• 미국의 제너럴셔먼호가 평양에서 통상을 요구하다 거절당하자 마을을 약탈함 • 이에 평안도 감사 **박규수**와 평양의 백성들이 제너럴셔먼호를 불태우는 **제너럴셔먼호 사건**(1866)이 발생함
전개	• 미국이 제너럴셔먼호 사건을 빌미로 강화도를 침략함 • **어재연 부대가 광성보에서 미국에 맞서 싸움**
결과	어재연 장군의 수(帥)자기(장군의 깃발)를 약탈당함

(4) 척화비 건립(1871)

① 흥선 대원군은 통상 수교 거부 정책을 강화하는 의지를 담아 **척화비**를 세웠어요.

> 글을 써서 이르기를 "서양 오랑캐가 침범하는데 싸우지 않으면 즉 화친하는 것이요, 화친을 주장함은 나라를 팔아먹는 짓이다."라고 하였다.
> — 『대한계년사』 —

척화비

② 통상 수교 거부 정책과 척화비의 건립으로 외국 세력의 침략을 일시적으로 막을 수 있었지만, **근대화**를 지연시키는 문제를 가져왔어요.

4 강화도 조약 체결과 개항

(1) 강화도 조약(조·일 수호 조규, 1876)

> 다른 나라와 교류할 수 있게 항구를 개방하는 것을 의미해요.

① 배경
 ㉠ 고종이 직접 정치를 시작하면서 통상 수교 거부 정책이 완화되었어요.
 ㉡ 박규수·오경석·유홍기 등을 중심으로 다른 나라의 문물을 받아들여야 한다는 **개화사상**이 형성되었어요.

ⓒ 이 시기 일본에서는 조선을 정벌하여야 한다는 사상이 대두되었고, 이에 일본은 강화도 초지진과 영종도를 공격하는 **운요호 사건**을 일으켰어요(1875).

② 조약 체결 과정: 운요호 사건으로 인하여 조선은 일본과 조약을 체결하고 개항을 하였어요.

③ 내용

> 제1관 조선은 자주국이며 일본과 똑같은 권리를 갖는다.
> → 조선은 중국을 큰 나라로 생각하며 섬겼는데, 이러한 관계를 부정하려는 의미
> 제4관 조선국은 부산 외에 두 곳을 개항하고, 일본인이 와서 통상을 하도록 허가한다.
> → 부산, 원산, 인천 개항
> 제7관 조선국의 **해안 측량을 허가**한다.
> → 조선의 영토를 마음대로 조사(해안 측량권)
> 제10관 일본국 인민이 조선국 항구에서 죄를 지은 경우 **일본국 관원이 심판**한다.
> → 조선 땅에서 일어난 사건을 일본인이 심판(치외 법권)
> 제12관 위 11조관을 영원히 신의로써 준수하며 변경할 수 없다.
> → 불평등 조약을 영원히 지속하려는 의도

④ 성격: 조선이 외국과 맺은 **최초의 근대적 조약**이자 **불평등 조약**이었어요.

(2) 조·미 수호 통상 조약(1882)

① 배경
ⓐ 강화도 조약 이후 일본에 다녀온 **김홍집**은 청의 외교관 황준헌(황쭌셴)이 쓴 『**조선책략**』을 국내에 들여왔어요. 이 책의 내용이 알려지며 미국과 수교해야 한다는 생각이 퍼지게 되었어요.
ⓑ 청은 러시아와 일본을 견제하고 조선에 대한 영향력을 인정받기 위하여 미국과 조선의 수교를 제안하였어요.

② 내용

> 제1관 조선과 미국 인민은 각각 영원히 평화롭고 좋은 관계를 지킨다. 만약 다른 나라에게 좋지 않은 일이 발생하면 확인하여 서로 도와준다.
> → 조약을 맺은 두 나라 중 한 나라가 분쟁을 겪으면 다른 한 나라가 도와준다는 의미(거중 조정)
> 제4관 미국 인민이 조선 인민에게 해를 입히면 미국의 관리가 미국의 법률에 따라 체포하고 처벌한다.
> → 조선 땅에서 일어난 일을 미국의 법으로 처리(치외법권)
> 제5관 일반적인 수출입 물건의 관세율은 10%를 초과하지 않고 사치품 등은 30%를 넘지 못한다.
> → 관세를 최초로 규정
> 제14관 조약을 체결한 뒤에 본 조약에서는 말하지 않은 특혜를 다른 나라에 허가할 때에는 미국 인민에게도 똑같이 그 혜택을 준다.
> → 가장 유리한 혜택을 요구(최혜국 대우)

③ 성격: 조선이 서양과 맺은 최초의 근대적 조약이자 불평등 조약이었어요.
④ 결과: 조선은 미국 공사 부임에 답하여 1884년 미국에 **보빙사**를 파견하였어요.

✦ 자주국
'자주'란 남의 보호나 간섭을 받지 않는 것을 뜻해요. 따라서 '자주국'이란 다른 나라에 속하지 않고 스스로 나라를 운영하는 나라를 말해요.

쌤! 질문 있어요!

Q 『조선책략』에는 어떤 내용이 담겨 있나요?

조선이 러시아를 막기 위해서는 "중국과 친하고(친중국), 일본과 맺고(결일본), 미국과 이어짐(연미국)"이 필요하다고 주장하는 내용이 담겨 있어요.

✦ 관세
수출 혹은 수입하는 물건에 붙는 세금이에요.

✦ 공사
나라를 대표하여 파견된 사람이에요.

(3) 기타: 조선은 일본, 미국, 영국, 독일, 이탈리아, 러시아, 프랑스와도 조약을 맺었어요.

5 개화 정책과 위정척사 운동의 전개

(1) 정부의 개화 정책
① 정치·군사의 개혁
  ㉠ 조선 개화와 관련된 정책을 담당하는 기구인 **통리기무아문을 설치**(1880)하였어요.
  ㉡ 정부는 부국강병을 위해 **신식 군대인 별기군도 창설**(1881)하였어요.

별기군

✚ 해외 사절단
나라를 대표하여 일정한 사명을 띠고 외국에 파견되는 사람들이에요.

서양에 파견된 최초의 사절단

② 해외 사절단 파견: 다른 나라의 문물을 받아들이기 위해 사절단을 파견하였어요.

일본	수신사	• 강화도 조약 이후 두 차례에 걸쳐 일본에 수신사를 파견함 • 김기수(1876)와 김홍집(1880) 등을 파견함 • 제2차 수신사(1880)로 파견된 **김홍집이 『조선책략』을 들여옴**
	조사 시찰단 (1881)	• 박정양 외 12명을 파견함 • 근대 시설 및 문물을 시찰하고 돌아옴
청	영선사 (1881)	• 김윤식과 유학생 및 기술자를 파견함 • 중국 톈진에서 **청의 근대식 무기 제조법과 군사 훈련법을 학습함** • 근대적 무기를 제조하는 기구인 **기기창을 설치하는 계기**가 됨
미국	보빙사 (1883)	• 조·미 수호 통상 조약 체결 이후 민영익, 유길준 등을 파견함 • 미국의 우편 제도를 경험하고 **근대적 우편 기구인 우정국의 설치를 건의함**

(2) 위정척사 운동의 전개
성리학적 질서를 지키고 다른 종교와 사상을 배척하는 움직임이에요.

1860년대 통상 반대 운동	상황	서양 열강이 통상을 요구하며, 병인양요·제너럴셔먼호 사건·오페르트 도굴 사건 등이 발생함
	주요 내용	**이항로**와 **기정진** 등이 '화해하는 것을 반대하고, 싸우기를 주장한다.'라는 의미의 '**척화주전론**'을 주장함
1870년대 개항 반대 운동	상황	최초의 근대적 조약인 강화도 조약이 체결됨
	주요 내용	**최익현**은 '일본과 서양오랑캐'가 같다는 주장을 펼치며 도끼를 들고 개항을 반대하는 상소를 올림
1880년대 개화 반대 운동	상황	김홍집이 가져온 『조선책략』이 국내에 널리 퍼짐
	주요 내용	**이만손** 등의 영남 지역(경상도 지역) 유생들이 『조선책략』의 내용에 반대하는 글인 「**영남 만인소**」를 올림
1890년대 항일 의병 운동		일본 침략에 저항하는 항일 의병 운동이 전개됨

쌤! 질문 있어요!

Q 「영남 만인소」에는 어떤 내용이 쓰여 있나요?

일본, 미국과 친하게 지내야 한다는 『조선책략』의 주장을 비판하는 내용이 담겨 있어요. 특히 미국은 원래 모르던 나라이므로 그들과 조약을 맺는 것이 위험하다고 주장하였어요.

 ## 진실게임 OX 문제

"다음 글의 내용이 맞으면 O, 틀리면 X에 표시하기!"

① 19세기 조선에는 이양선이 출몰하며 사회 불안이 높아졌다. (O, X)
② 흥선 대원군은 비변사를 강화하였다. (O, X)
③ 흥선 대원군은 민생을 안정시키기 위하여 서원을 정리하였다. (O, X)
④ 병인양요 때 프랑스군이 외규장각 의궤를 약탈하였다. (O, X)
⑤ 신미양요 때 정족산성에서 양헌수 장군이 활약하였다. (O, X)
⑥ 제너럴셔먼호 사건을 계기로 강화도 조약이 체결되었다. (O, X)
⑦ 강화도 조약은 조선이 외국과 체결한 최초의 근대적 조약이다. (O, X)
⑧ 청의 제안으로 조·미 수호 통상 조약이 체결되었다. (O, X)
⑨ 조선 정부는 개화 정책을 총괄하기 위한 기구로 기기창을 설치하였다. (O, X)
⑩ 이만손 등은 『조선책략』의 내용에 반발하여 「영남 만인소」를 올렸다. (O, X)

정답 확인
1 O 2 X 3 O 4 O 5 X 6 X 7 O 8 O 9 X 10 O

2 흥선 대원군은 비변사를 **철폐**하였어요.
5 **병인양요** 때 정족산성에서 양헌수 장군이 활약하였어요.
6 **운요호 사건**을 계기로 강화도 조약이 체결되었어요.
9 조선 정부는 개화 정책을 총괄하기 위한 기구로 **통리기무아문**을 설치하였어요.

 ## 이론완성 빈칸채우기

"오늘 배운 내용을 떠올리며 다음 글의 빈칸을 채워보자!"

① 19세기 조선에서는 □□□□이/가 전개되고 이양선이 출몰하였다.
② 철종이 죽은 뒤 고종이 즉위하자 어린 고종을 대신하여 □□□□이/가 정권을 잡았다.
③ 오페르트 도굴 사건을 계기로 □□□□ 정책이 강화되었다.
④ □□□□□□ 사건을 계기로 신미양요가 발생하였다.
⑤ 강화도 조약으로 부산과 □□, □□ 지역의 항구를 개항하였다.
⑥ □□□□의 유포로 이후 조선에서는 미국과의 수교 필요성이 대두되었다.
⑦ 조선 정부는 개화를 총괄하는 □□□□□□을/를 설치하였다.
⑧ 개항 이후 청에 다녀온 영선사의 제안으로 근대적 무기를 만드는 □□□이/가 설치되었다.
⑨ 조선 정부는 개항 이후 신식 군대인 □□□을/를 창설하였다.
⑩ 1870년대에 최익현은 일본과 서양 오랑캐가 같다는 주장을 펼치며 □□□□□을/를 펼쳤다.

정답
1 세도 정치 2 흥선 대원군 3 통상 수교 거부 4 제너럴셔먼호 5 인천, 원산 6 『조선책략』 7 통리기무아문 8 기기창 9 별기군 10 왜양 일체론

완벽 마무리 기출문제풀이

"쌤이 기출문제 중 가장 도움이 될 만한 것으로 특별히 골라왔어! 같이 풀어보자!"

01 (가) 인물의 활동으로 옳은 것은?

> 우리 전하께서는 어린 나이에 왕으로 즉위하셔서 (가) (으)로 하여금 백성을 돌보고 살피게 하셨습니다. 그런데 (가) 이/가 경복궁 중건을 위해 부유한 자에게 원납전을 거두었으나 부족하였습니다. 또한 새롭게 당백전까지 주조하여 백성들의 삶을 힘들게 하였습니다.

① 척화비를 건립하였다.
② 동의보감을 완성하였다.
③ 신해통공을 실시하였다.
④ 나선 정벌을 단행하였다.

01 흥선 대원군

자료에서 정답 키워드 찾기 — 정답: ①

- 어린 나이에 왕으로 즉위: 고종
- 경복궁 중건: 흥선 대원군의 정책
① 흥선 대원군은 병인양요, 오페르트 도굴 사건, 신미양요 등을 겪으며 통상 수교 거부 정책의 의지를 담은 척화비를 건립하였어요.

오답선지 다시보기
② 광해군 때 허준은 동양의 의학을 집대성한 『동의보감』을 편찬했어요.
③ 조선 정조 때 금난전권을 폐지하는 신해통공을 실시했어요.
④ 조선 효종은 청의 요구로 군대를 파견하여 나선 정벌에 나섰어요.

02 (가) 사건에 대한 설명으로 옳은 것은?

외규장각 의궤, 장엄한 기록의 귀환

1866년 (가) 때 프랑스군이 약탈해 간 외규장각 의궤가 145년 만에 우리 품으로 돌아왔습니다. 다시 여는 전시회를 통해 그 장엄한 기록의 의미를 되새겨 볼 수 있습니다.

■ 기간: ○○○○.○○.○○. ~ ○○.○○.
■ 장소: □□ 박물관 전시실

① 제너럴셔먼호 사건의 배경이 되었다.
② 강화도 조약이 체결되는 계기가 되었다.
③ 오페르트가 남연군 묘 도굴을 시도하였다.
④ 양헌수 부대가 정족산성에서 활약하였다.

02 병인양요

자료에서 정답 키워드 찾기 — 정답: ④

- 프랑스군: 병인양요(1866) 때 강화도에 침입한 군대
- 외규장각 의궤: 병인양요 때 프랑스군이 약탈한 문화유산
④ 병인양요 당시 문수산성의 한성근 부대와 정족산성의 양헌수 부대가 활약하여 프랑스를 물리쳤어요.

오답선지 다시보기
① 제너럴셔먼호 사건을 구실로 미국은 신미양요를 일으켰어요.
② 운요호 사건을 계기로 강화도 조약이 체결되었어요.
③ 오페르트가 흥선 대원군의 아버지인 남연군의 묘 도굴을 시도한 사건 이후 통상 수교 거부 정책이 강화되었어요.

16강 흥선 대원군의 집권과 강화도 조약

03 다음 대화 이후에 있었던 사실로 옳은 것은?

① 병인박해가 일어났다.
② 장용영이 창설되었다.
③ 척화비가 건립되었다.
④ 화통도감이 설치되었다.

04 밑줄 그은 '변고'가 일어난 시기를 연표에서 옳게 고른 것은?

> **답서**
> 영종 첨사 명의로 답서를 보냈다.
>
> 귀국과 우리나라 사이에는 원래 소통이 없었고, 은혜를 입거나 원수를 진 일도 없었다. 그런데 이번 덕산 묘지(남연군 묘)에서 일으킨 변고는 사람으로서 차마 할 수 있는 일이겠는가? …… 이런 지경에 이르렀으니 우리나라 신하와 백성은 있는 힘을 다하여 한마음으로 귀국과는 같은 하늘을 이고 살 수 없다는 것을 맹세한다.

1863	1876	1884	1894	1905
(가)	(나)	(다)	(라)	
고종 즉위	강화도 조약	갑신 정변	갑오 개혁	을사 늑약

① (가)   ② (나)
③ (다)   ④ (라)

---

03 신미양요

자료에서 정답 키워드 찾기   정답: ③

- 미군: 신미양요(1871) 당시 강화도에 침입한 군대
- 어재연 장군: 신미양요 때 활약한 장수
- 광성보: 어재연 장군이 활약한 장소
③ 신미양요 이후 흥선 대원군은 통상 수교 거부 정책을 강화하는 의지를 담아 척화비를 세웠어요.

오답선지 다시보기
① 병인박해가 계기가 되어 병인양요(1866)가 일어났어요.
② 정조 때 국왕의 친위 부대인 장용영이 창설되었어요.
④ 고려 말 최무선의 건의로 화통도감이 설치되었어요.

04 오페르트 도굴 사건

자료에서 정답 키워드 찾기   정답: ①

- 남연군 묘: 오페르트가 도굴을 시도한 곳
① 오페르트 도굴 사건은 강화도 조약 체결 이전인 1868년에 일어났어요.

오답선지 다시보기
② 강화도 조약과 갑신정변 사이에 발생한 사건으로는 조·미 수호 통상 조약의 체결과 임오군란 등이 있어요.
③ 갑신정변과 갑오개혁 사이에 발생한 사건으로는 거문도 사건, 동학 농민 운동 등이 있어요.
④ 갑오개혁과 을사늑약 사이에 발생한 사건으로는 을미사변, 을미개혁, 아관 파천 등이 있어요.

05 밑줄 그은 '조약'으로 옳은 것은?

① 기유약조 ② 한성 조약
③ 정미 7조약 ④ 강화도 조약

06 다음 책이 국내에 유포된 영향으로 적절한 것은?

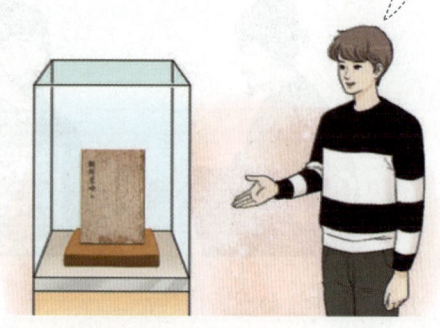

① 병인박해가 일어났다.
② 제너럴셔먼호 사건이 발생하였다.
③ 이만손 등이 영남 만인소를 올렸다.
④ 어재연 부대가 광성보에서 항전하였다.

---

05 강화도 조약

자료에서 정답 키워드 찾기 정답: ④

- 원산, 인천: 강화도 조약 때 개항한 항구
- 병자년에 일본과 체결한 조약: 강화도 조약(1876)
- ④ 일본과 체결한 강화도 조약의 결과 원산, 인천, 부산 세 곳이 개항하였어요.

오답선지 다시보기

① 임진왜란 이후인 광해군 때 조선은 일본과 기유약조를 맺었어요.
② 갑신정변 이후 일본이 조선에 배상금 지불 등을 요청하며 조선과 한성 조약을 체결하였어요.
③ 국권 침탈 과정에서 일제의 강요로 조선과 일본은 정미 7조약을 맺었어요. 조약의 결과 대한 제국의 군대가 강제 해산되었어요.

06 『조선책략』

자료에서 정답 키워드 찾기 정답: ③

- 청의 외교관 황준헌이 쓴 것: 『조선책략』
- 김홍집이 들여온 것: 『조선책략』
- 중국을 가까이하고, 일본과 관계를 공고히 하며, 미국과 연계: 『조선책략』의 주요 내용
- ③ 『조선책략』이 유포되자 이만손 등의 영남 지역 유생들은 『조선책략』의 내용에 반대하는 「영남 만인소」를 올렸어요.

오답선지 다시보기

① 병인박해의 결과 병인양요가 발생하였어요.
② 제너럴셔먼호 사건의 결과 신미양요가 발생하였어요.
④ 어재연 부대는 신미양요 때 광성보에서 미국에 맞서 싸웠어요.

16강 흥선 대원군의 집권과 강화도 조약

07 밑줄 그은 '사절단'으로 옳은 것은?

① 보빙사 ② 수신사
③ 영선사 ④ 조사 시찰단

08 (가)~(다) 학생이 발표한 내용을 일어난 순서대로 옳게 나열한 것은?

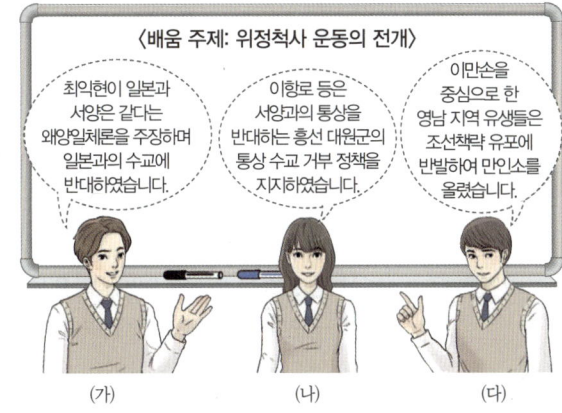

① (가) – (나) – (다)
② (가) – (다) – (나)
③ (나) – (가) – (다)
④ (다) – (가) – (나)

17강 임오군란과 갑신정변

설쌤의 한판정리

임제청! 갑한텐!
(임오군란-제물포 조약·조청 상민 수륙 무역 장정,
갑신정변-한성 조약·텐진 조약)

✏️ 임오군란(1882)

배경
- 별기군 창설 이후 구식 군인에 대한 차별 대우
- 개화 정책에 대한 반발

전개
1. 구식 군인의 봉기, 흥선 대원군에 도움 요청
2. 구식 군인들의 일본 공사관 습격
   명성황후를 죽이기 위해 창덕궁 습격
3. 흥선 대원군 재집권, 통리기무아문·별기군 폐지
4. 청, 조선에 군대를 보내 난을 진압

결과
- 흥선 대원군, 중국 텐진으로 납치
- 청의 간섭 심화
  (마젠창, 묄레도르프 파견)
- 조약 체결
  - 조선 - 일본: **제물포 조약**
    (배상금 지불, 경비군 배치 허용)
  - 조선 - 청: **조·청 상민 수륙 무역 장정**
    (청 상인의 조선 내 활동 허용)

✏️ 갑신정변(1884)

배경: 급진 개화파 세력의 약화

전개
1. 우정총국 개국 축하 잔치를 틈타 정변 시작
2. 기존 정권 장악하던 관리 제거 후 권력 장악
3. 개화당 정부 수립, 14개조 혁신 정강 발표
   > 1. 청에 대한 조공 폐지
   > 2. 문벌 폐지
   > 3. 토지 세금 개혁
   > 13. 의정부에 모여 법령 등 결정
4. 청군의 개입, 일본의 배신으로 3일 만에 정변 진압

결과
- 청 간섭 심화
- 조약 체결
  - 조선 - 일본: **한성 조약**
    (배상금 지불)
  - 청 - 일본: **텐진 조약**
    (군대 파견 시 상호 고지)

✏️ 갑신정변 이후의 사건

거문도 사건 (1885~1887)	러시아의 세력 확장을 막고자 영국이 거문도를 불법 점령함
한반도 중립화론	• 갑신정변 때 독일인 부들러의 제안 • 거문도 사건 이후 유길준의 제안

1 임오군란(1882)

(1) 배경: 신식 군대인 별기군이 창설된 이후, 구식 군인들은 별기군에 비하여 차별 대우를 받았어요. 구식 군인들의 봉급은 13개월이나 밀렸고, 겨우 받은 쌀에도 모래 등이 절반 이상 섞여 있자 구식 군인들의 불만이 터지게 되었어요.

(2) 전개

① 구식 군인들은 봉급으로 받은 쌀에 분노하며 난을 일으켰어요(임오군란).
② 구식 군인들은 정치에서 물러난 흥선 대원군을 찾아가 도움을 요청하는 한편 별기군의 일본인 교관을 죽이고 **일본 공사관을 습격**하였어요. 또 당시 개화 정책을 이끌던 명성 황후를 죽이기 위해 창덕궁도 습격하였어요.
③ 고종은 사태를 수습하기 위해 흥선 대원군에게 정권을 넘겼고, **흥선 대원군은 개화 정책을 이끌던 통리기무아문과 별기군을 폐지**하였어요.
④ 이때 명성 황후가 청에 도움을 요청하였어요. 이에 **청은 조선에 군대를 보내 임오군란을 진압**하고 난의 책임을 물어 흥선 대원군을 중국 톈진으로 납치하였어요.

+ 공사관
대사관과 같은 곳이에요.

+ 명성 황후
고종의 왕비로 외국과의 통상 수교와 개화 정책에 앞장선 인물이에요.

(3) 결과

조선과 일본	**제물포 조약 체결**(1882): 조선이 일본에게 배상금을 지불하고, 일본 공사관에 경비를 위한 군대를 배치할 수 있도록 허용하는 내용을 담음
조선과 청	• **청의 내정 간섭 심화**: 조선에 청의 군대를 배치하고, 마젠창과 묄렌도르프 등의 인물을 조선에 파견하여 조선의 재정과 외교에 간섭함 • **조·청 상민 수륙 무역 장정 체결**(1882): 조선에 대한 청의 영향력을 다시 확인하고, 청 상인들이 조선 내에서 활동할 수 있도록 허용하는 내용을 담음

2 갑신정변(1884)

(1) 배경

① 임오군란 이후 개화를 이끌던 사람들이 청에 대한 관계와 개화 방법을 두고 **급진 개화파**와 **온건 개화파**로 의견이 나뉘었어요.
② 청의 간섭에서 벗어나고자 했던 급진 개화파는 부족한 국가 재정 문제 등을 해결하기 위해 일본으로부터 돈을 빌려오고자 하였으나 실패하였어요.
③ 이로 인하여 세력이 약해진 급진 개화파는 **정변을 일으키고자 하였어요**.

(2) 전개

① 급진 개화파는 **우정총국 개국 축하 잔치**를 틈타 정변을 일으켰어요. 그리고 기존에 정권을 장악하고 있던 관리들을 제거하고 권력을 장악하였어요.
② 급진 개화파는 개화당 정부를 세우고, **14개조의 혁신 정강**을 발표하였어요.

+ 정변
비합법적인 방법으로 생긴 정치적인 큰 변화를 의미해요.

+ 우정총국
우편 업무를 담당하던 관청이에요. 미국에 파견된 보빙사의 제안으로 세워졌어요. 그러나 갑신정변으로 인해 우정총국의 우편 업무는 중단되었어요.

+ 정강
정부나 정치 집단이 이루고자 하는 정책의 큰 틀을 의미해요.

갑신정변을 주도한 급진 개화파

+ 조공
예를 갖추어 돈이나 물건을 바치는 것으로, 조선은 중국에 조공을 바쳤어요.

+ 문벌
대대로 내려오는 집안의 사회적 신분이나 지위를 의미해요.

> **혁신 정강 14개조**
> 1. 청에 잡혀간 흥선 대원군을 돌아오도록 하며, 청에 대한 조공을 폐지한다.
> 2. 문벌을 폐지하여 평등의 권리를 세우고, 능력에 따라 관리를 임명한다.
> 3. 토지에 매기던 세금을 개혁하여 관리의 부정을 막고 백성을 보호하며 국가 재정을 넉넉하게 한다.
> 13. 주요 관리들은 의정부에 모여 법령 등을 의논하여 결정한다.

③ 그러나 청군이 개입하였고, 군대 지원을 약속했던 일본은 급진 개화파와의 약속을 어기고 군대를 철수하며 **갑신정변은 3일 만에 끝나게 되었어요**. 갑신정변을 주도한 김옥균과 박영효 등의 주요 인물은 일본으로 망명하였어요.

(3) **의의 및 한계**: 갑신정변은 **근대적 국가를 수립하려 했던 최초의 움직임**이었어요. 그러나 일본의 지원을 받았다는 점, 토지 제도에 대한 개혁이 이루어지지 않은 점 등으로 민중의 지지는 얻지 못하였어요.

(4) **결과**

조선과 일본	**한성 조약(1884) 체결**: 일본에 배상금을 지불하고 공사관을 새롭게 짓는 비용을 요구하는 내용을 담음
조선과 청	청의 간섭이 심화됨
일본과 청	**톈진 조약(1885) 체결**: 청과 일본 모두 조선에 파견한 각국의 군대를 동시에 철수하고, 앞으로 **조선에 군대를 파견할 경우 상대국에게 미리 알리도록** 하는 내용을 담음

+ 거문도
전라남도 여수시에 있는 섬이에요. 영국은 거문도를 점령한 뒤 '해밀턴항'이라고 이름을 붙였어요.

3 갑신정변 이후의 사건

(1) **거문도 사건(1885~1887)**: 러시아가 남쪽으로 영토와 세력을 확장하자 영국은 이를 견제하기 위해 조선의 **거문도를 불법으로 점령**하였어요. 청의 중재로 러시아로부터 조선을 침략하지 않는다는 약속을 받은 뒤에야 영국은 거문도에서 철수하였어요.

+ 유길준
보빙사로 미국에 파견되었던 인물이에요. 대표 저서로 『서유견문』, 『노동야학독본』이 있어요.

(2) **한반도 중립화론**: 갑신정변 때 독일인인 **부들러**가 처음 건의하였어요. 거문도 사건이 일어나자 **유길준** 역시 조선을 중립국으로 하자는 의견을 제기하였어요.

> **유길준의 한반도 중립화론**
> 우리나라의 상황은 벨기에와 불가리아의 사례와 비슷하다. 불가리아가 중립 조약을 체결한 것은 유럽 여러 대국들이 러시아를 막기 위한 것이었고, 벨기에가 중립 조약을 체결한 것은 유럽의 여러 대국이 서로 자국을 보전하기 위함이었다. 따라서 우리나라가 아시아의 중립국이 된다면 실로 러시아를 방어하고 아시아 여러 대국이 서로를 지키는 방법이 될 수 있다.
> — 『유길준전서』 —

쌤! 질문 있어요!

Q 중립국이란 무엇인가요?
정치적으로 어느 한 쪽에 속하지 않은 나라를 의미해요. 중립국이 되면 나라와 나라 사이의 분쟁 등에 관여하지 않아요. 오늘날에는 스위스와 같은 국가가 대표적인 중립국이지요.

진실게임 OX 문제
"다음 글의 내용이 맞으면 O, 틀리면 X에 표시하기!"

1. 신식 군대인 별기군이 창설된 이후 구식 군인들은 차별 대우를 받았다. (O, X)
2. 임오군란으로 다시 정권을 잡은 흥선 대원군은 개화 정책을 펼쳤다. (O, X)
3. 임오군란의 결과 조선과 일본 사이에 제물포 조약이 체결되었다. (O, X)
4. 온건 개화파는 세력이 약해지자 정변을 일으켰다. (O, X)
5. 갑신정변을 일으킨 사람들은 의정부에서 국가의 정책과 법령 등을 논의할 것을 주장하였다. (O, X)
6. 갑신정변을 일으킨 사람들은 14개조로 이루어진 혁신 정강을 발표하였다. (O, X)
7. 갑신정변의 결과 조선과 일본 사이에 텐진 조약이 체결되었다. (O, X)
8. 갑신정변은 근대적 국가를 수립하려 했던 최초의 움직임이었다. (O, X)
9. 러시아의 세력 확장을 견제하기 위해 청은 거문도를 점령하였다. (O, X)
10. 유길준은 조선을 중립국으로 하자는 한반도 중립화론을 주장하였다. (O, X)

X 확인
1 O 2 X 3 O 4 X 5 O 6 O 7 X 8 O 9 X 10 O

2 임오군란으로 다시 정권을 잡은 흥선 대원군은 개화 정책을 **폐지하였어요**.
4 **급진 개화파**는 일본의 군사적 지원을 약속받고 정변을 일으켰어요.
7 갑신정변의 결과 조선과 일본 사이에 **한성 조약**이 체결되었어요.
9 러시아의 세력 확장을 견제하기 위해 **영국**은 거문도를 점령하였어요.

이론완성 빈칸채우기
"오늘 배운 내용을 떠올리며 다음 글의 빈칸을 채워보자!"

1. 구식 군인들은 신식 군대인 ☐☐☐와/과의 차별 대우에 반발하였다.
2. ☐☐☐☐을/를 일으킨 군인들은 창덕궁을 습격하였다.
3. 명성 황후는 임오군란을 진압하기 위하여 ☐에 도움을 요청하였다.
4. 임오군란 이후 청은 조선의 정치에 간섭하기 위해 ☐☐☐와/과 묄렌도르프 등을 파견하였다.
5. 김옥균을 중심으로 한 ☐☐☐☐☐은/는 청의 간섭에서 벗어나고자 하였다.
6. 갑신정변은 ☐☐☐☐ 개국 축하 잔치를 틈타 일어났다.
7. 혁신 정강 14개조에는 청에 대한 ☐☐ 폐지 내용이 담겨 있다.
8. 갑신정변은 ☐☐☐ 국가를 수립하려했던 최초의 움직임이었다.
9. 갑신정변 이후 청과 일본은 조선에 군대를 파견할 때 서로 알리도록 하는 내용을 담은 ☐☐☐☐을/를 체결하였다.
10. 러시아의 세력 확장을 견제하기 위해 영국은 조선의 ☐☐☐을/를 점령하였다.

1 별기군 2 임오군란 3 청 4 마젠창 5 급진 개화파 6 우정총국 7 조공 8 근대적 9 텐진 조약 10 거문도

완벽 마무리 기출문제풀이

"쌤이 기출문제 중 가장 도움이 될 만한 것으로 특별히 골라왔어! 같이 풀어보자!"

01 밑줄 그은 '변란'으로 옳은 것은?

① 갑신정변 ② 신미양요
③ 임오군란 ④ 임술 농민 봉기

02 (가) 사건에 대한 설명으로 옳은 것은?

이 책은 개화 정책에 반발하여 구식 군인들이 일으킨 (가) 당시 일본 공사가 쓴 보고서를 정리한 것입니다. 책에는 (가) (으)로 인한 일본 측의 피해 등이 기록되어 있습니다.

① 청군의 개입으로 진압되었다.
② 조선책략이 유입되는 결과를 가져왔다.
③ 우금치에서 일본군과의 전투가 벌어졌다.
④ 우정총국 개국 축하연에서 정변이 일어났다.

01 임오군란

자료에서 정답 키워드 찾기 정답: ③

- 구식 군인들이 변란: 임오군란(1882)
- 통리기무아문과 별기군 폐지: 임오군란으로 다시 정권을 잡은 흥선 대원군이 실시한 정책
③ 구식 군인들이 임오군란을 일으키자 흥선 대원군은 통리기무아문과 별기군을 폐지하였어요.

오답선지 다시보기

① 갑신정변은 급진 개화파들이 우정총국 개국 축하 잔치에서 일으킨 정변이에요.
② 신미양요는 제너럴셔먼호 사건을 계기로 미군이 강화도를 침략한 사건이에요.
④ 임술 농민 봉기는 조선 철종 때 탐관오리 백낙신의 횡포에 반발한 백성들이 진주에서 일으킨 민란이에요.

02 임오군란

자료에서 정답 키워드 찾기 정답: ①

- 구식 군인: 임오군란을 일으킨 세력
① 임오군란이 발생하자 명성 황후가 청에 도움을 요청하였고, 청군의 개입으로 난이 진압되었어요.

오답선지 다시보기

② 제2차 수신사로 일본에 파견된 김홍집은 『조선책략』을 국내에 들여왔고, 그 결과 조·미 수호 통상 조약이 체결되었어요.
③ 제2차 동학 농민 운동 때 동학 농민군이 우금치에서 일본군에게 패배하였어요.
④ 급진 개화파들은 우정총국 개국 축하 잔치에서 갑신정변을 일으켰어요.

17강 임오군란과 갑신정변

03 (가)에 들어갈 사건으로 옳은 것은?

역사 뮤지컬
3일 천하

우정총국 개국 축하연을 기회로 삼아 (가) 을/를 일으킨 조선 청년들의 새로운 도전이 춤과 노래로 펼쳐집니다.

- 일시: 2022년 ○○월 ○○일 19시
- 장소: △△아트센터 대극장

① 갑오개혁 ② 갑신정변
③ 브나로드 운동 ④ 민립 대학 설립 운동

04 다음 문서가 작성된 시기를 연표에서 옳게 고른 것은?

영국 공관에 보냄

근래 국내에 전해지는 소문을 통해 귀국이 거문도에 뜻을 두고 있다는 것을 알았습니다. 이 섬은 우리나라의 땅으로, 다른 나라는 점유할 수 없는 곳입니다. 귀국처럼 공법에 밝은 나라가 이처럼 뜻밖의 일을 저지를 줄이야 어떻게 알 수 있었겠습니까?

1863	1876	1882	1894	1905
(가)	(나)	(다)	(라)	
고종 즉위	강화도 조약	임오군란	갑오개혁	을사늑약

① (가) ② (나)
③ (다) ④ (라)

---

03 갑신정변

자료에서 정답 키워드 찾기 — 정답: ②

- 3일 천하: 청군의 개입으로 3일 만에 끝난 갑신정변을 이르는 말
- 우정총국 개국 축하연: 급진 개화파가 갑신정변을 일으킨 때
② 갑신정변은 우정총국 개국 축하연을 틈타 일어났으며, 청군의 개입으로 3일 만에 끝나게 되었어요.

오답선지 다시보기
① 갑오개혁은 동학 농민 운동이 벌어지던 1894년에 김홍집을 중심으로 이루어진 개혁이에요.
③ 브나로드 운동은 일제 강점기 시기인 1930년대 일어난 농촌 계몽 운동이에요.
④ 민립 대학 설립 운동은 일제 강점기 시기인 1920년대 일어난 대학 설립 운동이에요.

04 거문도 사건

자료에서 정답 키워드 찾기 — 정답: ③

- 영국: 거문도 사건을 일으킨 나라
- 거문도: 러시아의 세력 확장을 견제하기 위해 영국이 불법 점령한 섬
③ 거문도 사건은 임오군란과 갑오개혁 사이 시기인 1885년에 일어났어요. 영국군은 1887년에 거문도에서 철수하였어요.

오답선지 다시보기
① 고종 즉위와 강화도 조약 체결 사이에 발생한 사건으로는 병인양요, 오페르트 도굴 사건, 신미양요 등이 있어요.
② 강화도 조약과 임오군란 사이에 발생한 사건으로는 조·미 수호 통상 조약의 체결 등이 있어요.
④ 갑오개혁과 을사늑약 사이에 발생한 사건으로는 을미사변, 을미개혁, 아관 파천 등이 있어요.

18강 동학 농민 운동과 갑오·을미개혁

설쌤의 한판정리

1차군국, 2차홍범, 을미단발
(**1차 갑오개혁**-군국기무처, **2차 갑오개혁**-홍범 14조, **을미개혁**-단발령)

📝 동학 농민 운동

1860년

배경

동학 창시	삼례 시위, 보은 집회	고부 민란
최제우가 평등 사상 내세우며 창시	최제우의 누명을 벗겨 달라고 요구	조병갑의 횡포에 반발하며 고부 관아 습격

최제우 처형		이용태 파견
혹세무민의 죄로 처형		· 안핵사 이용태의 탄압 · 탄압에 반발하며 **제1차 동학 농민 운동 발발**

1894년

전개

제1차 동학 농민 운동 → 전주 화약 → 제2차 동학 농민 운동

제1차 동학 농민 운동
① 무장·백산 봉기 (보국안민, 제폭구민 발표)
② 황토현·황룡촌 전투 승리
③ 전주성 점령
④ 조선 정부, 청에 도움 요청
⑤ 청군, 일본군 조선 상륙 (톈진 조약 의거)

전주 화약
⑥ 전주 화약 체결
 - 정부: 교정청 설치
 - 농민군: 집강소 설치, 폐정 개혁 추진

> 2. 탐관오리는 엄하게 벌한다.
> 5. 노비 문서를 소각한다.
> 12. 토지는 균등히 나눈다.

⑦ 외국 군대 철수 요구
⑧ 일본의 경복궁 점령, 청·일 전쟁 발발

제2차 동학 농민 운동
⑨ 연합 부대 조직 (손병희+전봉준)
⑩ 공주 우금치 전투 패배, 전봉준 체포

📝 갑오개혁

	제1차 갑오개혁(1894)	제2차 갑오개혁(1894)
배경	일본이 경복궁 점령 후 개혁 강요	청·일 전쟁 과정에서 일본의 간섭 심화
중심 인물	김홍집	김홍집·박영효
내용	· 군국기무처 설치 · 중국 연호 폐지 · 과거제 폐지 · 신분제, 악습 폐지	· 군국기무처 폐지 · 홍범 14조 발표 · 지방 제도 23부로 바꿈 · 교육입국 조서 발표

📝 을미개혁

	을미개혁(1895)
배경	일본이 명성 황후를 살해하는 사건인 **을미사변** 발생
중심 인물	김홍집
내용	· '건양' 연호 사용 · 단발령 실시 · 태양력 채택 · 소학교 설립
결과	· **을미의병**(을미사변과 단발령에 반발) · **아관 파천**(위협 느낀 고종의 러시아 공사관 피신)

1 동학 농민 운동

(1) 동학의 창시와 탄압
① 몰락한 양반인 최제우가 경주에서 만든 동학은 인간의 존엄성과 평등을 강조하였어요.
② 조선 정부는 동학이 '세상을 어지럽히고 백성을 속인다(혹세무민).'라며 최제우를 처형하였어요.

(2) 제1차 동학 농민 운동
① 배경
　㉠ 전라도 고부의 군수 조병갑이 백성들을 강제로 동원하고 불필요한 세금을 요구하는 일이 있었어요. 이에 반발하며 전봉준 등이 고부 관아를 습격하는 고부 민란이 일어났어요.  (키가 작아 '녹두 장군'이라고 불렸어요.)
　㉡ 고부 민란을 조사하기 위해 조선 정부에서 이용태를 안핵사로 파견하였는데, 이용태 역시 죄 없는 농민을 체포하고 재산을 약탈하였어요.
　㉢ 이용태의 행태와 조선 정부에 화가 난 전봉준과 농민들은 다시금 난을 일으켰는데, 이것이 제1차 동학 농민 운동(1894)이에요.

② 전개 과정

무장·백산 봉기	동학 농민군은 '보국안민', '제폭구민'을 내걸고 봉기의 시작을 알림
황토현·황룡촌 전투	동학 농민군은 황토현과 황룡촌에서 정부군을 상대로 승리를 거두고 전주성으로 진격함
전주성 점령	농민군이 전주성을 점령하자 조선 정부가 청에 도움을 요청함
청군과 일본군의 조선 상륙	청군이 조선에 들어오자 갑신정변 때 맺은 톈진 조약을 근거로 일본군 역시 조선에 들어옴
전주 화약	농민군은 외국 군대의 개입을 막고자 조선 정부와 정부의 개혁을 약속하는 전주 화약을 체결하고 스스로 해산함

③ 결과: 조선 정부는 개혁을 위해 교정청을 설치하였으며, 농민군은 집강소를 설치하고 폐정 개혁 12개조를 제시하여 개혁을 추진하였어요. (동학 농민군의 개혁 기구예요.)

폐정 개혁 12개조
제1조　동학교도는 정부와의 원한을 씻고 모든 일에 협력한다.
제2조　탐관오리는 그 죄를 조사하여 엄하게 벌한다.
제5조　노비 문서를 소각한다.
제6조　천인 차별을 개선한다.
제10조　일본과 협력하는 사람은 엄하게 벌한다.
제12조　토지는 균등히 나눈다.
　　　　　　　　　　　　　　　　　　　　　　－『동학사』－

쌤! 질문 있어요!

Q 최제우가 죽은 뒤 어떤 일이 일어났나요?

동학 교도들은 억울하게 죽은 최제우의 누명을 벗겨달라고 요구하며 삼례에서 시위(1892)하였으며, 이후에도 서울과 보은 등에서도 계속해서 시위하였어요. 특히 보은 집회(1893)에서는 최제우에 대한 누명을 벗기고, 동학 탄압을 멈출 것을 요구하는 것뿐만 아니라 탐관오리를 처벌하고 외국 세력을 내보낼 것을 요구하기도 하였어요.

✚ **보국안민**
나랏일을 돕고 백성을 편안하게 한다는 뜻이에요.

✚ **제폭구민**
포악한 것을 물리치고 백성을 구원한다는 뜻이에요.

✚ **폐정 개혁**
올바르지 않은 정치를 개혁한다는 뜻이에요.

(3) 제2차 동학 농민 운동

① 배경: 전주 화약으로 동학 농민군이 해산하자 조선 정부는 청과 일본에 군대 철수를 요구하였어요. 하지만 일본은 군대를 철수하지 않고 오히려 경복궁을 강제로 점령하였고, 뒤이어 청·일 전쟁을 일으켰어요.

② 전개

제2차 농민 봉기	일본의 경복궁 점령과 청·일 전쟁에 반대하며 다시 농민 봉기를 일으킴
연합 부대 조직	충청도의 손병희가 이끄는 농민군(북접)과 전라도의 전봉준이 이끄는 농민군(남접)이 논산에서 연합 부대를 조직함
공주 우금치 전투	농민군은 일본군과 조선 정부군에 맞서 싸웠으나 공주 우금치에서 패배함
전봉준 체포	전봉준 등 주요 지도자가 모두 체포되며 동학 농민 운동이 실패로 끝나게 됨

③ 의의 및 한계: 동학 농민 운동은 기존의 정치 제도에 반대하면서(반봉건) 외국 세력의 침략에도 맞서는 운동이었어요(반외세). 하지만 농민군은 근대적인 국가를 세우기 위한 구체적인 방안을 제시하지 못하였고, 농민층을 제외한 다른 계층의 지지도 부족하였다는 한계가 있어요.

+ 손병희
동학의 3대 교주로 동학 농민 운동 당시 동학 농민군을 이끌었어요. 손병희는 이후 동학을 천도교로 바꾸고 천도교 세력 확장을 위해 노력하였어요.

2 갑오개혁

(1) 제1차 갑오개혁(1894)

① 배경: 동학 농민 운동 당시 경복궁을 점령한 일본은 조선 정부에 개혁을 강요하였고, 조선 정부는 김홍집을 중심으로 개혁을 진행하였어요.

② 내용

개혁 기구	군국기무처: 개혁을 이끄는 기구로서 초정부적인 권한을 가졌음
정치 개혁	• 중국의 연호를 폐지하고 '개국'이라는 조선의 새로운 연호를 사용함 • 왕실의 사무와 정부의 사무를 분리하여 왕권을 축소시킴 • 조선의 행정을 담당하던 6개의 중앙 행정 기관(6조)을 8개로 개편(8아문)함 • 과거제를 폐지함
경제 개혁	• 탁지아문을 설치하고 정부 예산 관리와 금 징수, 화폐 발행 등 여러 관청에 나뉘어 있던 재무 관련 업무를 모두 탁지아문에서 담당함 • 은을 기준으로 하는 화폐 제도(은 본위제)를 시행함
사회 개혁	• 노비제 등 신분제를 폐지함 • 일찍 결혼시키는 조혼 풍습, 과부의 재혼을 금지하는 등의 악습을 폐지함

+ 군국기무처
의정부 아래에 설치되었으며, 개혁을 추진하던 기구예요. 김홍집을 중심으로 20여 명의 사람들로 구성되었어요.

+ 악습
나쁜 습관을 뜻해요.

(2) 제2차 갑오개혁(1894)

① 배경: 청·일 전쟁에서 일본의 승리 가능성이 높아지면서 일본의 간섭은 더욱 심해졌어요. 일본은 군국기무처를 폐지하고 김홍집과 박영효를 중심으로 추가 개혁을 진행하였어요.

② 내용

홍범 14조 발표	고종이 개혁의 기본 방향을 밝힌 14개의 조항을 발표함
정치 개혁	• 8개의 도로 이루어진 지방 제도를 23부로 바꿈 • 재판소를 설치함
경제·군사 개혁	• 경제: 조선 왕실에 물품을 납부하던 육의전을 폐지시킴 • 군사: 훈련대와 시위대를 새롭게 조직함
교육	• 교육입국 조서를 발표함(1895) • 한성 사범 학교, 한성 외국어 학교 등을 설립함

3 을미개혁

(1) 배경

① 청·일 전쟁은 결국 일본의 승리로 끝나게 되었고, 그 대가로 일본은 청으로부터 랴오둥반도(요동반도)를 받았어요. 이 때문에 일본은 러시아, 독일, 프랑스의 견제를 받게 되었어요(삼국 간섭).

② 삼국 간섭 이후 고종은 일본을 견제하기 위해 러시아와 친밀한 관계를 유지하려 하였어요.

③ 일본은 조선과 러시아의 관계에 위협을 느끼고, 명성 황후를 살해하는 을미사변(1895)을 일으켰어요.

④ 을미사변 이후 일본은 다시 김홍집을 중심으로 급진적인 개혁을 실시하였어요.

(2) 내용

정치 개혁	'건양'이라는 새 연호 사용
사회 개혁	• 단발령 실시 • 태양력 채택 • 우편 사무 개시 (갑신정변으로 중단된 것을 다시 시작하였어요.)
교육 개혁	소학교 설립

(3) 결과: 을미사변과 단발령에 반발하며 전국에서 의병이 일어났어요(을미의병). 그리고 을미사변으로 위협을 느낀 고종이 러시아 공사관으로 피신(아관 파천)하며 을미개혁은 중단되었어요.

(4) 갑오·을미개혁의 평가

① 갑신정변과 동학 농민 운동에서 제시되었던 요구가 일부 받아들여졌어요.

② 일본의 침략 의도가 반영되었으며, 민중의 지지를 얻지 못하였다는 한계가 있어요.

✚ **홍범 14조**

'홍범'이란 모범이 되는 큰 규범이라는 뜻이에요. 홍범 14조에는 다음과 같은 내용이 담겨 있어요.
1. 청국에 의존하는 생각을 끊어 버리고 자주독립하는 기초를 세운다.
3. 임금은 각 대신과 의논하여 정치를 하되, 친척과 외척의 간섭을 용납하지 않는다.
6. 납세는 법으로 정하고 함부로 세금을 거두지 않는다.
11. 총명한 젊은이들을 파견하여 외국의 학문과 기술 등을 배워 익히게 한다.
14. 문벌을 가리지 않고 인재 등용의 길을 넓힌다.

쌤! 질문 있어요!

Q 교육입국 조서란 무엇인가요?

나라가 부강해지기 위해서는 교육이 중요하다는 것을 강조하는 내용을 담은 문서예요. 이는 조선 정부가 학교를 설립하고, 교사를 양성하는 데에도 영향을 주었어요.

✚ **태양력**

지구가 태양의 주변을 도는 주기를 계산하여 날짜를 세는 방법으로, 우리가 사용하는 달력도 태양력을 기준으로 하고 있어요.

쌤! 질문 있어요!

Q 당시 사람들은 왜 단발령에 반발하였나요?

단발령은 상투를 자르고 서양식으로 머리카락을 짧게 자르도록 한 명령이었어요. 조선 시대에는 부모님께서 물려주신 신체를 중요하게 여기도록 가르쳤어요. 당시 사람들은 머리카락도 신체의 일부라고 생각하였기 때문에 단발령은 부모에 대한 도리를 저버리는 것이라고 받아들여 크게 반발하였어요.

진실게임 OX 문제

"다음 글의 내용이 맞으면 O, 틀리면 X에 표시하기!"

1. 동학은 몰락 양반인 최제우가 만든 종교로 평등을 강조하였다. (O , X)
2. 조병갑의 횡포에 반발하며 이용태 등을 중심으로 고부 민란이 일어났다. (O , X)
3. 제1차 동학 농민 운동이 당시 동학 농민군은 광주성으로 진격하였다. (O , X)
4. 외국 군대가 개입하자 동학 농민군은 조선 정부와 조약을 맺고 스스로 해산하였다. (O , X)
5. 동학 농민군은 폐정 개혁에서 신분제 폐지를 제안하였다. (O , X)
6. 제1차 갑오개혁 때 중추원을 세워 개혁을 진행하였다. (O , X)
7. 을미개혁으로 신분제가 폐지되었다. (O , X)
8. 제2차 갑오개혁으로 전국이 23부로 개편되었다. (O , X)
9. 일본은 조선과 미국의 관계에 위협을 느끼고 명성 황후를 살해하는 을미사변을 일으켰다. (O , X)
10. 을미사변과 단발령으로 인하여 전국에서 의병이 일어났다. (O , X)

X 확인
1 O 2 X 3 X 4 O 5 O 6 X 7 X 8 O 9 X 10 O

2 조병갑의 횡포에 반발하며 **전봉준** 등을 중심으로 고부 민란이 일어났어요.
3 제1차 동학 농민 운동이 당시 농민군은 **전주성**으로 진격하였어요.
6 제1차 갑오개혁 때 **군국기무처**를 세워 개혁을 진행하였어요.
7 **제1차 갑오개혁**으로 신분제가 폐지되었어요.
9 일본은 조선과 **러시아**의 관계에 위협을 느끼고 명성 황후를 살해하는 을미사변을 일으켰어요.

이론완성 빈칸채우기

"오늘 배운 내용을 떠올리며 다음 글의 빈칸을 채워보자!"

1. 고부 군수 □□□의 횡포에 반발하며 농민들을 중심으로 고부 민란이 일어났다.
2. 제1차 동학 농민 운동 당시 동학 농민군은 □□□과/와 □□□ 전투에서 정부군을 상대로 승리를 거두었다.
3. 동학 농민군은 외국 군대가 개입하자 조선 정부와 □□□□을/를 맺고 스스로 해산하였다.
4. 제1차 동학 농민 운동을 진압하기 위해 들어온 일본군은 □□□을/를 불법으로 점령하였다.
5. 제2차 동학 농민 운동 당시 동학 농민군은 □□□ 전투에서 패배하였다.
6. 제1차 갑오개혁 때 중국의 □□ 사용을 폐지하였다.
7. 제2차 갑오개혁 당시 고종은 개혁의 기본 방향을 밝힌 □□□□을/를 발표하였다.
8. 일본이 청으로부터 랴오둥반도(요동반도)를 받자 여러 나라의 견제가 심해지는 □□□□을/를 받게 되었다.
9. 을미사변과 단발령에 반발하며 □□□□이/가 일어났다.
10. 을미사변으로 위협을 느낀 고종이 러시아 공사관으로 피신하는 □□□□이/가 발생하였다.

1 조병갑 2 황토현, 황룡촌 3 전주 화약 4 경복궁 5 우금치 6 연호 7 홍범 14조 8 삼국 간섭 9 을미의병 10 아관 파천

완벽 마무리 기출문제풀이

"쌤이 기출문제 중 가장 도움이 될 만한 것으로 특별히 골라왔어! 같이 풀어보자!"

01 (가) 운동 중에 있었던 사실로 옳은 것은?

지금 촬영하고 있는 곳은 장성 황룡 전적입니다. 당시 전봉준이 이끄는 농민군이 중앙에서 파견된 관군을 격파한 곳이지요. 농민군이 들고 있었던 죽창 모양의 황룡촌 전투 기념탑도 보입니다. (가)

① 독립 협회가 창립되었다.
② 전주 화약이 체결되었다.
③ 백두산정계비가 건립되었다.
④ 박규수가 안핵사로 파견되었다.

02 (가) 시기에 있었던 사실로 옳은 것은?

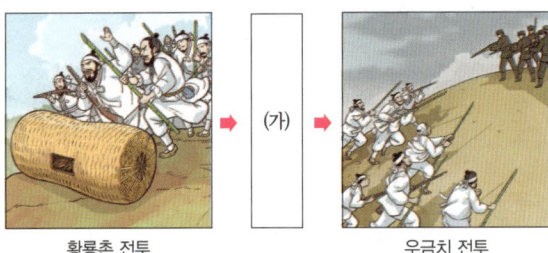

황룡촌 전투 → (가) → 우금치 전투

① 최제우가 처형되었다.
② 홍경래의 난이 일어났다.
③ 전주 화약이 체결되었다.
④ 농민들이 고부 관아를 습격하였다.

---

01 동학 농민 운동

자료에서 정답 키워드 찾기   정답: ②

☞ 전봉준: 동학 농민 운동 당시 활약한 인물
☞ 황룡촌 전투: 동학 농민군이 정부군을 상대로 승리를 거둔 전투
② 동학 농민 운동 당시 외국 군대가 개입하자 동학 농민군은 이를 막고자 조선 정부와 전주 화약을 체결하고 스스로 해산하였어요.

오답선지 다시보기

① 아관 파천으로 외국의 간섭이 심해지자 자주독립에 대한 의지를 보여주기 위해 1896년에 독립 협회를 창립했어요.
③ 조선 숙종 시기에 조선과 청의 경계를 정하기 위해 백두산정계비를 세웠어요.
④ 임술 농민 봉기가 발생하자 조선 정부는 박규수를 안핵사로 파견하여 사건을 조사하게 하였어요.

02 전주 화약

자료에서 정답 키워드 찾기   정답: ③

☞ 황룡촌 전투: 제1차 동학 농민 봉기
☞ 우금치 전투: 제2차 동학 농민 봉기
③ 황룡촌 전투에서 승리한 동학 농민군은 전주성을 점령하였으나, 외국 군대가 개입하자 조선 정부와 전주 화약을 체결하고 스스로 해산하였어요. 그러나 일본은 군대를 철수하지 않고 경복궁을 강제로 점령하였어요. 동학 농민군은 이에 반발하며 제2차 봉기를 일으켰으나 우금치 전투에서 일본군에 의해 패배하였어요.

오답선지 다시보기

① 동학의 창시자인 최제우가 처형당하자 동학 교도들은 삼례와 보은에서 시위를 일으켰어요. 이는 동학 농민 운동 이전에 일어난 사건이에요.
② 조선 순조 때 홍경래의 난이 일어났어요.
④ 고부 군수 조병갑의 횡포로 농민들이 고부 관아를 습격하는 고부 민란이 일어났어요. 이후 정부에서 파견된 이용태 역시 농민들을 억압하자 이를 계기로 동학 농민 운동이 일어났어요.

18 동학 농민 운동과 갑오·을미개혁

03 다음 사건에 대한 설명으로 옳은 것은?

① 외규장각 도서가 약탈되었다.
② 집강소를 설치하여 폐정 개혁을 추진하였다.
③ 홍의 장군 곽재우가 의병장으로 활약하였다.
④ 서북인에 대한 차별이 원인이 되어 일어났다.

04 (가)에 들어갈 내용으로 옳은 것은?

① 3·1 운동 ② 갑오개혁
③ 광무개혁 ④ 아관 파천

---

03 동학 농민 운동

자료에서 정답 키워드 찾기 정답: ②

👉 백산 집결, 황룡촌 전투, 전주성 점령, 우금치 전투: 동학 농민 운동의 전개 과정
② 동학 동민군은 조선 정부와 전주 화약을 맺고 전라도에 집강소를 설치하여 폐정 개혁을 추진하였어요.

오답선지 다시보기

① 병인양요 때 프랑스군이 외규장각 도서를 약탈해 갔어요.
③ 임진왜란 때 곽재우가 의병을 이끌며 활약하였어요. 한편 빨간 옷을 입고 전쟁에 나간 곽재우 장군을 보고 사람들은 '홍의(붉은 옷) 장군'이라 불렀어요
④ 홍경래는 평안도 등 서북인에 대한 차별에 반발하며 난을 일으켰어요.

04 갑오개혁

자료에서 정답 키워드 찾기 정답: ②

👉 노비제와 연좌제 등을 폐지: 제1차 갑오개혁 당시 개혁 내용
② 갑오개혁 당시 신분제와 연좌제를 폐지하였어요. 또 과거제를 폐지하였으며 '개국'이라는 조선의 새로운 연호를 사용하기도 하였어요.

오답선지 다시보기

① 일제 강점기인 1919년에 전국적으로 3·1 운동이 일어났어요.
③ 러시아 공사관에서 돌아온 고종이 황제 자리에 올라 나라 이름을 '대한 제국'이라고 고친 후 광무개혁을 실시했어요.
④ 고종은 을미사변으로 위협을 느껴 러시아 공사관으로 피신하는 아관 파천을 단행했어요.

18강 동학 농민 운동과 갑오·을미개혁

05 (가)에 들어갈 기구로 옳은 것은?

① 비변사 ② 원수부
③ 홍문관 ④ 군국기무처

06 다음 가상 뉴스가 보도된 이후에 전개된 사실로 옳은 것은?

① 외규장각 도서가 약탈되었다.
② 김윤식이 영선사로 파견되었다.
③ 제너럴셔먼호 사건이 발생하였다.
④ 고종이 러시아 공사관으로 피신하였다.

---

05 갑오개혁

자료에서 정답 키워드 찾기 — 정답: ④

- 노비 제도 폐지, 과거 제도를 없애고 연좌제 폐지: 제1차 갑오개혁 당시의 개혁 내용
- ④ 제1차 갑오개혁 당시 군국기무처가 설치되어 개혁을 이끌었어요.

오답선지 다시보기

① 비변사는 조선 시대 때 군사와 관련된 문제를 담당하는 기구였다가 임진왜란 이후 나랏일 전체를 결정하는 기구로 권한이 확대되었어요.
② 대한 제국 시기에 고종은 군대를 총괄하기 위해 원수부를 설치했어요.
③ 삼사 중 하나인 홍문관은 조선 시대에 학문을 연구하던 기관이에요.

06 을미사변

자료에서 정답 키워드 찾기 — 정답: ④

- 궁궐에 침입하여 왕비를 시해: 을미사변(1895)
- ④ 일본이 명성 황후를 살해하는 을미사변을 일으키자 위협을 느낀 고종은 러시아 공사관으로 피신하였어요.

오답선지 다시보기

① 병인양요 때 프랑스군이 외규장각 도서를 약탈하였어요(1866).
② 개항 이후 조선 정부는 근대 문물을 받아들이기 위해 해외 사절단을 파견하였고, 김윤식이 청에 영선사로 파견되었어요(1881).
③ 제너럴셔먼호 사건을 계기로 미군이 강화도를 침략하는 신미양요(1871)가 발생하였어요.

19강 근대화를 위한 노력

설쌤의 한판정리

독립 협회와 대한 제국은 시험에 정말 자주 나와!

✏️ 독립 협회

창립 배경
- 아관 파천으로 외국 세력의 간섭과 경제적 침탈 심화
- 서재필 주도로 『독립신문』 창간
- 독립문 건설 추진
  → 독립 협회 창립(1896)

활동
- 강연회와 토론회 개최: 민중 계몽
- 독립문과 독립관 건립: 자주 의지
- 고종의 환궁 요구
- 만민 공동회 개최: 절영도 조차 요구 저지
- 관민 공동회 개최: 헌의 6조 건의, 중추원 관제 반포

해산
황국 협회와 군대를 동원하여 강제로 해산

✏️ 대한 제국과 광무개혁

대한 제국 수립(1897)
- 경운궁(덕수궁) 환궁
- 환구단에서 황제 즉위식 거행
- 국호 '대한 제국', 연호 '광무'

광무개혁
내용: 구본신참 원칙으로 한 점진적 개혁 추진

대한국 국제 선포	황권 강화
간도 관리사 파견	이범윤 파견
지계 발급	근대적 토지 제도 확립
근대 시설 도입	• 전화 연결 • 전차와 철도 개통

의의: 자주적으로 근대화 개혁 추진

한계: 황제 권한 강화에 초점

✏️ 근대 문물의 수용

언론 기관의 발달
- 『한성순보』(1883~1884)
  : 순 한문, 최초의 근대적 신문
- 『독립신문』(1896~1899)
  : 순 한글, 최초의 민간 신문
- 『대한매일신보』(1904~1910)
  : 베델·양기탁 창간, 국채 보상 운동 지원

교통과 통신 시설의 확립
- **전기**
  - 최초의 전등 설치(건청궁, 1887)
  - 한성 전기 회사 설립(1898)
- **교통**
  - 경인선(1899)·경부선(1905) 경의선(1906) 개통
  - 전차 가설(1899)
- **통신**
  - 우정총국 설치(1884) · 우체사 설치(1895)
  - 전화 가설(1898)

의료 시설의 설립
- 광혜원(1885): 최초의 서양식 병원
- 세브란스 병원(1904)

근대 교육 기관의 설립
- 원산 학사: 최초의 근대적 사립 학교
- 육영 공원: 헐버트·길모어 초빙
- 개신교 학교: 배재 학당, 이화 학당, 경신 학교

기타
- **근대 시설**: 기기창(1883)
- **건축**:
  - 독립문(1896)
  - 덕수궁 석조전(1910)

1 독립 협회

(1) 창립 배경
① 고종의 러시아 공사관 피신 이후 외국 세력의 간섭과 경제적 침탈이 심해졌어요.
② 외국의 간섭이 점점 심해지자 **서재필**은 나라의 상황을 알리고 민중의 지지를 얻고자 이상재, 윤치호 등과 함께 『**독립신문**』을 창간하였어요(1896).
③ 정부 관리와 개화 지식인들은 자주독립에 대한 의지를 보여 주기 위해 **독립문**을 건설하려고도 하였는데, 이 과정에서 **독립협회가 창립되었어요(1896).**

(2) 독립 협회의 활동(1896~1898)

강연회와 토론회 개최	민중을 계몽하기 위해 노력하였음
독립문과 독립관 건립	청의 사신을 맞이하던 영은문과 모화관 자리에 자주독립에 대한 의지를 보여 주는 독립문과 독립관을 세웠음
고종의 환궁 요구	러시아 공사관에 피신한 고종의 환궁을 요구하였음
만민 공동회 개최	• 직업이나 나이에 관계없이 여러 사람이 모여 나랏일에 대해 의견을 말하던 **우리나라 최초의 근대적 민중 집회** • 아관 파천으로 심해진 러시아의 간섭과 경제적 침탈을 비판함 • 그 결과 **절영도를 빌려 달라는 러시아의 요구(절영도 조차 요구)를 막아 내고**, 조선의 군사와 재정을 간섭하던 인물을 철수시켰으며, 한·러 은행을 폐쇄시킴
관민 공동회 개최	• 정부 관리와 일반 백성들이 함께 모여 나랏일에 대해 의견을 말하던 집회 • 외국 세력에 기대지 않는 자주권을 강조하고, 여러 정치 개혁을 담은 **헌의 6조를 건의함** • 법을 만들고 황제의 권한을 견제할 수 있는 기구를 만드는 **중추원 관제를 반포함**

(3) 독립 협회의 해산

 왕이 아닌 다수의 사람들이 함께 나라를 통치하는 정치 제도를 뜻해요.

① 일부 보수 세력은 독립 협회가 왕이 중심이 되는 체제를 없애고, 공화정을 시행하려 한다고 모함하였어요.
② 고종은 보부상 단체인 **황국 협회와 군대를 동원하여 독립 협회를 강제로 해산시켰어요(1898).**

(4) 의의 및 한계
① 의의: 민중 중심의 근대화 운동을 전개하고, 외국 열강의 침략을 막아내었어요.
② 한계: 러시아를 적극 견제하였으나 미국과 영국, 일본에는 우호적이었어요.

✦ 『**독립신문**』
우리나라 최초의 민간 신문이었던 『독립신문』은 순 한글로 만들어졌어요. 또 외국에 조선의 상황을 알리고자 영문판도 만들어졌어요.

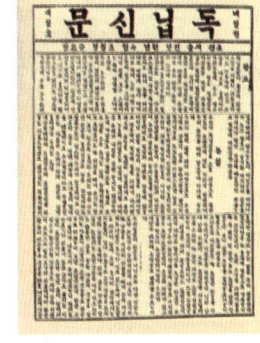

독립문

쌤! 질문 있어요!

Q 중추원 관제란 무엇인가요?
중추원은 본래 큰 역할을 가진 기구가 아니었어요. 그런데 이 중추원을 오늘날 의회와 같이 법을 만들고 정부를 견제할 수 있는 권한을 갖도록 제안하는 내용을 담은 것이 중추원 관제에요. 따라서 중추원 관제 반포는 우리나라 최초의 의회 설립 운동이라고도 볼 수 있지요.

2 대한 제국과 광무개혁

(1) 대한 제국의 수립(1897)
① 외국 세력의 경제적 침탈과 러시아의 간섭이 심해지자 고종의 환궁을 요구하는 목소리가 높아졌어요.
② 고종은 1년여의 러시아 공사관 생활을 마치고 경운궁(덕수궁)으로 되돌아왔어요.
③ 이후 고종은 환구단에서 황제 즉위식을 치렀어요. 국호도 '대한 제국'으로 고치고 연호도 '광무'라 정하였어요.

> 고종은 우리나라 최초로 황제 자리에 올랐어요.

✦ **환구단**
하늘에 제사를 지내던 곳이에요.

(2) 광무개혁의 실시
① 고종은 '옛 제도를 근본으로 새로운 제도를 고려한다.'라는 뜻을 담은 '**구본신참**'을 원칙으로 하여 전통적인 제도를 바탕으로 새로운 제도를 받아들이는 점진적인 개혁을 추진하였어요.
② 개혁 내용

> 우리나라 최초의 근대적 헌법이에요.

정치	• 자주독립과 황권 강화의 내용을 담은 **대한국 국제를 선포함** 제1조 대한국은 만국이 공인한 자주독립 제국이다. 제3조 대한국 대황제는 무한한 군사적 권한을 누린다. 제6조 대한국 대황제는 법률을 제정하여 그 반포와 집행을 명한다.
	• 이범윤을 간도 관리사로 파견함 • 청과 대등한 입장에서 한·청 통상 조약을 체결함
경제	• 근대적 토지 제도를 확립하기 위해 **토지 소유권인 지계를 발급함** • 근대적 공장과 회사를 설립함 • 전화를 연결하고, 전차와 철도를 개통함
군사	• 황제 직속의 군사 지휘 기구인 원수부를 설치하고 황제가 군사권을 장악함 • 서울의 시위대와 지방의 진위대 군사 수를 늘림
교육	• 실업 학교와 외국어 학교를 설립함 • 유학생을 파견함

(3) 의의 및 한계
① 의의: 자주적으로 근대화를 추진하였어요.
② 한계: 황제의 권한을 강화하는 데 초점을 두어 백성들의 권리를 보장하는 데까지는 나아가지 못하였어요.

쌤! 질문 있어요!

Q 간도 관리사는 왜 파견하였나요?

간도는 압록강과 두만강 북쪽 지역을 말해요. 조선 말부터 간도로 이주하는 사람이 늘어나자 이들을 관리하기 위해 관리사를 파견한 것이지요. 이처럼 우리나라에서는 간도를 우리 땅으로 생각했어요. 이에 앞서 조선 숙종 때에도 청과의 영토 갈등이 일어나자 백두산 정계비를 세우는 등 조선에서는 줄곧 간도를 우리 땅으로 여겼지요. 그러나 일제가 청과 간도 협약(1909)을 맺으며 결국 청의 영토가 되었어요.

✦ **전차**
땅 위에 설치된 궤도 위를 다니는 차로, 공중에 설치된 전선으로부터 전력을 공급받았어요. 버스 등이 등장하기 전까지 많은 사람들이 이용하던 교통수단이에요.

3 근대 문물의 수용

(1) 근대 문물의 수용 과정
① 개항 직후에는 무기 제조 기술과 산업 기술을 중심으로 근대 문물을 받아들이기 시작했어요.

② 1880년대에는 최초의 근대적 신문이 발행되고, 최초의 서양식 병원이 설립되었어요.

③ 1890년대에는 서울과 인천을 잇는 최초의 철도가 개통되었고 전기 회사가 설립되었으며, 우편과 전화도 사용하기 시작하였어요.

(2) 언론 기관의 발달

『한성순보』 (1883~1884)	• 정부에서 설립한 박문국에서 정부의 개화 정책과 새로운 문물을 홍보하기 위해 발행한 우리나라 최초의 근대적 신문 • 열흘에 한 번씩 순 한문으로 발행됨
『한성주보』 (1886~1888)	• 박문국에서 발행한 신문으로 한글과 한문을 혼용하여 발행됨 • 최초의 상업적 광고가 실림
『독립신문』 (1896~1899)	• 서재필의 주도로 순 한글과 영문으로 발행됨 • 우리나라 최초의 민간 신문
『제국신문』 (1898~1910)	이종일이 서민층과 부녀자를 대상으로 발행한 순 한글 신문
『대한매일신보』 (1904~1910)	• 양기탁과 영국인 베델 등이 발행한 신문 • 훗날 국채 보상 운동을 지원함

『한성순보』

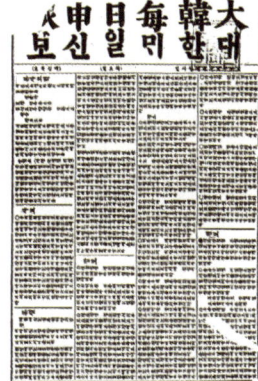

『대한매일신보』

(3) 교통과 통신 시설의 설립

① 전기

최초의 전등 설치 (1887)	경복궁의 건청궁에 우리나라 최초의 전등 설치
한성 전기 회사 설립 (1898)	황실의 투자로 설립된 전기 회사

② 교통

경인선 개통(1899)	서울과 인천을 연결하는 철도이자 우리나라 최초의 철도
전차 가설(1899)	한성 전기 회사의 주도로 가설된 서대문과 청량리를 연결하는 전차
경부선(1905)· 경의선(1906) 개통	• 경부선: 서울과 부산을 잇는 철도 • 경의선: 서울과 의주를 잇는 철도 • 러·일 전쟁 중 일본이 군사적 목적을 위해 개통함

③ 통신

우정총국 설치 (1884)	근대적 우편 제도 도입을 위해 설치하였으나, 우정총국 개국 잔치를 틈타 갑신정변이 일어나며 업무가 중단되었음
한성 전보 총국 설립 (1885)	청의 돈을 빌려 인천 – 서울 – 의주를 잇는 전선을 가설하고, 전보를 통신수단으로 이용함
우체사 설치 (1895)	갑신정변으로 중단된 우편 업무를 다시 시작하기 위해 을미개혁 이후 우체사를 설치함
전화 가설 (1898)	• 경운궁에 최초의 전화 가설 • 이후 전화를 공무 수행에 이용함

베델

✚ 가설

전깃줄, 전화선, 다리 등을 설치하는 것을 뜻해요.

✚ 전보

전기 신호를 이용한 통신 방법이에요.

광혜원(제중원)

✚ 개신교
유럽에서 일어난 종교 개혁 이후 성립된 종교예요. 천주교와 함께 기독교를 이루고 있어요.

(4) 의료 시설의 설립

광혜원 설립 (1885)	• 미국인 선교사 알렌의 건의로 세워진 **최초의 서양식 병원** • 이후 제중원으로 이름을 바꿈
세브란스 병원 설립(1904)	개신교에서 제중원을 인수하여 세워진 최초의 근대식 사립 병원

(5) 근대 교육 기관의 설립

1880년대	원산 학사 (1883~1945)	• 덕원(현재의 원산 지역) 주민들이 세운 **최초의 근대적 사립 학교** • 외국어, 역사, 수학 등 근대 학문과 무술을 가르침
	동문학 (1883~1886)	영어, 일본어 등을 교육하여 통역관을 기름
	육영 공원 (1886~1894)	• **헐버트**와 길모어 등 외국인 교사를 초빙함 • 영어, 수학, 과학 등의 근대 학문을 가르침 • 상류층의 자제를 중심으로 가르침
	개신교 학교	• 배재 학당(1885): 선교사 아펜젤러가 세움 • 이화 학당(1886): 선교사 스크랜튼이 세운 우리나라 최초의 여성 교육 기관 • 경신 학교(1885): 선교사 언더우드가 세움
갑오개혁 이후		교육입국 조서(1895) 반포 이후 교사 양성을 위해 **한성 사범 학교**를 설립함
광무개혁		상공 학교, 기예 학교 등 여러 실업 학교를 설립함

(6) 기타

① 근대 시설

기기창(1883)	청에 다녀온 영선사가 배워 온 기술을 바탕으로 세워진 **근대식 무기 공장**
전환국(1883)	• 화폐를 발행하는 기구 • 백동화를 발행함(1892)

✚ 백동화
전환국에서 발행한 동전이에요. 개항 이후 나라의 재정이 어려워지자 백동화를 많이 찍어냈는데, 이로 인하여 물가가 오르는 문제가 발생하기도 하였어요.

② 건축

독립문 (1896)	프랑스의 개선문을 모방하여 만든 건축물
명동 성당 (1898)	고딕 양식으로 지어짐
손탁 호텔 (1902)	최초의 민간인 호텔
덕수궁 석조전 (1910)	• 르네상스 양식으로 지어짐 • 고종의 접견실 등으로 사용하기 위하여 지어짐

명동 성당

진실게임 OX 문제

"다음 글의 내용이 맞으면 O, 틀리면 X에 표시하기!"

1. 외국의 간섭이 심해지자 서재필은 조선의 상황을 알리고자 『한성순보』를 창간하였다. (O , X)
2. 독립 협회는 고종의 환궁을 요구하였다. (O , X)
3. 만민 공동회를 통해 절영도를 빌려달라는 러시아의 요구를 막아 냈다. (O , X)
4. 만민 공동회에서 중추원 관제가 반포되었다. (O , X)
5. 고종은 황국 협회와 군대를 동원하여 독립 협회를 보호하였다. (O , X)
6. 고종은 환구단에서 황제 즉위식을 치르고 국호를 '대한 제국'으로 고쳤다. (O , X)
7. 고종은 전통적인 제도를 버리고 새로운 제도를 적극적으로 받아들이는 광무개혁을 추진하였다. (O , X)
8. 『독립신문』은 순 한글과 영문으로 발행되었다. (O , X)
9. 세브란스 병원은 미국인 선교사 알렌의 건의로 세워진 최초의 서양식 병원이다. (O , X)
10. 교육입국 조서 반포 이후 교사 양성을 위해 한성 사범 학교 등이 세워졌다. (O , X)

X 확인 1X 2O 3O 4X 5X 6O 7X 8O 9X 10O

1. 외국의 간섭이 심해지자 서재필은 조선의 상황을 알리고자 『독립신문』을 창간하였어요.
4. 관민 공동회에서 중추원 관제가 반포되었어요.
5. 고종은 황국 협회와 군대를 동원하여 독립 협회를 해산하였어요.
7. 고종은 전통적인 제도를 바탕으로 새로운 제도를 점진적으로 받아들이는 광무개혁을 추진하였어요.
9. 광혜원은 미국인 선교사 알렌의 건의로 세워진 최초의 서양식 병원이에요.

이론완성 빈칸채우기

"오늘 배운 내용을 떠올리며 다음 글의 빈칸을 채워보자!"

1. 독립 협회는 청의 사신을 맞이하던 영은문 자리에 □□□을/를 건립하였다.
2. □□□□□은/는 우리나라 최초의 근대적 민중 집회이다.
3. 고종은 □□□□을/를 원칙으로 하여 광무개혁을 추진하였다.
4. 고종은 이범윤을 □□ 관리사로 파견하였다.
5. □□□□은/는 우리나라 최초의 근대적 신문이다.
6. □□□□□□은/는 훗날 국채 보상 운동을 지원하였다.
7. 1899년에 우리나라 최초의 철도인 □□□이/가 개통되었다.
8. 우리나라 최초의 근대적 사립 학교인 □□□□에서는 근대 학문과 무술을 가르쳤다.
9. 청에 다녀온 영선사의 건의로 근대적 무기 공장인 □□□이/가 설치되었다.
10. 르네상스 양식으로 지어진 덕수궁 □□□은/는 고종의 접견실 등으로 사용되었다.

1 독립문 2 만민 공동회 3 구본신참 4 간도 5 『한성순보』 6 『대한매일신보』 7 경인선 8 원산 학사 9 기기창 10 석조전

완벽 마무리 기출문제풀이

"쌤이 기출문제 중 가장 도움이 될 만한 것으로 특별히 골라왔어! 같이 풀어보자!"

01 (가) 단체의 활동으로 옳은 것은?

역사 신문
제△△호 ○○○○년 ○○월 ○○일

새로운 중추원 관제가 반포되다

이틀 전, 법령의 제정과 폐지를 심사하는 중추원의 관제가 개편되었다. 개편안에 따라 중추원 의관 50인 중 절반은 (가) 의 회원 중에서 선출하기로 하였다. 의정부 참정 박정양의 명단 제출 요청에 따라 (가) 은/는 독립관에서 의관 25명을 선출할 것이라고 밝혔다.

① 잡지 개벽을 창간하였다.
② 형평 운동을 전개하였다.
③ 대성 학교를 설립하였다.
④ 만민 공동회를 개최하였다.

02 (가) 시기에 시행된 정책으로 옳은 것은?

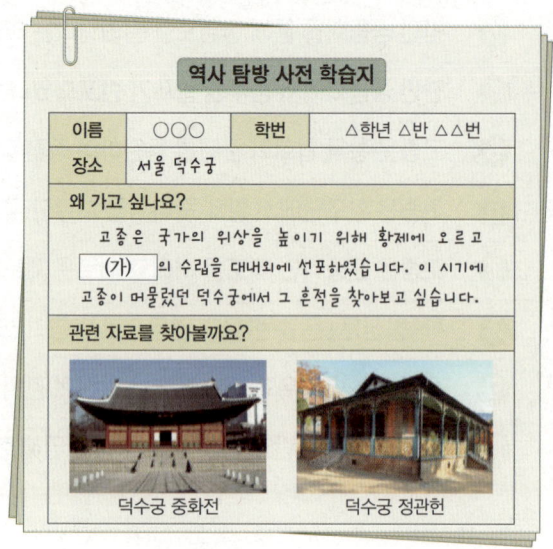

역사 탐방 사전 학습지

| 이름 | ○○○ | 학번 | △학년 △반 △△번 |
| 장소 | 서울 덕수궁 |

왜 가고 싶나요?
고종은 국가의 위상을 높이기 위해 황제에 오르고 (가) 의 수립을 대내외에 선포하였습니다. 이 시기에 고종이 머물렀던 덕수궁에서 그 흔적을 찾아보고 싶습니다.

관련 자료를 찾아볼까요?
덕수궁 중화전 / 덕수궁 정관헌

① 지계가 발급되었다.
② 척화비가 건립되었다.
③ 홍범 14조가 반포되었다.
④ 치안 유지법이 제정되었다.

---

01 독립 협회

자료에서 정답 키워드 찾기 — 정답: ④

- 중추원 관제: 독립 협회가 개최한 관민 공동회에서 반포
- 독립관: 독립 협회가 세운 건물
- ④ 독립 협회는 우리나라 최초의 근대적 민중 집회인 만민 공동회를 개최하였어요.

오답선지 다시보기
① 『개벽』은 일제 강점기 시기인 1920년대에 천도교에서 발행한 잡지예요.
② 형평 운동은 일제 강점기 시기인 1920년대에 백정들이 주도한 운동이예요.
③ 대성 학교는 안창호가 1908년 평양에 설립한 학교예요.

02 대한 제국

자료에서 정답 키워드 찾기 — 정답: ①

- 황제에 오르고: 고종이 환구단에서 황제 즉위식을 치르고 국호를 '대한 제국'으로 고침
- ① 대한 제국 시기에 광무개혁이 시행되며 토지 소유권인 지계가 발급되었어요.

오답선지 다시보기
② 척화비는 흥선 대원군이 통상 수교 거부 정책의 의지를 담아 건립한 비석이에요.
③ 홍범 14조는 제2차 갑오개혁 당시 고종이 개혁의 기본 방향을 밝히고자 발표한 14개 조항이에요.
④ 치안 유지법은 일제 강점기 시기인 1920년대에 일제가 독립운동을 탄압하기 위해 시행한 법이에요.

19강 근대화를 위한 노력

03 다음 상황 이후에 볼 수 있는 모습으로 가장 적절한 것은?

① 한성순보를 발간하는 직원
② 만민 공동회에서 연설하는 백정
③ 경부선 철도 개통식에 참석하는 관리
④ 동문학에서 영어를 공부하고 있는 학생

04 (가)에 들어갈 내용으로 옳은 것은?

① 나운규의 아리랑이 개봉되었던 곳
② 근대적 우편 업무를 담당하였던 곳
③ 순 한문 신문인 한성순보가 발간되었던 곳
④ 헐버트를 교사로 초빙해 근대 학문을 가르쳤던 곳

03 근대 문물의 수용

자료에서 정답 키워드 찾기　　정답: ③

✌ 동대문에서 서대문까지 운행을 시작한 전차: 1899년 가설된 전차
✌ 한성 전기 회사: 1898년 황실의 투자로 설립된 전기 회사
③ 경부선 철도는 전차가 운행을 시작한 이후인 1905년에 개통되었어요.

오답선지 다시보기

① 1883년 조선 정부의 박문국에서 발행한 신문인 『한성순보』는 1884년까지만 발행하였어요.
② 민중 집회인 만민 공동회를 개최한 독립 협회는 1898년까지 활동하였어요.
④ 외국어를 교육하여 통역관을 기르던 학교인 동문학은 1883년에서 1886년까지만 운영되었어요.

04 근대 문물의 수용

자료에서 정답 키워드 찾기　　정답: ②

✌ 근대 시설의 자취: 근대 문물의 수용과 관련된 장소
✌ 우정총국: 보빙사로 파견된 사절단의 제안으로 근대식 우편 제도 도입을 위해 설치한 기구
② 우정총국은 근대식 우편 업무를 담당하던 곳이었으나, 갑신정변으로 업무가 중단되었어요.

오답선지 다시보기

① 나운규의 「아리랑」은 단성사라는 극장에서 개봉되었어요.
③ 『한성순보』는 박문국에서 발간되었어요.
④ 육영 공원에서는 헐버트를 교사로 초빙해 근대 학문을 가르쳤어요.

20강 일제의 국권 침탈과 국권 수호 운동

 설쌤의 한판정리

을사외교, 정미군대
(을사늑약-외교권 박탈,
정미7조약-군대 강제 해산)

✏️ 일제의 경제적 수탈과 일제에 대한 저항

경제적 수탈		일제의 경제적 수탈에 대한 저항	
개항장에서의 일본 화폐 사용 허가	조·일 수호 조규 부록 (1876)	방곡령 선포(1889)	함경도 관찰사 조병식이 쌀의 무제한 유출을 막는 방곡령 선포
쌀의 무제한 유출 규정	조·일 무역 규칙 (1876)		
제일 은행권으로 교환	화폐 정리 사업(1905)	국채 보상 운동(1907)	• 대구에서 김광제, 서상돈 중심으로 시작 • 『대한매일신보』의 후원

✏️ 일제의 국권 침탈

1904년	1905년	1907년	1909년	1910년
한·일 의정서 러·일 전쟁 중 한국의 군사 기지 마음대로 사용	**제2차 한·일 협약 (을사늑약)** • 외교권 박탈 • 통감부 설치	**헤이그 특사 파견** 고종 강제 퇴위	**기유각서** 사법권 박탈	**한·일 병합 조약 (경술국치)** • 국권 박탈 • 총독부 설치
제1차 한·일 협약 화폐 정리 사업 추진	**독도, 일본 영토 편입**	**한·일 신협약 (정미 7조약)** • 통감부 권한 강화 • 군대 강제 해산	**간도 협약** 간도를 청의 영토로 인정	

✏️ 일제의 국권 침탈에 대한 저항

의병 운동	
을미의병 (1895)	을미사변과 단발령에 반발
을사의병 (1905)	• 을사늑약에 반발 • 최초의 평민 출신 의병장 등장(신돌석)
정미의병 (1907)	• 고종의 강제 퇴위, 군대 강제 해산에 반발 • 서울 진공 작전 전개

항일 의거 활동	
장인환과 전명운	외교 고문 스티븐슨 저격
안중근	• 이토 히로부미 처단 • 『동양평화론』 저술
이재명	이완용 칼로 저격

애국 계몽 운동	
보안회 (1904)	황무지 개간권 요구 저지
대한 자강회 (1906)	고종 강제 퇴위 반대 운동
신민회 (1907)	• 안창호, 양기탁 등 • 오산 학교, 대성 학교, 신흥 강습소 설립 • 태극 서관, 자기 회사 설립 • 105인 사건으로 활동 중단

1 일제의 경제적 수탈과 일제에 대한 저항

(1) 일제의 경제적 수탈

'일본 제국주의'라는 뜻이에요. 주변 나라를 침략하는 일본을 가리켜요.

① 강화도 조약의 부속 조약 체결

조·일 수호 조규 부록 (1876)	개항장에서의 일본 화폐 사용을 허가하는 내용을 담고 있음
조·일 무역 규칙 (조·일 통상 장정, 1876)	일본 상인과 선박은 세금을 내지 않고, 일본 상인은 조선에서 쌀과 잡곡을 무제한으로 구입할 수 있다는 내용을 담고 있음

② 화폐 정리 사업의 시행(1905)

시행	1904년 일본의 강요로 체결된 제1차 한·일 협약에 따라 조선의 재정을 간섭하고자 파견된 메가타가 주도
내용	• 기존에 대한 제국에서 사용하던 상평통보와 백동화 등의 화폐를 일본의 제일 은행권으로 교환 • 이 과정에서 동전의 상태에 따라 일부 금액만 교환을 허용
결과	• 대한 제국의 화폐 가치가 떨어짐 • 일본에 큰 빚을 지게 되며 대한 제국의 경제가 일본의 지배 아래 놓이게 됨

일본 제일 은행에서 발행한 십 원짜리 지폐

(2) 일제의 경제적 수탈에 대한 저항

① 방곡령 선포(1889)

배경	조·일 무역 규칙 체결 이후 조선의 쌀과 잡곡이 일본으로 무제한 빠져 나가자 조선의 쌀값이 폭등함
시행	함경도의 관찰사 조병식이 쌀의 무제한 유출을 막는 방곡령을 선포함
결과	일본은 방곡령의 선포 규정을 위반하였다는 구실을 삼아 조선에 배상금을 요구

② 국채 보상 운동(1907)

배경	일제가 강제로 대한 제국에 차관을 빌려 주었고, 이로 인하여 대한 제국은 일제에 1,300만 원이라는 당시로서는 큰 빚을 지게 됨
전개	• 대구에서 김광제, 서상돈을 중심으로 대한 제국의 국채를 갚자는 운동이 시작 • 『대한매일신보』 등 언론 기관의 적극적인 후원 아래 전국으로 확산
결과	일제의 방해와 탄압으로 결국 실패함

✦ 차관
정부나 기업 등이 다른 나라 정부나 기관으로부터 돈을 빌리는 것을 뜻해요.

✦ 국채
나라가 진 빚을 뜻해요. 국채 보상 운동이 일어난 당시 사람들은 국채를 갚고자 술과 담배를 끊고 돈을 모았으며, 비녀와 가락지 등을 모으기도 하였어요.

2 일제의 국권 침탈

한 나라가 가지는 권력 등을 강제로 빼앗는 것을 뜻해요.

(1) 러·일 전쟁의 발발과 국권 침탈: 한반도에 대한 러시아의 영향력이 점차 커지자 **일본은 러시아와 전쟁을 벌였어요**(러·일 전쟁, 1904). 러시아와의 전쟁에서 승리한 일본은 본격적으로 대한 제국의 국권을 침탈해 나갔고, 결국 1910년 대한 제국은 국권을 빼앗기게 되었어요.

(2) 일제의 국권 침탈 과정

한·일 의정서 (1904. 2.)	• 내용: 러·일 전쟁 중 일본이 한국의 군사 기지를 마음대로 사용할 수 있음 • 결과: 군사 시설과 서울 등의 중요 지역이 일제에 점령당함
제1차 한·일 협약 (1904. 8.)	• 내용: 외교와 재정 분야에 일본이 추천한 고문을 파견함 • 결과: 재정 고문으로 파견된 메가타에 의해 화폐 정리 사업이 시행됨
일제와 열강 사이의 조약	• 일제는 주요 열강들과의 조약을 통해 한반도의 지배를 인정받음 • 가쓰라·태프트 밀약(1905. 8.): 미국은 필리핀에서, 일본은 한반도에서의 지배를 인정 • 제2차 영·일 동맹(1905. 8.): 영국은 인도에서, 일본은 한반도에서의 지배를 인정 • 포츠머스 조약(1905. 9.): 러·일 전쟁에서 승리한 일본이 러시아와 맺은 조약으로, 러시아가 일제의 한반도 지배를 인정함
제2차 한·일 협약 (을사늑약, 1905)	• 일본이 이완용 등 을사오적을 앞세워 강제로 체결한 조약 • 내용: 대한 제국의 외교권을 박탈함 • 결과: 통감부가 설치되고 초대 통감으로 이토 히로부미가 부임함 • 반발과 저항: 장지연이 『황성신문』에 「시일야방성대곡」이라는 글을 발표하였으며, 전국에서 을사의병이 일어남
헤이그 특사 파견 (1907)	고종은 을사늑약 체결의 부당함을 국제 사회에 알리기 위해 만국 평화 회의가 열리는 네덜란드 헤이그에 이준, 이상설, 이위종을 파견함
고종의 강제 퇴위 (1907)	헤이그 특사를 구실로 고종을 강제로 물러나게 하고 순종을 즉위시킴
한·일 신협약 (정미 7조약, 1907)	• 내용: 통감의 권한이 강해짐 • 결과: 부수 비밀 각서에 따라 대한 제국의 군대가 강제로 해산됨
기유각서(1909)	대한제국의 사법권을 박탈함
한·일 병합 조약 (경술국치, 1910)	• 이완용과 통감 데라우치가 체결함 • 일본이 대한 제국의 국권을 빼앗고 조선 총독부를 설치함 제1조 한국 황제 폐하는 한국 전부에 관한 일체의 통치권을 완전하고 영구히 일본국 황제 폐하에게 넘긴다.

헤이그에 파견된 특사

일제가 우리나라에 대한 식민 지배를 위해 설치한 기구예요.

(3) 간도와 독도
① **간도 협약(1909)**: 을사늑약 체결로 대한 제국의 외교권을 빼앗은 일본은 청과 간도 협약을 맺었어요. 이를 통해 **일본은 간도를 청의 영토로 인정해주는 대가로 만주에 철도를 개통할 권리와 탄광 채굴권을 얻었어요.**
② **독도**: 대한 제국 선포 이후 고종 황제는 「칙령 제41호」를 통해 독도가 우리 땅임을 선포하였어요. 그러나 일본은 이를 무시하고 러·일 전쟁 도중 독도의 주인이 없다는 이유로 독도를 불법적으로 일본 영토에 편입하였어요.

+ 고문
일제가 우리나라를 지배 아래에 두기 위해 파견하던 직책이에요. 재정, 외교 등의 분야에 전문적인 인물을 파견하고 간섭하였지요.

+ 을사오적
을사늑약에 서명한 다섯 명의 인물로 이지용, 이완용, 이근택, 박제순, 권중현을 가리켜요.

+ 「시일야방성대곡」
이날을 목 놓아 통곡한다는 의미를 담은 글이에요.

쌤! 질문 있어요!

Q 「칙령 제41호」에는 어떤 내용이 있나요?
울릉도를 강원도에 포함한다는 내용과 군청의 관할 구역에 죽도와 석도(오늘날의 독도)까지 포함한다는 내용이 담겨 있어요.

3 일제의 국권 침탈에 대한 저항

(1) 의병 운동
① 의병 운동의 전개

을미의병 (1895)	• 을미사변과 단발령에 반발하며 일어난 의병 운동 • 유인석, 이소응, 동학 농민군 등이 참여함 • 고종이 단발령을 철회하고 해산을 권고하자 자진 해산함
을사의병 (1905)	• 제2차 한·일 협약(을사늑약) 체결에 반발하며 일어난 의병 운동 • 최익현과 신돌석 등이 주도함
정미의병 (1907)	• 고종이 강제로 물러나고, 대한 제국의 군대가 해산되자 이에 반발하며 일어난 의병 운동 • 해산된 군인과 노동자, 농민 등 다양한 계층이 참여하였음 • 이인영과 허위를 중심으로 하여 13도 창의군을 결성하고 통감부와 친일 정부 등을 공격하기 위해 서울 진공 작전(1908)을 펼쳤으나 실패함

+ 신돌석
최초의 평민 출신 의병장으로 이후 의병 운동에서 평민 출신 의병장이 등장하는 데 큰 계기가 되었어요.

정미의병

② 결과: 일제는 남한 대토벌 작전(1909)을 벌여 의병 세력을 탄압하였어요. 이로 인하여 일부 의병 세력은 일제를 피해 간도나 연해주로 이주하였어요.

(2) 항일 의거 활동

 이들은 서로의 의거 계획을 몰랐으나 우연히 같은 날 만나 의거를 단행하였어요.

장인환과 전명운	제1차 한·일 협약 때 조선에 파견된 외교 고문 스티븐슨을 미국 샌프란시스코에서 저격함
안중근	• 한국 침략에 앞장선 이토 히로부미를 만주 하얼빈에서 처단함 • 중국 뤼순 감옥에서 순국하기 전까지 동양의 평화에 대한 자신의 생각을 담은 『동양평화론』을 저술하였음
이재명	명동 성당에서 이완용을 칼로 저격함

+ 연해주
러시아의 동남쪽 끝에 있는 지방으로, 블라디보스토크 등지를 가리켜요.

(3) 애국 계몽 운동
① 애국 계몽 운동의 의미: 교육과 산업을 통해 민족의 실력을 키워 국권을 회복하자는 운동이에요.
② 주요 단체

보안회(1904)	일제의 황무지 개간권 요구를 막아냄
대한 자강회 (1906)	• 근대적 정치 제도를 연구하고 입헌 군주제 수립을 주장하던 헌정 연구회(1905)를 계승함 • 고종의 강제 퇴위 반대 운동을 펼치다 일제의 탄압으로 해산됨
신민회(1907)	• 안창호, 양기탁, 이승훈, 윤치호 등이 중심이 되어 비밀스럽게 조직한 단체 • 민족 교육을 위해 오산 학교(이승훈), 대성 학교(안창호)를 세움 • 산업을 키우기 위해 평양에 태극 서관(서점)과 자기 회사(도자기) 등을 세움 • 독립군을 키우기 위해 남만주 삼원보에 신흥 강습소(훗날 신흥 무관 학교)를 세움 • 일제의 105인 사건(1911)으로 활동이 중단됨

+ 황무지 개간권
황무지란 농사를 짓지 못하는 쓸모없는 땅을 뜻하며, 개간이란 땅을 일구어 농사지을 수 있는 곳으로 가꾸는 것을 뜻해요. 대한 제국 말기에 일제는 버려진 땅을 개간할 수 있는 권리를 요구하였으나, 이는 결국 우리의 땅을 뺏어가기 위한 것이었지요.

+ 105인 사건
일제가 데라우치 총독 암살 미수 사건을 조작하여 신민회의 주요 인사 105명을 감옥에 가둔 사건이에요.

진실게임 OX 문제

"다음 글의 내용이 맞으면 O, 틀리면 X에 표시하기!"

① 조·일 무역 규칙에 근거하여 일본 상인은 조선에서 쌀 구입에 제한을 받았다. (O , X)
② 화폐 정리 사업의 결과 대한 제국의 화폐 가치가 떨어지게 되었다. (O , X)
③ 대구에서 서상돈 등을 중심으로 대한 제국의 국채를 갚자는 운동이 시작되었다. (O , X)
④ 일본은 영국과 전쟁을 벌여 승리한 이후 본격적으로 대한 제국의 국권을 침탈해 나갔다. (O , X)
⑤ 일본은 을사늑약을 강제로 체결하여 대한 제국의 외교권을 빼앗았다. (O , X)
⑥ 고종은 한·일 의정서 체결의 부당함을 알리기 위해 헤이그 특사를 파견하였다. (O , X)
⑦ 을사의병에는 해산된 군인들도 참여하였다. (O , X)
⑧ 안중근은 만주 하얼빈에서 이토 히로부미를 처단하였다. (O , X)
⑨ 신민회에서는 독립군을 키우기 위해 신흥 강습소를 세웠다. (O , X)
⑩ 신민회는 남한 대토벌 작전을 계기로 활동이 중단되었다. (O , X)

정답 확인 1X 2O 3O 4X 5O 6X 7X 8O 9O 10X

1 조·일 무역 규칙에 근거하여 일본 상인은 조선에서 쌀 구입을 **무제한으로 할 수 있었어요**.
4 일본은 **러시아**와 전쟁을 벌여 승리한 이후 본격적으로 대한 제국의 국권을 침탈해 나갔어요.
6 고종은 **을사늑약** 체결의 부당함을 알리기 위해 헤이그 특사를 파견하였어요.
7 **정미의병**에는 해산된 군인들도 참여하였어요.
10 신민회는 **105인 사건**을 계기로 활동이 중단되었어요.

이론완성 빈칸채우기

"오늘 배운 내용을 떠올리며 다음 글의 빈칸을 채워보자!"

① 조선의 쌀이 일본으로 무제한 빠져 나가자 함경도 관찰사 조병식은 쌀의 유출을 막는 ☐☐☐을/를 선포하였다.
② 대한 제국이 일제에 진 빚을 갚기 위해 ☐☐☐☐☐이/가 전개되었다.
③ 을사늑약으로 인하여 대한 제국은 일제에 ☐☐☐을/를 빼앗겼다.
④ 고종은 을사늑약 체결의 부당함을 알리기 위해 만국 평화 회의에 ☐☐☐☐을/를 파견하였다.
⑤ 일본은 청과 함께 간도를 청의 영토로 인정하는 ☐☐☐☐을/를 체결하였다.
⑥ 고종 황제는 「칙령 제41호」를 통해 ☐☐이/가 우리 땅임을 선포하였다.
⑦ 을사의병 당시 평민 출신 의병장인 ☐☐☐이/가 활약하였다.
⑧ ☐☐☐☐☐은/는 민족의 실력을 키워 국권을 회복하자는 운동이다.
⑨ ☐☐☐은/는 일제의 황무지 개간권 요구를 막아 냈다.
⑩ 신민회의 안창호는 민족 교육을 위해 ☐☐☐☐을/를 세웠다.

1 방곡령 2 국채 보상 운동 3 외교권 4 헤이그 특사 5 간도 협약 6 독도 7 신돌석 8 애국 계몽 운동 9 보안회 10 대성 학교

완벽 마무리 기출문제풀이

"쌤이 기출문제 중 가장 도움이 될 만한 것으로 특별히 골라왔어! 같이 풀어보자!"

01 다음 장면에 나타난 운동으로 옳은 것은?

일본에 진 빚 1,300만 원을 갚기 위해 이곳저곳에서 의연금을 모으고 있습니다. 우리도 의연금을 기성회에 보내 국권 수호에 힘을 보탭시다.

옳소! 나는 20전을 내겠소!

좋은 뜻이오. 나는 은가락지를 내겠소!

① 국채 보상 운동
② 문자 보급 운동
③ 물산 장려 운동
④ 민립 대학 설립 운동

02 밑줄 그은 '조약'에 대한 설명으로 옳은 것은?

이것은 대한 제국 황제가 영국 왕에게 보내는 친서의 사본으로, 일본의 압력에 의해 부당하게 조약이 체결되었다는 내용 등이 있습니다. 황제는 외교권을 박탈한 조약의 부당함을 국제 사회에 알리고자 하셨습니다.

① 최혜국 대우 조항이 들어 있다.
② 통감부가 설치되는 결과를 가져왔다.
③ 청일 전쟁이 발발하는 원인이 되었다.
④ 대한국 국제가 반포되는 배경이 되었다.

---

01 국채 보상 운동

자료에서 정답 키워드 찾기   정답: ①

✌ 일본에 진 빚: 일제가 대한 제국에 강제로 차관을 빌려 주며 생긴 빚
✌ 기성회: 김광제와 서상돈을 중심으로 조직된 국채 보상 기성회
① 일제에 큰 빚을 지자 갚기 위해 대구에서부터 국채 보상 운동이 일어났어요.

오답선지 다시보기

② 문자 보급 운동은 『조선일보』를 중심으로 진행된 문맹 퇴치 운동이에요.
③ 물산 장려 운동은 일제의 관세 철폐에 맞서 한국의 기업을 보호하기 위한 노력으로 평양의 조만식을 중심으로 시작되었어요.
④ 민립 대학 설립 운동은 일제의 차별 교육에 맞서 이상재, 이승훈 등이 조선 민립 대학 기성회를 설치하며 시작되었어요.

02 을사늑약

자료에서 정답 키워드 찾기   정답: ②

✌ 외교권을 박탈한 조약: 을사늑약
② 을사늑약이 체결되며 통감부가 설치되고 초대 통감으로 이토 히로부미가 부임하는 결과를 가져왔어요.

오답선지 다시보기

① 최혜국 대우 조항이 최초로 규정된 조약은 조·미 수호 통상 조약이에요.
③ 동학 농민 운동 당시 조선 정부의 요청으로 청군이 조선에 들어오자 톈진 조약에 따라 일본도 조선에 군대를 파견하였어요. 그러나 동학 농민군이 해산한 이후에도 일본은 군대를 철수하지 않고 경복궁을 점령하고 청·일 전쟁을 일으켰어요.
④ 러시아 공사관에서 돌아온 고종은 황제 자리에 오르고 나라 이름을 '대한 제국'이라고 고쳤어요. 그리고 자주독립과 황권 강화의 내용을 담은 '대한국 국제'를 반포하였어요.

03 (가), (나) 사이 시기에 체결된 조약으로 옳은 것은?

(가)
역사 신문
국외 중립 선언 무효화되다
한일 의정서

(나)
역사 신문
일제가 국권을 강탈하다
한일 병합 조약

① 톈진 조약
② 정미 7조약
③ 제물포 조약
④ 시모노세키 조약

04 다음 그림 카드를 활용한 학습 주제로 가장 적절한 것은?

① 비변사의 설치
② 기묘사화의 발생
③ 임술 농민 봉기의 발발
④ 항일 의병 운동의 전개

---

03 일제의 국권 침탈

자료에서 정답 키워드 찾기 — 정답: ②

- ☞ (가) 한·일 의정서: 1904년 러·일 전쟁 중 일본이 한국의 군사 기지를 마음대로 사용할 수 있다는 내용을 담은 조약
- ☞ (나) 한·일 병합 조약: 1910년 일본이 대한 제국의 국권을 빼앗은 조약
- ② 정미 7조약은 고종의 강제 퇴위 이후인 1907년 체결된 조약이에요. 이 조약으로 대한 제국의 군대가 강제로 해산되었어요.

오답선지 다시보기

① 톈진 조약은 갑신정변 이후인 1885년에 청과 일본 사이에서 체결된 조약이에요. 조선에 군대를 파견할 때 상대국에게 알리도록 하는 내용을 담았어요.
③ 제물포 조약은 임오군란의 결과 1882년에 조선과 일본 사이에서 체결된 조약이에요. 조선이 일본에 배상금을 지불한다는 내용이 담겨 있어요.
④ 시모노세키 조약은 청·일 전쟁의 결과 청과 일본 사이에서 체결된 조약이에요. 청이 조선을 독립국으로 인정한다는 내용을 담았어요.

04 을사의병

자료에서 정답 키워드 찾기 — 정답: ④

- ☞ 스스로 외교하지 못하고 타인이 대신: 을사늑약의 결과로 외교권이 박탈됨
- ☞ 을사오적: 을사늑약 체결에 서명한 다섯 명의 인물
- ④ 을사늑약에 반대하며 항일 의병 운동인 을사의병이 일어났어요.

오답선지 다시보기

① 비변사는 조선 시대 때 군사와 관련된 문제를 담당하는 기구였다가 임진왜란 이후 나랏일 전체를 결정하는 기구로 권한이 확대되었어요.
② 기묘사화는 조선 중종 때 일어난 사건으로 조광조의 개혁 정치 등이 계기가 되어 일어났어요.
③ 임술 농민 봉기는 조선 철종 때 일어난 사건으로 탐관오리 백낙신의 수탈 등이 계기가 되어 일어났어요.

20강 일제의 국권 침탈과 국권 수호 운동

05 밑줄 그은 '의병'에 대한 설명으로 옳은 것은?

> 이곳은 원주진위대의 본부였던 옛 강원 감영입니다. 원주진위대 특무정교였던 민긍호는 군대 해산 조칙에 반발하여 원주진위대를 중심으로 의병을 결성하고 무기고를 습격하였습니다. 이후 그는 의병을 이끌고 여러 전투에서 활약하였습니다.

① 서울 진공 작전을 전개하였다.
② 조선 혁명 선언을 활동 지침으로 삼았다.
③ 독립 공채를 발행하여 자금을 마련하였다.
④ 고종의 해산 권고 조칙에 따라 해산하였다.

06 (가)에 들어갈 단체로 옳은 것은?

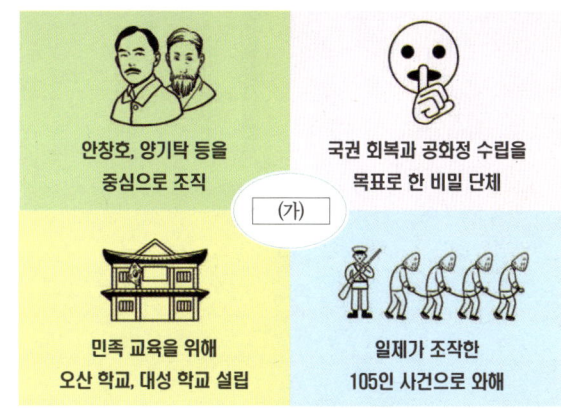

① 근우회 ② 보안회
③ 신민회 ④ 조선어 학회

---

05 정미의병

자료에서 정답 키워드 찾기 — 정답: ①

- 진위대: 제2차 갑오개혁 때 설치된 지방 수비군
- 군대 해산 조칙: 정미 7조약의 부수 비밀 각서에 따라 대한 제국의 군대가 강제로 해산됨
- 의병을 결성하고 무기고를 습격: 정미의병
- ① 해산된 군인이 참여한 정미의병은 13도 창의군을 결성하고 통감부 등을 공격하기 위해 서울 진공 작전을 전개하였어요.

오답선지 다시보기

② 일제 강점기 시기의 무장 독립 단체인 의열단은 「조선 혁명 선언」을 활동 지침으로 삼았어요.
③ 대한민국 임시 정부는 독립운동 자금을 마련하기 위해 독립 공채를 발행하였어요.
④ 을미사변과 단발령에 반발하며 일어난 을미의병은 고종의 해산 권고에 따라 해산하였어요.

06 신민회

자료에서 정답 키워드 찾기 — 정답: ③

- 안창호, 양기탁 등을 중심으로 조직: 신민회의 중심 인물
- 국권 회복과 공화정 수립을 목표로 한 비밀 단체: 신민회의 목표와 성격
- 오산 학교, 대성 학교: 민족 교육을 위해 신민회에서 세운 학교
- 105인 사건으로 와해: 신민회의 활동이 중단된 원인
- ③ 신민회는 안창호, 양기탁을 중심으로 조직되었으며 오산 학교, 대성 학교, 신흥 강습소 등을 세웠으나 105인 사건을 계기로 활동이 중단되었어요.

오답선지 다시보기

① 일제 강점기 시기의 단체인 근우회는 신간회의 자매 단체로 여성 계몽을 위한 활동을 펼쳤어요.
② 보안회는 일제의 황무지 개간권 요구를 막아 냈어요.
④ 일제 강점기 시기의 단체인 조선어 학회는 우리말을 연구하고 『우리말 큰사전』을 편찬하려고 노력하였으나 조선어 학회 사건으로 강제 해산되었어요.

VII 일제 강점기

↑ 조선 총독부

21강 일제의 식민지 통치 정책

기출키워드

#무단 통치 #조선 총독부 #헌병 경찰제 #공포 정치 #조선 태형령 #토지 조사 사업 #회사령 #민족 분열 통치 #문관 총독 #보통 경찰제 #치안 유지법 #산미 증식 계획 #회사령 폐지 #관세 철폐 #민족 말살 통치 #황국 신민화 정책 #내선일체 #황국 신민 서사 #국민학교 #창씨개명 #농촌 진흥 운동 #병참 기지화 #국가 총동원법 #일본군 '위안부'

22강 3·1 운동과 대한민국 임시 정부

기출키워드

#민족 자결주의 #2·8 독립 선언서 # 민족 대표 33인 #탑골 공원 #3·1 운동 #제암리 사건 #대한민국 임시 정부 #한성 정부 #대한 국민 회의 #연통제·교통국 #이륭 양행 #백산 상회 #독립 공채 #구미 위원부 #한인 애국단 #한국광복군 #국민 대표 회의 #김구 #충칭

23강 무장 독립 투쟁의 전개

기출키워드

#독립 의군부 #대한 광복회 #강우규 #서간도 #신흥 강습소 #서전서숙 #명동학교 #권업회 #대한 광복군 정부 #대한인 국민회 #흥사단 #대조선 국민군단 #신한 청년단 #조선 청년 독립단 #의열단 #김원봉 #「조선 혁명 선언」 #봉오동 전투 #홍범도 #훈춘 사건 #청산리 대첩 #김좌진 #간도 참변 #자유시 참변 #미쓰야 협정 #한인 애국단 #이봉창 #윤봉길 #한국 독립군 #조선 혁명군 #조선 의용대 #한국 광복군 #지청천 #국내 진공 작전

24강 민족 문화 수호 운동

기출키워드

#6·10 만세 운동 #민족 유일당 운동 #신간회 #광주 학생 항일 운동 #방정환 #어린이날 #근우회 #조선 형평사 #백정 #암태도 소작 쟁의 #원산 총파업 #강주룡 을밀대 #물산 장려 운동 #조만식 #민립 대학 설립 운동 #경성 제국 대학 #문맹 퇴치 운동 #문자 보급 운동 #브나로드 운동 #박은식 #신채호 #조선어 학회 #저항 문학

21강 일제의 식민지 통치 정책

설쌤의 한판정리

1태토 2산미 3총동원
(1910년대 태형령·토지 조사 사업,
1920년대 산미 증식 계획,
1930년 국가 총동원법)

	1910년대 일제의 식민 통치	1920년대 일제의 식민 통치	1930~1940년대 일제의 식민 통치
	무단 통치 →	민족 분열 통치 (문화 통치) →	민족 말살 통치
식민 통치 정책	**군인 출신 총독 선발**	**군인 출신 총독 선발** 실제로 임명되지 않음	**황국 신민화 정책** · 황국 신민 서사 암송 · 창씨개명 강요
	헌병 경찰제 시행 재판 없이 즉시 처벌 가능	**보통 경찰제로의 변화** 경찰 수와 감시 비용 증가	**우리말 사용 금지**
	조선 태형령 제정(1912)	**치안 유지법 제정(1925)**	**농촌 진흥 운동 실시**
경제 수탈	**토지 조사 사업 실시 (1910~1918)** · 목적: 식민 통치에 필요한 재정 확보, 토지 약탈 · 결과: 한국인 몰락	**산미 증식 계획 실시 (1920~1934)** · 목적: 일본의 쌀 부족 상황 해결 · 결과: 한국인의 식량 사정 악화	**병참 기지화 정책** 남면북양 정책 시행
	회사령(1910) 목적: 한국인의 자본 성장 억제	**회사령 폐지·관세 철폐** 관세 철폐로 값싼 일본 상품이 유입, 한국 기업 손해	**국가 총동원법 제정(1938)** · 각종 금속이나 곡류를 빼앗음 · 징병제, 여자 정신 근로령 등을 만들어 한국인을 전쟁에 동원함
교육 정책	**제1차 조선 교육령(1911)** · 4년제 보통학교 · 한국어가 아닌 일본어 국어 교육 · 단순 기술과 실업 교육 집중	**제2차 교육령(1922)** · 6년제 보통학교 · 한국어와 한국사 수업 실시(수업 시간은 적음) · 사범 학교와 대학 설립 허용(실제로 설립되지 않음)	**제3차 교육령(1938)** · 조선어와 조선 역사 선택 과목 변경 **제4차 교육령(1943)** · 조선어와 조선 역사 폐지

1 1910년대 일제의 식민 통치

(1) 무단 통치의 시행: 일제는 한·일 병합 조약 이후 대한 제국의 이름을 다시 조선으로 바꾸었어요. 그리고 식민 지배를 위해 조선 총독부를 설치하였어요. 총독은 군인 출신에서 선발되었고, 통치 방식도 억압적이었어요.

헌병 경찰제 시행	• 군대에 소속된 헌병이 경찰 업무를 담당함 • 재판 없이도 즉시 처벌할 수 있는 법령(범죄 즉결례)이 제정되어 한국인을 탄압함
공포 정치 시행	일반 관리와 교사도 제복을 입고 칼을 착용하도록 하여 위협적인 분위기를 만듦
조선 태형령 제정(1912)	한국인에 대한 처벌 수단으로 태형을 시행함
언론·출판·집회·결사의 자유 억압	각종 신문을 폐간함

(2) 경제 수탈

① **토지 조사 사업 실시(1910~1918)**: 일제는 근대적인 토지 소유권을 세운다는 이유로 토지 조사 사업을 시행하였어요. 하지만 이는 식민 통치에 필요한 재정을 확보하고 토지를 약탈하기 위함이었어요.

토지 조사령 공포(1912)		
		• 임시 토지 조사국을 설치하고 토지 조사령을 공포하여 토지 조사를 시행함 • 정해진 기한 안에 토지를 신고해야 하는 원칙을 세움
	문제점	• 신고 기간이 짧고 신고 절차가 까다로워 신고가 어려움 • 신고되지 않은 토지, 소유자가 명확하지 않은 마을이나 가문의 토지는 조선 총독부의 소유로 함
	결과	• 동양 척식 주식회사가 관리하는 토지가 늘어남 • 일본인에게 토지가 싼값에 판매되며 일본인 대지주가 증가하고, 다수의 한국인은 소작농이 됨

② **산업 수탈을 위한 법령 제정**

회사령(1910)	• 회사를 설립할 때 반드시 조선 총독의 허가를 받도록 하는 법령 • 허가 조건에 맞지 않으면 사업을 금지하는 등 한국인의 자본 성장을 막기 위한 정책
기타	이 밖에도 삼림령, 어업령, 광업령, 임야 조사령 등을 제정하고 우리나라의 산업을 장악함

(3) 제1차 조선 교육령 시행(1911): 일제는 식민 지배에 필요한 교육을 위하여 교육령을 제정하였어요. 이 시기에는 한국인의 고등 교육을 제한하고 초보적인 기술 교육을 주로 진행하였어요.

① 6년제인 일본인 소학교와 달리, 한국인이 다니는 보통학교는 4년제로 정하였어요.
② 한국어가 아닌 일본어를 국어로 교육하고 단순한 기술과 실업 교육에 집중하였어요.

쌤! 질문 있어요!

Q 헌병은 무엇이고 헌병 경찰제의 실시로 또 어떤 문제가 나타났나요?

헌병이란 군대의 경찰로 군대 내에서 안전과 질서 유지 등의 업무를 맡고 있어요. 이렇게 군인 신분인 헌병이 경찰 업무를 맡게 되면서 헌병들은 일제를 반대하는 사람들을 강력하게 탄압하고, 심판 없이 사람들을 처벌하기도 하였어요.

✚ **태형**
곤장으로 볼기를 치는 형벌이에요.

✚ **동양 척식 주식회사**
일제가 한국의 토지와 자원을 침탈하기 위해 세운 회사예요.

✚ **대지주**
땅을 많이 가진 사람을 뜻해요.

✚ **소작농**
다른 사람 땅을 빌려 농사짓는 농민을 뜻해요.

✚ **소학교**
일본의 초등학교예요.

+ 문관
군인이 아닌 관리예요.

+ 경찰 인원 수의 변화

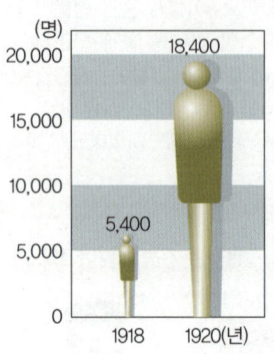

+ 사범 학교
교사를 기르기 위한 목적으로 세워진 학교예요.

2 1920년대 일제의 식민 통치

(1) 민족 분열 통치(문화 통치)의 시행: 일제의 강압적인 통치 방식에 대한 불만과 독립에 대한 의지가 커지며 1919년에 대규모의 만세 시위가 일어났어요(3·1 운동). 이를 계기로 일제는 통치 방식을 바꾸게 되었어요. 겉으로는 자유를 주는 것처럼 보이지만, 실제로는 독립운동을 탄압하고 친일파를 키우는 정책이었어요.

문관의 조선 총독 임명	• 기존의 군인 출신이 아닌 인물도 총독이 될 수 있도록 함 • 그러나 실제로는 단 한 차례도 문관 출신이 총독에 임명되지 않음
보통 경찰제로의 변화	• 헌병이 아닌 경찰이 경찰 업무를 담당할 수 있도록 함 • 그러나 경찰 인원 수와 비용을 세 배로 늘려 감시를 강화함
치안 유지법 제정 (1925)	사회주의자, 민족주의자 등의 활동을 금지하는 법령을 제정하여 독립운동가를 탄압함
언론·출판의 자유 일부 허용	• 『조선일보』, 『동아일보』 신문 창간(1920), 『개벽』 잡지 창간(1920) • 끊임없이 검열하여 기사를 삭제하거나 신문의 발행을 막음

(2) 경제 수탈

① **산미 증식 계획 실시(1920~1934)**: 1910년대에 일본에서는 쌀 부족 현상이 일어나며 쌀값이 폭등하였어요. 일제는 일본에 쌀을 안정적으로 공급하기 위하여 한국에서 쌀 생산량을 늘리고, 이를 일본으로 수출하려는 계획을 세웠어요.

진행 과정	• 쓸모없는 땅을 논밭으로 만드는 등 농지를 확장함 • 다른 작물을 기르던 밭을 쌀을 심기 위한 논으로 바꿈 • 저수지 등 물을 대기 위한 시설과 비료 공급을 늘림
문제점	• 물을 대기 위한 시설을 만들고 농민들에게 관련 비용을 거둠 • 쌀 생산량이 늘어난 것보다 더 많은 양을 일본으로 수출함
결과	• 일본으로 빠져나가는 쌀의 양이 늘어나면서 한국인의 식량 사정이 크게 나빠짐 • 한국인의 식량을 보충하기 위해 만주에서 잡곡을 대량으로 수입함 • 몰락하는 농민이 증가함

② **회사령 폐지(1920)**: 기존의 허가 방식을 없애고, 조선 총독부에 신고만 하면 회사를 설립할 수 있는 방식을 도입하였어요.

③ **관세 철폐(1923)**: 일본에서 수입하는 물건에 대한 세금을 없애는 정책이에요. 이로 인해 값싼 일본 상품이 국내에 유입되며 한국 기업은 큰 타격을 입었어요.

(3) 제2차 조선 교육령 시행(1922): 기존보다 교육 시설과 교육 기간이 늘어나고, 한국인의 고등 교육도 허용되었어요. 그러나 한국인의 진학률이 낮고, 고등 교육을 위한 대학 설립도 이루어지지 않았어요.

① 소학교와 보통학교 모두 6년제로 정하였어요.
② 한국어와 한국사 수업을 실시하였으나, 수업 시간은 적었어요.
③ 사범 학교와 대학의 설립을 허용하였으나 실제로는 설립되지 않았어요.

3 1930~1940년대 일제의 식민 통치

(1) 민족 말살 통치의 시행: 1930년대에 이르러 일제는 각종 전쟁을 일으키며 중국과 아시아 등지로 침략을 확대해 나갔어요. 이 과정에서 일제는 한국인의 정체성을 없애고 완전히 일본화시키려 하였으며, 한국인을 전쟁에 동원하기도 하였어요.

황국 신민화 정책 (일본(황국)의 백성이라는 뜻이에요.)	• '내선일체'와 '일선동조론' 등을 주장하며 한국인을 일본 천황에 충성하도록 하였음 • 도쿄를 향하여 절을 하는 궁성 요배 강요 • 일본 신사에 참배와 황국 신민 서사 암송 강요 • 소학교를 '황국 신민 학교(국민학교)'로 변경 • 성과 이름을 일본식으로 바꾸는 창씨개명 강요
조선 사상범 보호 관찰령 제정(1936)	• 한국인의 생각과 행동을 통제하기 위해 시행되었음 • 일제에 반하는 모든 사상을 탄압함
우리말 사용 금지	• 조선어 과목 폐지 • 우리말로 발행되던 『조선일보』, 『동아일보』 폐간(1940) • 치안 유지법을 적용하여 조선어 학회 탄압(1942)
농촌 진흥 운동 실시 (1932~1940)	농민을 구한다는 구실로 시행하였으나 실제로는 농촌을 통제하기 위한 정책이었음

+ 내선일체, 일선동조론
'내선일체'란 '조선과 일본이 하나'라는 뜻이에요. '일선동조론'은 일본인과 한국인의 조상이 같다는 주장이에요. 일제는 이러한 주장을 통해 한국인을 완전히 일본화시키려 하였어요.

+ 신사
일본의 신과 천황(일왕)을 받드는 종교 시설이에요.

+ 황국 신민 서사
• 우리는 대일본 제국의 신민입니다.
• 우리들은 마음을 다하여 천황께 충성을 다합니다.
• 우리들은 단련하여 훌륭하고 강한 국민이 되겠습니다.

+ 조선어 학회
우리말의 연구와 통일, 발전 등을 목적으로 세워진 단체예요.

(2) 경제 수탈

① **병참 기지화 정책 시행**: 일제는 대륙으로의 침략 전쟁을 진행하면서 한반도를 전쟁 기지로 삼으려고 하였어요. 그 결과 군대와 전쟁에 필요한 물품을 생산하는 데 집중하는 정책이 시행되었어요.
　㉠ 남부 지방에서는 면화를, 북부 지방에서는 양을 기르도록 하였어요(남면북양).
　㉡ 비료, 화학, 시멘트 등 전쟁과 군대 등에 필요한 산업 위주로 개발하였어요.

② **국가 총동원법 제정(1938)**: 1938년에 중·일 전쟁이 일어났어요. 일제는 전쟁을 위해 한국의 모든 것을 동원하는 법을 제정하여 강도 높은 수탈을 진행하였어요.

> 일제는 전쟁에 필요한 각종 금속이나 곡류를 빼앗아 갔어요. 이러한 물적 수탈 외에도 사람들을 전쟁에 동원하기도 하였지요.

국민 징용령(1939)	군수 산업에 종사할 노동력을 보충하기 위함
학도 지원병제(1943)	학생을 전쟁에 동원하기 위함
징병제(1944)	강제로 침략 전쟁에 동원하기 위함
여자 정신 근로령(1944)	• 여성을 전쟁 지원 인력으로 동원하기 위함 • 일부 여성들은 일본군 '위안부'로 끌려감

놋그릇 공출

(3) 제3차·제4차 조선 교육령

① **제3차 조선 교육령(1938)**: 조선어와 조선 역사가 선택 과목으로 바뀌었어요.
② **제4차 조선 교육령(1943)**: 조선어와 조선 역사가 폐지되었어요.

쌩! 질문 있어요!

Q 일본군 '위안부'란 무엇인가요?

일제가 강제로 전쟁에 동원한 여성들로 이들은 성폭력 등 인권 침해를 당하였어요. 오늘날 일본 정부는 일본군 '위안부'를 인정하지 않고, 이에 대한 사과도 하지 않고 있어요.

진실게임 OX 문제

"다음 글의 내용이 맞으면 O, 틀리면 X에 표시하기!"

1. 일제는 한·일 병합 조약 이후 대한 제국의 이름을 조선으로 바꾸었다. (O, X)
2. 1910년대 일제는 문화 통치를 시행하였다. (O, X)
3. 토지 조사 사업의 결과로 많은 일본인이 땅을 잃었다. (O, X)
4. 3·1 운동을 계기로 보통 경찰제가 헌병 경찰제로 바뀌었다. (O, X)
5. 1920년대에 『조선일보』, 『동아일보』 등의 신문이 창간되었으나 일제의 검열을 끊임없이 받아야 하였다. (O, X)
6. 제2차 조선 교육령의 시행으로 한국어와 한국사 수업이 실시되었다. (O, X)
7. 황국 신민화 정책으로 소학교가 보통학교로 바뀌었다. (O, X)
8. 1930년대에 일제는 농민을 구한다는 구실로 산미 증식 계획을 실시하였다. (O, X)
9. 일제는 민족 말살 통치를 시행하며 우리말의 사용을 금지하고 조선어 학회를 탄압하였다. (O, X)
10. 국가 총동원법이 제정되며 한국인들이 전쟁에 동원되었다. (O, X)

X 확인
1O 2X 3X 4X 5O 6O 7X 8X 9O 10O

2 1910년대 일제는 **무단 통치**를 시행하였어요.
3 토지 조사 사업의 결과로 많은 **한국인**이 땅을 잃었어요.
4 3·1 운동을 계기로 **헌병 경찰제가 보통 경찰제**로 바뀌었어요.
7 황국 신민화 정책으로 소학교가 **국민학교**로 바뀌었어요.
8 1930년대 일제는 농민을 구한다는 구실로 **농촌 진흥 운동**을 실시하였어요.

이론완성 빈칸채우기

"오늘 배운 내용을 떠올리며 다음 글의 빈칸을 채워보자!"

1. 1910년대 일제는 ☐☐☐☐을/를 제정하여 한국인에게 태형을 시행하였다.
2. 토지 조사 사업의 결과 ☐☐☐☐☐☐이/가 관리하는 토지가 늘어났다.
3. 일제는 회사를 설립할 때 총독의 허가를 받도록 하는 ☐☐☐을/를 제정하여 한국인의 자본 성장을 막고자 하였다.
4. 3·1 운동을 계기로 무단 통치에서 이른바 '☐☐☐☐'(으)로 통치 방식이 바뀌게 되었다.
5. 1920년대에 일제는 ☐☐ 출신도 총독이 될 수 있도록 하였으나 실제로는 단 한 차례도 임명되지 않았다.
6. 1923년에 일본산 물건에 대한 ☐☐을/를 없애는 정책이 시행되며 한국 기업은 큰 타격을 입었다.
7. 일제는 '조선과 일본이 하나'라는 ☐☐☐☐을/를 주장하며 한국인의 충성을 강요하였다.
8. 중·일 전쟁 이후 일제는 ☐☐☐☐☐을/를 제정하여 한국의 모든 것을 전쟁에 동원하였다.
9. 여자 정신 근로령이 제정되고 일부 여성들은 일본군 '☐☐☐'(으)로 끌려갔다.
10. 1944년에 ☐☐☐이/가 실시되며 한국인들이 일제의 침략 전쟁에 동원되었다.

1 조선 태형령 2 동양 척식 주식회사 3 회사령 4 문화 통치 5 일본 6 관세 7 내선일체 8 국가 총동원법 9 위안부 10 징병제

완벽 마무리 기출문제풀이

"쌤이 기출문제 중 가장 도움이 될 만한 것으로 특별히 골라왔어! 같이 풀어보자!"

01 다음 공고가 발표된 시기 일제의 정책으로 옳은 것은?

〈토지 조사 사무원 생도 모집〉

조선 총독부에서는 토지 조사 사업을 진행할 사무원 및 기술원 생도를 모집합니다.
- 모집 인원: 150명
- 수업 기간: 6개월 이내
- 담당 기관: 임시 토지 조사국 사무원 양성과

① 농광 회사를 설립하였다.
② 조선 태형령을 시행하였다.
③ 산미 증식 계획을 실시하였다.
④ 화폐 정리 사업을 추진하였다.

02 밑줄 그은 '시기'에 볼 수 있는 모습으로 가장 적절한 것은?

□□신문
제△△호 2020년 ○○월 ○○일

헌병, 군사 경찰로 명칭 변경

군대 내 경찰 직무를 수행해 오던 헌병이 군사 경찰이라는 새 이름을 달았다. 헌병은 일본식 표현으로, 국권 피탈 이후에는 일제가 헌병 경찰 제도를 실시하던 시기가 있었다. 따라서 이번 명칭 변경은 우리 사회에 남아 있던 일제의 잔재를 청산한다는 측면에서 중요한 역사적 의미가 있다.

① 제복을 입고 칼을 찬 교사
② 브나로드 운동에 참여하는 학생
③ 조선책략 유포에 반발하는 유생
④ 치안 유지법 위반으로 구속된 독립운동가

---

01 1910년대 일제의 식민 통치

자료에서 정답 키워드 찾기 정답: ②

👉 토지 조사 사업: 1910년대에 일제가 시행한 경제 수탈 정책
② 일제는 1910년대에 조선 태형령을 제정하여 한국인에 대한 처벌 수단으로 태형을 실시하였어요.

오답선지 다시보기

① 농광 회사는 1904년에 설립된 농업 회사예요.
③ 산미 증식 계획은 1920년대에 일제가 시행한 경제 수탈 정책이에요.
④ 화폐 정리 사업은 제1차 한·일 협약에 따라 파견된 메가타가 1905년에 주도한 사업이에요.

02 1910년대 일제의 식민 통치

자료에서 정답 키워드 찾기 정답: ①

👉 헌병 경찰 제도: 1910년대에 일제가 시행한 식민 통치 정책
① 1910년대 일제는 강압적으로 한국인을 통치하는 무단 통치를 시행하였어요. 이 시기에는 일반 관리와 교사도 제복을 입고 칼을 착용하도록 하는 등의 공포 정치를 일삼았어요.

오답선지 다시보기

② 브나로드 운동은 『동아일보』의 지원을 받아 1930년대에 진행된 농촌 계몽 운동이에요.
③ 『조선책략』은 강화도 조약 이후 수신사로 파견된 김홍집이 유포한 책으로, 1880년대에는 이 책의 내용에 반대하는 개화 반대 운동이 진행되었어요.
④ 치안 유지법은 1925년에 제정된 법으로, 일제가 독립운동가를 탄압하기 위해 만들었어요. 이 법으로 인해 1942년에는 조선어 학회도 탄압당하였어요.

21 일제의 식민지 통치 정책

03 다음 법령이 시행된 시기 일제의 경제 정책으로 옳은 것은?

① 미곡 공출제 시행
② 남면북양 정책 추진
③ 농촌 진흥 운동 전개
④ 토지 조사 사업 실시

04 밑줄 그은 '이 정책'으로 옳은 것은?

① 방곡령
② 신해통공
③ 산미 증식 계획
④ 토지 조사 사업

---

03 1910년대 일제의 식민 통치

자료에서 정답 키워드 찾기 — 정답: ④

- 회사령: 1910년에 시행된 법
- 조선 총독의 허가: 회사령의 주요 내용
- ④ 일제는 1912년에 토지 조사령을 제정하고 토지 조사 사업을 실시하였어요.

오답선지 다시보기

① 미곡 공출제는 일제가 전쟁에 필요한 식량을 얻기 위해 1940년대에 시행한 정책이에요.
② 남면북양 정책은 전쟁에 필요한 물품 생산을 위해 1930년대부터 시행한 정책이에요. 일제는 한반도 남부 지방에서는 면화를, 북부 지방에서는 양을 기르도록 하였어요.
③ 농촌 진흥 운동은 1930년대에 시행되었어요. 농민을 구한다는 구실로 시행하였으나 실제로는 농촌을 통제하기 위한 정책이었어요.

04 산미 증식 계획

자료에서 정답 키워드 찾기 — 정답: ③

- 1920년대: 산미 증식 계획의 시행 시기
- 쌀 생산량이 늘었지만 이보다 더 많은 양의 쌀을 일본으로 가져감: 산미 증식 계획의 결과
- ③ 산미 증식 계획은 일본의 쌀값이 폭등하자 이를 안정화하기 위해 일제가 1920년대부터 시행한 정책이에요. 산미 증식 계획으로 늘어난 생산량보다 많은 양의 쌀이 일본으로 수출되어 한국인의 식량 사정이 나빠지는 결과를 가져왔어요.

오답선지 다시보기

① 방곡령은 조·일 무역 규칙 체결 이후 조선의 쌀과 잡곡이 일본으로 무제한 빠져 나가자 함경도 관찰사 조병식이 쌀의 무제한 유출을 막기 위해 1889년에 선포한 명령이에요.
② 신해통공은 조선 정조 때 시행된 정책이에요. 이를 계기로 허가받지 않은 상인들도 상업 활동을 할 수 있게 되었어요.
④ 토지 조사 사업은 일제가 식민 통치에 필요한 재정을 확보하고 토지를 약탈하기 위해 1910년대에 실시한 사업이에요.

21강 일제의 식민지 통치 정책

05 밑줄 그은 '이 시기'에 볼 수 있는 모습으로 적절하지 않은 것은?

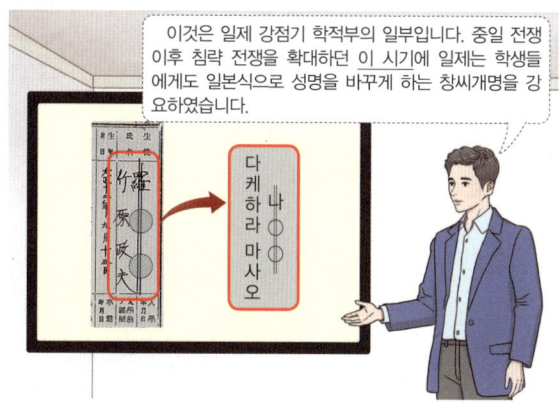

이것은 일제 강점기 학적부의 일부입니다. 중일 전쟁 이후 침략 전쟁을 확대하던 이 시기에 일제는 학생들에게도 일본식으로 성명을 바꾸게 하는 창씨개명을 강요하였습니다.

① 공출을 독려하는 애국반 반장
② 황국 신민 서사를 암송하는 학생
③ 국민 징용령에 의해 끌려가는 청년
④ 회사령을 공포하는 조선 총독부 관리

06 밑줄 그은 '시기'에 볼 수 있는 모습으로 가장 적절한 것은?

저는 지금 제주 송악산에 있는 일제 동굴 진지에 와 있습니다. 동굴 진지는 일제가 일으킨 태평양 전쟁이 전개되던 시기에 송악산 주변 군사 시설 경비와 연안으로 침투하는 연합군에 대한 대비를 위해 만들어졌습니다.

① 원산 총파업에 참여하는 노동자
② 만민 공동회에서 연설하는 백정
③ 황국 신민 서사를 암송하는 학생
④ 조선 태형령을 관보에 싣는 관리

---

05 1940년대 일제의 식민 통치

자료에서 정답 키워드 찾기   정답: ④

- 중·일 전쟁: 1938년 일제가 일으킨 전쟁
- 창씨개명: 1930년대에 일제가 한국인의 성과 이름을 일본식으로 바꾸게 한 정책
- ④ 회사령은 1910년대에 시행된 정책으로 회사를 설립할 때 조선 총독의 허가를 받도록 한 정책이에요.

오답선지 다시보기

① 공출은 일제가 전쟁에 필요한 금속이나 곡류를 빼앗아 가던 것으로, 1938년에 국가 총동원법이 제정되며 본격적으로 시행되었어요.
② 일제는 1930년대부터 한국인의 정체성을 없애고 일본화시키려는 황국 신민화 정책을 펼쳤어요. 이에 한국 사람들도 황국 신민 서사를 암송하고 신사를 참배하여야 했어요.
③ 국민 징용령은 1939년에 제정되었어요. 이로 인해 많은 한국인들이 일본의 탄광 등으로 끌려가게 되었어요.

06 1940년대 일제의 식민 통치

자료에서 정답 키워드 찾기   정답: ③

- 태평양 전쟁: 1941년 일제가 일으킨 전쟁
- ③ 일제는 1930년대부터 황국 신민화 정책을 펼치며 학생들에게 황국 신민 서사를 암송하게 하였어요.

오답선지 다시보기

① 원산 총파업은 1929년에 일어난 노동 운동이에요.
② 만민 공동회는 독립 협회가 주도한 민중 집회로 1890년대에 열렸어요.
④ 조선 태형령은 1910년대에 제정되었어요.

22강 3·1 운동과 대한민국 임시 정부

설쌤의 한판정리

📝 3·1 운동(1919)

배경
- 민족 자결주의 사상의 확산: 각 민족이 그들의 운명을 스스로 결정해야 한다는 주장의 확산
- 일제의 고종 독살설
- 2·8 독립 선언서 발표: 조선 청년 독립단이 1919년 2월 8일에 독립 선언서 발표

전개

만세 운동의 계획	→	3·1 독립 선언	→	시위의 확산과 탄압
• 민족 대표 33인 결정 • 고종의 장례일에 맞추어 시위 계획		• 1919년 3월 1일, 민족 대표들이 태화관에 모여 독립 선언서 낭독 • 학생과 시민들은 종로 탑골 공원에 모여 만세 시위 전개		• 도시에서 농촌으로 시위 확산 • 일제가 사람들을 학살한 제암리 사건 발생

결과
- 일제의 통치 방식 변화: 무단 통치 → 민족 분열 통치(문화 통치)
- 대한민국 임시 정부 수립
- 중국, 인도 등 세계 여러 나라의 민족 운동에 영향

📝 대한민국 임시 정부

수립 과정
- 3·1 운동 전후 곳곳에 임시 정부 수립
  - 서울, 한성 정부
  - 연해주, 대한 국민 회의
  - 상하이, 대한민국 임시 정부
  → 통합 정부 수립
    - 한성 정부 계승, 대한 국민 회의 통합
    - 삼권 분립, 민주주의 기초
    - 대통령: 이승만

주요 활동

연락망 조직	연통제, 교통국 운영
군자금 마련	• 이륭 양행, 백산 상회 설립 • 독립 공채 발행
외교 활동	구미 위원부 설치
홍보 활동	『독립신문』 발행
항일 독립운동	• 한인 애국단 조직(1931): 이봉창, 윤봉길 의거 • 한국광복군 조직(1940): 국내 진공 작전 준비

변화

국민 대표 회의 개최(1923)
↓
이승만 탄핵, 박은식 제2대 대통령 임명
↓
윤봉길 의거 이후 상하이에서 충칭으로 청사 이동
↓
김구 주석 선출
↓
한국 독립당, 한국광복군 창설

1 3·1 운동(1919)

(1) 배경
① **민족 자결주의 사상의 확산**: 제1차 세계 대전이 끝난 직후 미국의 대통령 윌슨은 각 민족이 그들의 운명을 스스로 결정해야 한다고 주장하였어요. 윌슨의 주장이 발표되자 식민 지배를 받는 세계 여러 나라에서 독립에 대한 의지가 높아졌어요.

 자결주의란 '스스로(자) 결정한다(결).'라는 뜻이에요. 즉, 다른 나라나 민족의 간섭 없이 해결하고 결정하려는 태도를 뜻해요.

② **일제의 고종 독살설**: 일제의 강압적인 통치로 사람들의 불만은 커져 갔어요. 이러한 상황에서 1919년 1월에 고종이 승하하였는데, 일제가 고종을 독살하였다는 소식이 퍼지며 사람들이 크게 분노하였어요.

③ **2·8 독립 선언서 발표**: 일본 유학생들이 모여 조선 청년 독립단을 조직하고, 1919년 2월 8일에 조선의 독립을 주장하는 독립 선언서를 발표하였어요.

✚ 제1차 세계 대전
1914년에 일어난 세계적인 규모의 전쟁이에요. 유럽의 여러 나라와 미국, 러시아, 일본 등이 참여하였어요. 1918년에 독일이 패배하고 영국, 프랑스, 미국 등이 승리하며 전쟁이 끝났어요.

✚ 승하
왕과 같이 높은 위치의 사람이 세상을 떠남을 높여 이르는 말이에요.

(2) 전개 과정

만세 운동의 계획	• 천도교, 기독교, 불교 등 각 종교의 대표자 **33명**으로 구성된 **민족 대표**를 결정함 • **고종의 장례일에 맞추어 시위를 계획함**
3·1 독립 선언	• 민족 대표들은 1919년 3월 1일 서울 인사동의 태화관에 모여 **3·1 독립 선언서(기미 독립 선언서)를 낭독**함 **우리는 조선이 독립한 나라이고 조선 사람이 자주적인 국민임을 선언하노라.** 세계 여러 나라에 알려 인류 평등의 도리를 밝히고, 자손 대대로 민족이 스스로의 힘으로 삶을 누리게 하노라. • 서울 종로구의 **탑골 공원**에 모인 학생과 시민들도 독립 선언을 하고 만세 시위를 전개함
시위의 확산과 일제의 탄압	• 전국의 주요 도시에서 **비폭력 만세 시위**가 전개됨 • 학생과 종교인에서 상인, 노동자, 농민 등도 시위에 참가함 • 일제는 헌병 경찰과 군대를 동원하여 **제암리 사건과 같이 무자비한 학살을 일으킴** • 일제의 탄압으로 만세 시위가 점차 폭력적으로 변화함 • 만세 시위는 국내뿐 아니라 만주, 연해주, 미국, 일본 등으로도 확산됨

↑ 3·1 운동 봉기 지역

유관순
천안에서 만세 시위를 주도하다 붙잡혀 형무소에서 생을 마감하였어요.

(3) 결과
① 일제의 통치 방식이 무단 통치에서 **민족 분열 통치(문화 통치)**로 바뀌었어요.
② **대한민국 임시 정부가 수립**되는 계기가 되었어요.

(4) 의의
① 일제 강점기 최대 규모의 민족 운동이었어요.
② 중국, 인도 등 세계 여러 나라의 민족 운동에 영향을 주었어요.

 쌤! 질문 있어요!

Q 제암리에서 어떤 일이 일어났나요?

3·1 운동이 시작된 이후 만세 시위가 점차 퍼져 나가며 수원에서도 만세 시위가 일어나기 시작하였어요. 일제는 끝없이 일어나는 만세 시위를 진압하고자 하였어요. 이에 일제는 수원 제암리(오늘날의 화성에 위치)의 한 교회에 사람들을 모이게 한 후 무참히 죽였어요. 그리고 증거를 없애기 위해 교회에 불을 질렀어요. 이 사건으로 총 28명이 사망하였어요.

2 대한민국 임시 정부

(1) 수립 배경: 3·1 운동 이후 독립운동을 이끌 지도부가 필요하다는 인식이 커졌어요.

(2) 수립 과정

① 3·1 운동 전후로 서울에 한성 정부, 연해주에 대한 국민 회의, 상하이에 대한민국 임시 정부가 수립되었어요.

② 효율적인 독립운동을 위해 세 곳의 임시 정부 통합 논의가 진행되었어요. 그 결과 서울의 한성 정부를 계승하고 연해주의 대한 국민 회의와 상하이의 임시 정부를 통합하여 1919년 9월, 상하이에 대한민국 임시 정부를 수립하였어요.

(3) 정부 조직

① 대한민국 임시 정부는 삼권 분립과 민주주의를 기초로 삼았어요.

② 대통령에는 이승만, 국무총리에는 이동휘가 선임되었어요.

이승만   이동휘

(4) 대한민국 임시 정부의 주요 활동

연락망 조직	• **연통제**: 국내에 설치한 비밀 조직으로 대한민국 임시 정부의 국내외 연락 업무를 담당함 • **교통국**: 중국 단둥에 설치한 비밀 조직으로 대한민국 임시 정부와 국내의 연락 업무, 독립운동 자금 모집 업무를 담당함
군자금 마련	• 만주의 **이륭 양행**, 부산의 **백산 상회**라는 회사를 통하여 군자금을 모음 • **독립 공채**를 발행함
외교 활동	구미 위원부: 이승만이 미국 워싱턴에 설치하였으며, 미국과의 외교 업무를 수행함
홍보 활동	• 『**독립신문**』 발행 • 『**한·일 관계 사료집**』 간행
항일 독립운동	• **한인 애국단 조직(1931)**: 대한민국 임시 정부의 김구가 중심이 되어 일제의 주요 인물을 제거하기 위해 만든 비밀 조직으로 대표적인 단원으로는 **윤봉길과 이봉창** 등이 있음 • **한국광복군 조직(1940)**: 일제에 무력으로 대항하기 위하여 조직한 군대로 영국군과 연합하여 인도·미얀마 전쟁에 참전하였고, 미국과 연합하여 국내 진공 작전을 준비하였음

임시 정부의 기관 신문으로 1896년에 발행된 『독립신문』과는 이름이 똑같지만 서로 다른 신문이에요.

✦ 삼권 분립

권력이 한쪽에 집중되는 것을 막기 위한 제도예요. 법을 만드는 기관, 법에 따라 재판을 하는 기관, 법에 따라 국가를 운영하는 기관이 국가의 일을 나누어 맡아요.

✦ 민주주의

국민이 권력을 가지고 그 권력을 스스로 행사하는 제도를 뜻해요. 오늘날 대한민국도 민주주의 국가지요.

✦ 독립 공채

독립운동을 위한 돈을 마련하기 위해 발행한 것으로 돈을 빌린 뒤 나중에 돈을 갚겠다는 약속을 담은 문서예요. 애국 공채라고도 불렀어요.

✦ 『한·일 관계 사료집』

국제 사회에 한국의 독립 의지를 알리기 위해 만든 자료예요. 한국과 일본 관계의 역사와 식민 통치 상황 등을 담고 있어요.

(5) 대한민국 임시 정부의 변화: 대한민국 임시 정부 내부에서는 독립운동의 방법과 정부 운영에 대한 의견 차이가 생겨났어요. 이로 인해 임시 정부의 독립운동가들은 **국민 대표 회의**를 열어 운영 방식에 대해 논의를 하고, 여러 차례 헌법을 바꾸기도 하였어요.

① 국민 대표 회의(1923)

배경	• 연락망이 일제에 발각되어 임시 정부의 상황이 어려워짐 • 이승만의 외교 정책에 반대하는 목소리가 높아짐
목적	대한민국 임시 정부가 나아갈 방향을 논의하기 위해 회의가 개최됨
전개	• 임시 정부를 해체하고 새로운 정부를 설립하자는 세력(신채호 등)과 운영 방식만 바꾸자는 세력(안창호 등)이 대립함 • 5개월간 회의가 지속되었으나 결국 의견을 모으지 못하고 끝남
결과	• 이승만이 탄핵되고, 박은식이 제2대 대통령이 됨 • 국민 대표 회의 이후로 많은 운동가들이 임시 정부를 탈퇴함

✦ **탄핵**
대통령이나 법관 등이 중대한 잘못을 저질렀을 때, 그 잘못을 물어 해당 자리에서 내려오게 하는 제도예요.

② 국민 대표 회의 이후 대한민국 임시 정부

㉠ 대한민국 임시 정부의 헌법과 운영 체제가 여러 차례 바뀌었어요. 그럼에도 독립운동과 임시 정부 운영에 별다른 성과를 거두지 못하였어요.

㉡ **김구**는 대한민국 임시 정부의 어려움을 극복하고자 **한인 애국단을 조직하였어요.** 한인 애국단원인 윤봉길이 중국 훙커우 공원에서 일본군을 다수 처단하는 의거를 일으켰는데, 이로 인하여 임시 정부는 일본군을 피해 충칭에 정착하기 전까지 여러 차례 이동하여야 했어요.

↑ 대한민국 임시 정부 이동로

김구

㉢ 1940년에 또 다시 헌법을 바꾸고, 김구가 주석으로 선출되었어요. **김구는 한국 독립당과 한국광복군을 조직하여 항일 독립운동을 지속해 나갔어요.**

✦ **주석**
국가나 정당에서 가장 높은 위치에 있는 사람이에요.

진실게임 OX 문제

"다음 글의 내용이 맞으면 O, 틀리면 X에 표시하기!"

1	일제가 고종을 독살하였다는 소문이 퍼지며 사람들은 크게 분노하였다.	(O , X)
2	3·1 운동은 순종의 장례일에 맞추어 시작되었다.	(O , X)
3	3·1 운동은 마지막까지 비폭력 시위로 진행되었다.	(O , X)
4	일제는 제암리에서 사람들을 무자비하게 학살하는 사건을 일으켰다.	(O , X)
5	3·1 운동은 국내뿐만 아니라 만주와 연해주, 일본, 미국 등 해외에서도 진행되었다.	(O , X)
6	대한민국 임시 정부는 삼권 분립과 민주주의를 기초로 삼았다.	(O , X)
7	대한민국 임시 정부는 서울에 수립되었다.	(O , X)
8	국민 대표 회의 결과 박은식이 탄핵되었다.	(O , X)
9	김구는 대한민국 임시 정부의 어려움을 극복하고자 한인 애국단을 조직하였다.	(O , X)
10	이봉창 의거 이후 대한민국 임시 정부는 일본군을 피해 여러 차례 이동하여야 했다.	(O , X)

X 확인

1O 2X 3X 4O 5O 6O 7X 8X 9O 10X

2 3·1 운동은 **고종**의 장례일에 맞추어 시작되었어요.
3 3·1 운동은 **확산되면서 점차 폭력 시위로 바뀌었어요.**
7 대한민국 임시 정부는 **중국 상하이**에 수립되었어요.
8 국민 대표 회의 결과 **이승만**이 탄핵되었어요.
10 **윤봉길** 의거 이후 대한민국 임시 정부는 일본군을 피해 여러 차례 이동하여야 했어요.

이론완성 빈칸채우기

"오늘 배운 내용을 떠올리며 다음 글의 빈칸을 채워보자!"

1. 제1차 세계 대전이 끝난 직후 민족 □□□□ 사상이 확산되었다.
2. 일본 유학생들은 1919년 2월 8일에 □□□□□을/를 발표하였다.
3. 각 종교의 대표자가 모여 □□□□ 33인을 구성하고 만세 운동을 계획하였다.
4. 1919년 3월 1일에 학생과 시민들은 □□□□에 모여 독립 선언을 하고 만세 시위를 전개하였다.
5. 대한민국 임시 정부의 초대 대통령으로는 □□□이/가 선임되었다.
6. 대한민국 임시 정부는 국내외 연락 업무를 위하여 □□□와/과 교통국을 운영하였다.
7. 대한민국 임시 정부는 군자금 마련을 위해 □□□□을/를 발행하였다.
8. 대한민국 임시 정부가 나아갈 방향을 논의하기 위하여 1923년에 □□□□□□이/가 개최되었다.
9. 한인 애국단원인 □□□은/는 중국 훙커우 공원에서 일본군을 다수 처단하는 의거를 일으켰다.
10. 1940년에 □□이/가 대한민국 임시 정부의 주석으로 선출되었다.

정답 1 자결주의 2 독립 선언문 3 민족 대표 4 탑골 공원 5 이승만 6 연통제 7 독립 공채 8 국민 대표 회의 9 윤봉길 10 김구

완벽 마무리 기출문제풀이

"쌤이 기출문제 중 가장 도움이 될 만한 것으로 특별히 골라왔어! 같이 풀어보자!"

01 다음 상황이 일어난 시기를 연표에서 옳게 고른 것은?

> 나는 충격적인 사건이 발생한 제암리에 와 있다. 이곳에서 일본군은 교회에 마을 사람들을 모이게 하고 사격을 가한 후 불을 질렀다고 한다.

1875 - (가) - 1897 - (나) - 1910 - (다) - 1932 - (라) - 1945
운요호 사건 / 대한 제국 수립 / 국권 피탈 / 윤봉길 의거 / 8·15 광복

① (가) ② (나)
③ (다) ④ (라)

02 밑줄 그은 '만세 시위'에 대한 설명으로 옳은 것은?

> 이것은 친일파 이완용의 경고문입니다. 탑골 공원 등에서 독립 선언서를 낭독하는 것으로 시작된 학생과 시민들의 만세 시위가 전국으로 확산하자, 그 열기를 꺾을 목적으로 작성되었습니다.

> 조선 독립을 외치는 것이 허언, 망동이라고 유지인사들이 계속 말해도 깨닫지를 못하니 …… 망동을 따라하면 죽거나 다치게 될 것이니 이것이 바로 삶 중에서 죽음을 구함이 아닌가.

① 순종의 인산일에 전개되었다.
② 만주, 연해주, 미주 등지로 확산하였다.
③ 일제의 황무지 개간권 요구를 철회시켰다.
④ 러시아의 내정 간섭과 이권 침탈을 규탄하였다.

---

01 3·1 운동

자료에서 정답 키워드 찾기 — 정답: ③

👆 제암리: 3·1 운동 당시 일제가 한국인을 학살한 장소
③ 3·1 운동은 국권 피탈과 윤봉길 의거 사이인 1919년에 일어났어요.

오답선지 다시보기
① 운요호 사건과 대한 제국 수립 사이에 발생한 사건으로는 강화도 조약 체결, 갑오개혁, 을미사변, 아관 파천 등이 있어요.
② 대한 제국 수립과 국권 피탈 사이에 발생한 사건으로는 광무개혁, 을사늑약 체결 등이 있어요.
④ 윤봉길 의거와 8·15 광복 사이에 발생한 사건으로는 한국광복군 창설 등이 있어요.

02 3·1 운동

자료에서 정답 키워드 찾기 — 정답: ②

👆 탑골 공원: 3·1 운동 당시 사람들이 모여 만세 시위를 시작한 장소
👆 독립 선언서: 3·1 독립 선언서(기미 독립 선언서)
② 3·1 운동은 국내뿐만 아니라 만주, 연해주, 미주 등지로 확산하였어요.

오답선지 다시보기
① 순종의 인산일(장례일)에 전개된 만세 운동은 6·10 만세 운동이에요. 3·1 운동은 고종의 인산일에 전개되었어요.
③ 일제가 황무지 개간권을 요구하자 보안회는 이러한 일제의 요구를 막아 냈어요.
④ 아관 파천으로 러시아의 간섭이 심해지자 독립 협회는 이러한 상황을 비판하였어요.

03 밑줄 그은 '만세 시위'에 대한 설명으로 옳은 것은?

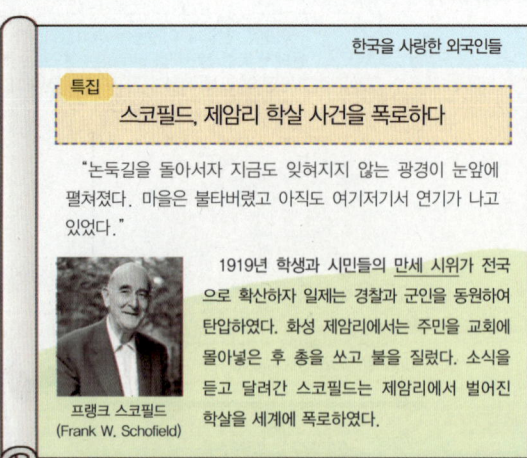

특집
스코필드, 제암리 학살 사건을 폭로하다

"논둑길을 돌아서자 지금도 잊혀지지 않는 광경이 눈앞에 펼쳐졌다. 마을은 불타버렸고 아직도 여기저기서 연기가 나고 있었다."

프랭크 스코필드 (Frank W. Schofield)

1919년 학생과 시민들의 만세 시위가 전국으로 확산하자 일제는 경찰과 군인을 동원하여 탄압하였다. 화성 제암리에서는 주민을 교회에 몰아넣은 후 총을 쏘고 불을 질렀다. 소식을 듣고 달려간 스코필드는 제암리에서 벌어진 학살을 세계에 폭로하였다.

① 순종의 인산일에 전개되었다.
② 대한매일신보의 후원을 받았다.
③ 대한민국 임시 정부 수립의 계기가 되었다.
④ 신간회에서 진상 조사단을 파견하여 지원하였다.

04 (가)의 활동으로 옳은 것은?

이 장면은 새로운 기법으로 구현한 (가) 의 충칭 청사와 그 요인들입니다. (가) 은/는 3·1 운동을 계기로 수립되어 독립운동을 활발하게 전개하였습니다.

① 독립문을 건립하였다.
② 서전서숙을 설립하였다.
③ 대한국 국제를 반포하였다.
④ 한국광복군을 창설하였다.

03 3·1운동

자료에서 정답 키워드 찾기   정답: ③

- 제암리 학살 사건: 3·1 운동 당시 일제가 한국인을 학살한 사건
- ③ 3·1 운동 이후 독립운동을 이끌 지도부가 필요하다는 인식이 커지며 대한민국 임시 정부가 수립되었어요.

오답선지 다시보기

① 순종의 인산일에 6·10 만세 운동이 전개되었어요.
② 『대한매일신보』는 국채 보상 운동을 후원하였어요.
④ 광주 학생 항일 운동이 일어나자 신간회에서 진상 조사단을 파견하여 지원하였어요.

04 대한민국 임시 정부

자료에서 정답 키워드 찾기   정답: ④

- 충칭: 대한민국 임시 정부의 마지막 청사가 있던 곳
- 3·1 운동을 계기로 수립: 대한민국 임시 정부의 수립 계기
- ④ 대한민국 임시 정부는 1940년에 지청천을 총사령관으로 하는 한국광복군을 창설하였어요.

오답선지 다시보기

① 독립 협회는 자주 독립에 대한 의지를 밝히기 위해 독립문을 건설하였어요.
② 이상설은 신학문 교육을 위해 북간도에 서전서숙을 설립하였어요.
③ 고종은 러시아 공사관에서 덕수궁으로 돌아온 후 대한 제국을 수립하고, 자주독립과 황제의 권한 강화 의지를 밝히는 대한국 국제를 반포하였어요.

22강 3·1 운동과 대한민국 임시 정부

05 밑줄 그은 '정부'의 활동으로 옳지 않은 것은?

- 할머니, 이 건물은 무엇인가요?
- 3·1 운동을 계기로 수립된 정부가 상하이에 있을 때 청사로 사용했던 건물이란다.

① 연통제를 실시하였다.
② 독립 공채를 발행하였다.
③ 구미 위원부를 설치하였다.
④ 대한국 국제를 반포하였다.

06 (가)의 활동으로 옳은 것은?

이 기념관은 독립운동가 안희제가 1914년 부산에 설립한 백산 상회의 옛터에 건립되었습니다. 백산 상회는 단순한 상회가 아니라 독립운동에 크게 기여한 조직으로, 특히 1919년 상하이에서 수립된 (가) 에 독립운동 자금을 지원하였고 독립신문 배포에도 중요한 통로가 되었습니다.

독립운동의 자취를 찾아서
생방송 현재 5,057명 시청 중

① 구미 위원부를 설치하였다.
② 만민 공동회를 개최하였다.
③ 국채 보상 운동을 지원하였다.
④ 신흥 무관 학교를 설립하였다.

---

05 대한민국 임시 정부

자료에서 정답 키워드 찾기 — 정답: ④

- 3·1 운동을 계기로 수립된 정부: 대한민국 임시 정부
- ④ 고종은 대한 제국을 수립하고 대한국 국제를 반포하였어요.

오답선지 다시보기

① 대한민국 임시 정부는 국내외와의 연락을 위해 연통제와 교통국을 설립하였어요.
② 대한민국 임시 정부는 독립 공채를 발행하여 독립운동을 위한 군자금을 마련하였어요.
③ 대한민국 임시 정부는 미국 워싱턴에 구미 위원부를 설치하여 외교 활동을 펼쳤어요.

06 대한민국 임시 정부

자료에서 정답 키워드 찾기 — 정답: ①

- 백산 상회: 만주의 이륭 양행과 함께 대한민국 임시 정부의 군자금을 마련하는 데 도움을 주던 회사
- 상하이에서 수립: 대한민국 임시 정부
- ① 대한민국 임시 정부는 외교 활동을 위해 미국 워싱턴에 구미 위원부를 설치하였어요.

오답선지 다시보기

② 독립 협회는 우리나라 최초의 근대적 민중 집회인 만민 공동회를 개최하였어요.
③ 『대한매일신보』는 국채 보상 운동을 지원하였어요.
④ 신민회는 만주 독립군을 키우고자 삼원보에 신흥 강습소를 설립하였어요. 신흥 강습소는 이후에 신흥 무관 학교로 이름을 바꾸었어요.

23강 무장 독립 투쟁의 전개

설쌤의 한판정리

봉청자미!
(봉오동 전투→청산리 대첩→
자유시 참변→미쓰야 협정)

📝 1910년대 무장 독립 투쟁

| 국내 | 독립 의군부(고종 복위 주도), 대한 광복회(공화정 체제 근대 국가 건설), 강우규 의거(총독에 폭탄 투척) |||||

국내	서간도	북간도	연해주	미국	중국·일본
	• 삼원보 • 경학사 • 신흥 강습소 (이후 신흥 무관학교)	• 서전서숙(이상설) • 명동 학교(김약연) • 중광단	• 권업회 • 대한 광복군 정부 • 대한 국민 회의	• 흥사단(샌프란 시스코, 안창호) • 대조선 국민군단 (하와이, 박용만)	• 신한 청년당 (중국, 김규식) • 조선 청년 독립단 (일본, 2·8 독립 선언서)

📝 1920년대 무장 독립 투쟁

의열단(1919)
- 만주에서 **김원봉** 중심 조직
- 「**조선 혁명 선언**」 기초로 활동: 무력 투쟁
- 주요 활동: 조선 총독부(김익상), 종로 경찰서(김상옥),
  동양 척식 주식회사(나석주) 폭탄 투척 의거

독립군의 무장 투쟁

봉오동 전투 (1920)	대한 독립군(홍범도)
훈춘 사건 (1920)	훈춘의 일본 영사관 습격 (일본군의 만주 출병 위한 자작극)
청산리 대첩 (1920)	북로 군정서군(**김좌진**)과 대한 독립군(**홍범도**) 연합
간도 참변 (1920)	일제의 보복
자유시 참변 (1921)	러시아 내전 승리 세력과 독립군 사이의 마찰
3부 성립	참의부·정의부·신민부
미쓰야 협정 (1925)	• 미쓰야와 장쭤린 사이 체결 • 독립군 체포와 탄압

📝 1930~1940년대 무장 독립 투쟁

한인 애국단(1931)
- 이봉창(도쿄 일왕 마차 폭탄 투척)
- 윤봉길(훙커우 공원 의거)
  → 중국의 지원,
  일제의 탄압으로 임시 정부 이동

한·중 연합 작전(1931)
- 한국 독립군 + 중국 호로군: 쌍성보·대전자령 전투 승리
- 조선 혁명군 + 중국 의용군: 영릉가·흥경성 전투 승리

조선 의용대(1938)
- **김원봉**(의열단) 중심으로 조직
- 중국 국민당 정부의 지원

→ 일부 합류

한국 광복군(1940)
- 대한민국 임시 정부의 정규 군대
- 총사령관 **지청천**
- 미국과 연합하여 **국내 진공 작전 준비**

1 1910년대 무장 독립 투쟁

(1) 국내의 무장 독립 투쟁: 국권 침탈 이후 독립운동가들은 일제 헌병 경찰의 감시를 피해서 비밀 조직을 만들고 독립운동을 하였어요.

독립 의군부(1912)	• 임병찬 등이 고종의 명을 받아 조직한 단체 • 헤이그 특사 이후 강제로 물러나게 된 고종을 복위시키려고 함 • 의병 전쟁을 계획하던 중에 일제에 발각되어 해체됨
대한 광복회(1915)	• 박상진, 김좌진 등이 대구에서 조직한 단체 • 근대적인 공화정 체제를 가진 국가 건설을 지향함
강우규 의거(1919)	제3대 총독의 마차에 폭탄을 투척함

✦ **복위**
자리에서 물러난 왕이 다시 그 자리에 오르는 것이에요.

✦ **공화정**
다수가 의사결정을 통해 나라를 이끄는 정치 제도예요.

(2) 국외의 무장 독립 투쟁: 일제의 감시와 탄압을 피해 해외로 이주한 독립운동가들은 독립군을 기르기 위해 학교를 세우는 등 다양한 활동을 펼쳤어요.

서간도	삼원보	• 이회영 등 신민회 인물을 중심으로 세워진 독립군 기지 • 자치 기관인 경학사를 조직하고, 군사 기관인 서로 군정서 설립 • 독립군 양성을 위한 신흥 강습소 설립
북간도	서전서숙·명동 학교	• 서전서숙: 이상설이 신학문 교육을 위해 설립한 학교 • 명동 학교: 김약연의 주도로 민족 교육을 위해 설립된 학교로 이 학교 출신으로는 윤동주와 나운규 등이 있음
	중광단	• 대종교에서 설립한 무장 단체 • 이후 북로 군정서로 이름을 바꿈(총사령관 김좌진)
연해주	권업회	• 블라디보스토크의 한인 기지인 신한촌에서 조직된 독립운동 단체 • 『권업신문』을 창간하여 민족의 정신을 강조함
	대한 광복군 정부	• 권업회가 효과적인 독립운동을 위해 만든 정부 조직 • 이상설이 대통령을 맡음
	대한 국민 회의	• 3·1 운동 직후 수립된 정부 조직 • 손병희가 대통령을 맡음
미국	흥사단	• 안창호를 중심으로 샌프란시스코에 세워진 단체 • 사회 교육, 민족 부흥 등을 목적으로 세워짐
	대조선 국민군단	• 박용만을 중심으로 하와이에 세워진 단체 • 독립군의 양성을 목적으로 세워짐
중국·일본	신한 청년단	• 여운형과 김규식을 중심으로 중국 상하이에 세워진 단체 • 제1차 세계 대전이 끝난 뒤 열린 파리 강화 회의에 김규식을 대표로 파견하여 한국 독립에 대한 협조를 구함
	조선 청년 독립단	• 일본 유학생들을 중심으로 일본 도쿄에 세워진 단체 • 2·8 독립 선언서를 발표함

○ 만주와 연해주

✦ **대종교**
1909년 나철이 만든 종교로 단군을 믿는 것이 특징이에요.

쌤! 질문 있어요!

Q 일제 강점기 해외의 한국인들은 어떻게 살았을까요?

한·일 병합 조약 전후로 국내에서의 상황이 어려워지자 많은 독립운동가와 사람들이 가까운 만주와 연해주 등으로 이주하였어요. 이들은 만주에 삼원보, 연해주에 신한촌 등의 한인 마을을 세우고 독립운동을 펼쳤어요. 한편 저 멀리 미국이나 멕시코로 이주해 간 사람들도 있었어요. 이들은 주로 농장에서 일하였는데, 농장에서 번 돈을 독립운동 단체로 보내 독립운동을 후원하였어요.

2 1920년대 무장 독립 투쟁

(1) **의열단**의 무장 투쟁(1919)
① 의열단의 조직: 3·1 운동 이후 만주에서 **김원봉** 등이 조직한 단체예요.
② 활동 방향: 의열단은 **신채호가 작성한 「조선 혁명 선언」을 가르침 삼아 활동**하였는데, 일제에 대한 무력 투쟁이 주요한 활동이었어요.

> 폭력은 우리 혁명의 유일한 무기이다. 우리는 민중 속에 가서 민중과 손을 잡아 끊임없는 폭력, 암살, 파괴, 폭동으로써 강도 일본의 통치를 타도하고……
> – 신채호, 「조선 혁명 선언」

③ 주요 활동: 초반에는 개인 투쟁에 집중하였으나 이후에는 조선 혁명 학교를 설립하는 등 조직적인 투쟁 운동으로 활동 방향을 바꾸었어요.

김익상	조선 총독부에 폭탄 투척
김상옥	종로 경찰서에 폭탄 투척
나석주	조선 식산 은행과 동양 척식 주식회사에 폭탄 투척

✚ **조선 식산 은행**
조선 총독부가 만든 은행이에요.

(2) 독립군의 무장 투쟁: 만주에 세워진 독립운동 단체 중 일부는 독립을 위해 일본군을 상대로 전쟁을 벌이기 시작하였어요. 이들은 큰 승리를 얻기도 하였지만, 패배한 일본군이 독립군을 강력하게 탄압하며 많은 한국인들이 피해를 입기도 하였어요.

봉오동 전투 (1920)	**홍범도**가 이끄는 대한 독립군이 북간도의 봉오동 지역에서 일본군을 물리침
훈춘 사건 (1920)	일제가 만주 지역의 독립군을 탄압하기 위해 훈춘 사건을 조작하고 이를 구실로 대규모의 일본군을 만주 지역에 배치함
청산리 대첩 (1920)	• **김좌진**이 이끄는 북로 군정서와 홍범도가 이끄는 대한 독립군은 연합하여 만주에 들어온 일본군을 상대로 전쟁을 벌임 • **백운평, 천수평, 어랑촌 전투** 등에서 일본군을 처단하고 큰 승리를 거둠
간도 참변 (1920)	봉오동 전투와 청산리 대첩에서 독립군이 연달아 승리하자 일제는 이를 보복하기 위해 간도 지역의 한국인을 무참하게 학살함
자유시 참변 (1921)	• 간도 참변을 피해 독립군은 중국 **밀산**에 모여 러시아 자유시로 이동함 • 러시아에서도 내전이 발전하였는데, 내전에서 승리한 세력과 독립군 사이에 마찰이 생기며 다수의 독립군이 크게 다치거나 죽음
3부 성립	다시 만주로 돌아온 독립군은 대한민국 임시 정부 소속의 기구(**참의부·정의부·신민부**)를 조직하고 독립운동을 이어 나감
미쓰야 협정 (1925)	• 독립군이 끈질기게 저항하자 일제가 만주 지역의 독립군을 체포하고자 만주 지역을 장악한 **장쭤린(장작림)과 협정을 맺음** • 독립운동을 하는 한국인을 체포하여 일제에 넘기면 상금을 받을 수 있게 되자 많은 독립군이 체포를 당하고 독립군의 활동이 줄어들게 됨

일제가 중국의 도적들에게 돈을 주고 일본 영사관을 습격하게 한 사건이에요. 일제는 영사관 습격을 독립군의 소행으로 몰았어요.

✚ **미쓰야 협정**
미쓰야는 조선 총독부의 경무국장(오늘날의 경찰청장)으로 장쭤린과 협정을 맺은 인물이에요. 이들의 협정으로 한국인들이 대거 체포당하였어요.

3 1930~1940년대 무장 독립 투쟁

(1) 한인 애국단의 무장 투쟁(1931)
① 한인 애국단의 조직: 김구가 대한민국 임시 정부의 어려움을 극복하고자 결성하였어요.
② 주요 활동

이봉창	도쿄에서 일왕이 탄 마차를 향해 폭탄 투척(1932)
윤봉길	• 상하이 훙커우 공원에서 열린 일제 기념 행사에서 폭탄 투척(1932) • 훙커우 공원에서의 의거를 계기로 중국 국민당 정부의 지원을 받게 됨

이봉창   윤봉길

(2) 한·중 연합 작전
① 연합 작전 시행 배경: 1931년에 일제가 만주를 침략하는 사건이 일어났어요(만주 사변). 이로 인해 중국 내에서도 반일 감정이 심해졌고, 만주의 독립군과 중국군이 함께 연합하여 일제에 맞서 싸우게 되었어요.
② 주요 활동

한국 독립군	지청천이 이끌었으며, 중국 호로군과 함께 쌍성보·대전자령 전투에서 승리함
조선 혁명군	양세봉이 이끌었으며, 중국 의용군과 함께 영릉가·흥경성 전투에서 승리함

(3) 조선 의용대의 활동(1938)
① 조선 의용대의 조직: 의열단 출신의 김원봉은 **중국 국민당 정부의 지원을 받아 중국 우한의 한커우에서 조선 의용대를 조직하였어요**(1938).
② 주요 활동: 조선 의용대는 중국군과 연합하여 여러 전투에서 큰 승리를 거두었어요. 이후 김원봉을 비롯한 일부 세력은 **한국광복군에 합류하였어요**.

✚ 조선 의용대
중국의 지원을 받아 중국 내에서 조직된 최초의 한인 무장 부대였어요.

(4) 한국광복군의 활동(1940)
① 한국 광복군의 조직: 윤봉길 의거 이후 일제의 탄압을 받아 이동하던 대한민국 임시 정부는 중국의 지원을 받아 **충칭에 정착하게 되었어요**. 그리고 임시 정부는 **지청천을 총사령관**으로 하는 한국광복군을 창설하였어요(1940).
② 주요 활동 대한민국 임시 정부의 정규군이었어요.

대일 선전 포고 (1941)	일제를 향해 선전 포고를 함
인도·미얀마 전쟁 참여(1943)	영국군과 연합하여 작전을 수행함
국내 진공 작전 준비 (1945)	• 미국과 연합하여 국내로 들어와 일제를 무너뜨릴 작전을 준비함 • 그러나 제2차 세계 대전에서 패배한 일본이 항복을 하고, 한국이 광복을 맞이하면서 국내 진공 작전이 실현되지 못함

진실게임 OX 문제

"다음 글의 내용이 맞으면 O, 틀리면 X에 표시하기!"

1. 독립 의군부는 공화정 체제의 근대 국가 건설을 목표로 하였다. (O, X)
2. 윤봉길은 조선 총독부 총독의 마차에 폭탄을 투척하였다. (O, X)
3. 서간도에서는 독립군 양성을 위한 신흥 강습소가 설립되었다. (O, X)
4. 미국에 설립된 독립운동 단체로는 권업회와 대한 광복군 정부가 있다. (O, X)
5. 의열단은 일제의 주요 건물에 폭탄을 투척하는 의거 활동을 펼쳤다. (O, X)
6. 청산리 대첩 이후 일제는 한국인을 무참하게 학살하는 훈춘 사건을 일으켰다. (O, X)
7. 미쓰야 협정이 맺어진 이후 독립군의 활동이 크게 늘었다. (O, X)
8. 만주 사변 이후 만주의 독립군과 중국군이 함께 연합하여 일제에 맞서 싸우게 되었다. (O, X)
9. 대한민국 임시 정부의 정규 군대로 한인 애국단이 창설되었다. (O, X)
10. 국내 진공 작전은 일제의 항복으로 실현되지 못하였다. (O, X)

확인
1X 2X 3O 4X 5O 6X 7X 8O 9X 10O

1. **대한 광복회**는 공화정 체제의 근대 국가 건설을 목표로 하였어요.
2. **강우규**는 조선 총독부 총독의 마차에 폭탄을 투척하였어요.
4. **연해주**에 설립된 독립운동 단체로는 권업회와 대한 광복군 정부가 있어요.
6. 청산리 대첩 이후 일제는 한국인을 무참하게 학살하는 **간도 참변**을 일으켰어요.
7. 미쓰야 협정이 맺어진 이후 독립군의 활동이 크게 **줄었어요**.
9. 대한민국 임시 정부의 정규 군대로 **한국광복군**이 창설되었어요.

이론완성 빈칸채우기

"오늘 배운 내용을 떠올리며 다음 글의 빈칸을 채워보자!"

1. 임병찬 등은 고종의 명을 받아 ☐☐☐☐을/를 조직하고 고종의 복위를 주도하였다.
2. 이회영 등의 신민회 인물을 중심으로 만주 ☐☐☐에 독립군 기지가 세워졌다.
3. 김약연의 주도로 설립된 ☐☐☐☐의 출신으로는 윤동주, 나운규 등이 있다.
4. ☐☐☐은/는 미국 샌프란시스코에서 흥사단을 조직하였다.
5. 의열단은 신채호가 작성한 ☐☐☐☐☐☐을/를 가르침 삼아 활동하였다.
6. ☐☐☐이/가 이끄는 대한 독립군은 봉오동 지역에서 일본군을 물리쳤다.
7. 일제는 만주 지역의 독립군을 체포하고자 장쭤린과 ☐☐☐☐을/를 맺었다.
8. ☐☐☐☐☐ 소속의 이봉창은 도쿄에서 일왕이 탄 마차를 향해 폭탄을 던지는 의거를 일으켰다.
9. 지청천이 이끄는 ☐☐☐☐☐은/은 중국군과 연합하여 쌍성보 전투에서 승리하였다.
10. ☐☐☐☐☐은/는 일제를 향해 선전 포고를 하고 국내 진공 작전을 준비하였다.

1 독립 의군부 2 삼원보 3 명동학교 4 안창호 5 「조선 혁명 선언」 6 홍범도 7 미쓰야 협정 8 한인 애국단 9 한국 독립군 10 한국광복군

완벽 마무리 기출문제풀이

"쌤이 기출문제 중 가장 도움이 될 만한 것으로 특별히 골라왔어! 같이 풀어보자!"

01 (가)에 들어갈 내용으로 적절한 것은?

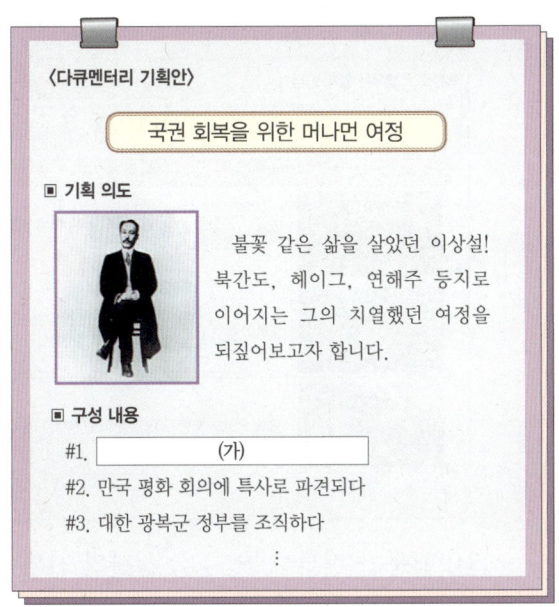

① 의열단을 조직하다.
② 서전서숙을 설립하다.
③ 동양 평화론을 집필하다.
④ 시일야방성대곡을 발표하다.

02 (가)에 해당하는 지역을 지도에서 옳게 찾은 것은?

① ㉠
② ㉡
③ ㉢
④ ㉣

---

01 이상설

자료에서 정답 키워드 찾기 — 정답: ②

- 이상설: 헤이그 특사로 파견되었으며 이후 서간도에서 서전서숙을 설립함
- 대한 광복군 정부: 연해주에 설립된 조직으로 이상설이 대통령을 맡음
② 이상설은 서간도에서 신학문 교육을 위한 학교인 서전서숙을 설립하였어요.

오답선지 다시보기

① 김원봉은 만주에서 의열단을 조직하였어요.
③ 안중근은 하얼빈에서 이토 히로부미를 처단하였으며, 이후 감옥에서 『동양 평화론』을 집필하였어요.
④ 을사늑약 체결 이후 장지연은 『황성신문』에 「시일야방성대곡」을 발표하였어요.

02 서간도

자료에서 정답 키워드 찾기 — 정답: ②

- 이회영: 서간도로 이주하여 독립운동을 펼친 인물
- 신흥 강습소: 서간도에 세워진 독립군 양성 기관
② 이회영은 서간도로 망명하여 독립군 기지인 삼원보와 독립군 양성 기관인 신흥 강습소를 설립하였어요.

오답선지 다시보기

① 충칭에 대한민국 임시 정부의 마지막 청사가 세워졌어요.
③ 하와이에서 박용만 등이 대조선 국민군단을 세웠어요.
④ 멕시코에 많은 한인들이 이주하여 농장에서 일하였고, 이들은 농장에서 번 돈을 독립운동 단체에 보내 후원하였어요.

완벽 마무리 기출문제풀이

03 (가)에 해당하는 인물로 옳은 것은?

① 나석주 ② 안중근
③ 지청천 ④ 홍범도

04 (가)에 들어갈 전투로 옳은 것은?

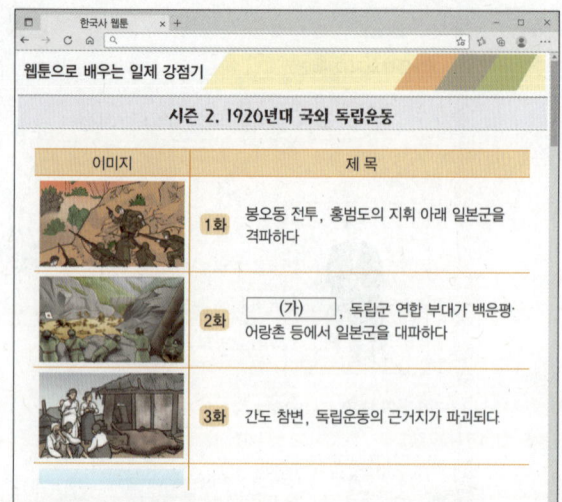

① 영릉가 전투 ② 청산리 전투
③ 홍경성 전투 ④ 대전자령 전투

03 홍범도

자료에서 정답 키워드 찾기 정답: ④

- 대한 독립군 총사령관: 홍범도
- ④ 홍범도는 대한 독립군의 총사령관으로 봉오동 전투에서 일본군을 크게 물리쳤어요.

오답선지 다시보기

① 나석주는 의열단원으로 조선 식산 은행과 동양 척식 주식회사에 폭탄 투척 의거 활동을 전개하였어요.
② 안중근은 하얼빈에서 이토 히로부미를 처단하였어요.
③ 지청천은 한국광복군의 총사령관으로 활동하였어요.

04 청산리 대첩

자료에서 정답 키워드 찾기 정답: ②

- 백운평·어랑촌: 청산리 대첩이 일어난 주요 지역
- 간도 참변: 봉오동 전투와 청산리 대첩에 대한 보복으로 일제가 만주의 한국인을 무참하게 학살한 사건
- ② 김좌진이 이끄는 북로 군정서와 홍범도가 이끄는 대한 독립군의 연합은 청산리에서 일제를 상대로 크게 이겼어요. 청산리 대첩의 주요 전투로는 백운평, 천수평, 어랑촌 전투가 있어요.

오답선지 다시보기

① 영릉가 전투는 1930년대에 조선 혁명군과 중국 의용군이 연합하여 승리한 전투예요.
③ 홍경성 전투는 1930년대에 조선 혁명군과 중국 의용군이 연합하여 승리한 전투예요.
④ 대전자령 전투는 1930년대에 한국 독립군과 중국 호로군이 연합하여 승리한 전투예요.

23강 무장 독립 투쟁의 전개

05 (가)에 들어갈 군사 조직으로 옳은 것은?

나는 김원봉입니다. 의열단의 단장으로 활동하고, 중국 관내 최초의 한인 무장 부대인 (가) 을/를 만들었습니다.

나는 박차정입니다. 근우회의 중앙 집행 위원으로 활동하고, (가) 의 부녀 복무 단장으로 무장 투쟁에도 참여하였습니다.

① 대한 독립군
② 북로 군정서
③ 조선 의용대
④ 조선 혁명군

06 (가) 군대에 대한 설명으로 옳은 것은?

뮤지컬로 역사를 만나다
작전명 독수리

"오늘 이 시간부터 아메리카 합중국과 대한민국 임시 정부의 비밀 공작이 시작되었다."

대한민국 임시 정부의 (가) 와/과 미국의 전략 정보국(OSS)이 합작한 국내 진공 작전, 일명 '독수리 작전'에 대한 이야기를 뮤지컬로 보여 드립니다.

- 일시: 2022년 ○○월 ○○일 오후 7시
- 장소: △△문화회관 ◇◇홀

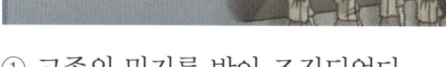

① 고종의 밀지를 받아 조직되었다.
② 조선 혁명 선언을 활동 지침으로 삼았다.
③ 지청천을 총사령관으로 하여 창설되었다.
④ 영릉가 전투에서 한중 연합 작전을 전개하였다.

---

05 조선 의용대

자료에서 정답 키워드 찾기 — 정답: ③

- 김원봉: 의열단과 조선 의용대를 조직한 인물
- 중국 관내 최초의 한인 무장 부대: 조선 의용대
- ③ 김원봉이 조직한 조선 의용대는 중국의 지원을 받아 중국 내에서 조직된 최초의 한인 무장 부대였어요. 박차정은 김원봉의 아내이자 조선 의용대의 복무 단장으로 활약하였어요.

오답선지 다시보기

① 홍범도가 이끄는 대한 독립군은 봉오동 전투에서 일본군을 물리쳤어요.
② 김좌진이 이끄는 북로 군정서는 홍범도가 이끄는 대한 독립군과 함께 청산리 전투에서 일본군을 물리쳤어요.
④ 양세봉이 이끄는 조선 혁명군은 중국 의용군과 함께 영릉가, 흥경성 전투에서 승리하였어요.

06 한국광복군

자료에서 정답 키워드 찾기 — 정답: ③

- 대한민국 임시 정부: 한국광복군의 소속
- 국내 진공 작전: 한국광복군이 일제를 무너뜨리기 위해 미국과 연합하여 준비한 작전
- ③ 한국광복군은 지청천을 총사령관으로 하여 1940년에 창설되었어요.

오답선지 다시보기

① 임병찬 등이 고종의 명을 받아 독립 의군부를 조직하였어요.
② 의열단은 신채호가 작성한 「조선 혁명 선언」을 활동 지침으로 삼았어요.
④ 조선 혁명군은 영릉가 전투에서 한·중 연합 작전을 펼쳤어요.

24강 민족 문화 수호 운동

여러 인물의 이름과 각 인물의 활동 사항을 정리해 두면 큰 도움이 될거야!

설쌤의 한판정리

사회 운동

청년 운동	소년 운동	여성 운동	형평 운동	농민·노동 운동
• 6·10 만세 운동(1926) - 순종의 인산일에 만세 시위 계획 - 사회주의 + 민족주의 단결 계기 • 광주 학생 항일 운동 (1929) - 신간회가 진상 조사단 파견	• 방정환 - 천도교 소년회 창립 - 어린이날 제정 신간회 창립 (민족 유일당 운동의 결과)	• 조선 여자 교육회 (1920) • 근우회(1929) - 신간회의 자매 단체	• 조선 형평사(1923) - 백정 차별 반대하는 형평 운동 전개	• 농민 운동 - 암태도 소작 쟁의 (1923) • 노동 운동 - 원산 총파업(1929) - 강주룡의 평양 을밀대 고공 농성(1931)

실력 양성 운동

	물산 장려 운동	민립 대학 설립 운동	문맹 퇴치 운동	
배경	일제의 관세 철폐 정책으로부터 한국 기업을 보호하려는 움직임	한국인에 대한 차별적 교육에 반발	문맹을 퇴치하고 농촌을 계몽하려는 움직임	
전개	평양에서 조만식을 중심으로 전개	이상재, 이승훈을 중심으로 조선 민립 대학 기성회 설립	『조선일보』 중심, 문자보급운동 전개	『동아일보』 지원, 브나로드 운동 전개
구호	"내 살림 내 것으로"	"한민족 1천만이 한 사람이 1원씩"	"아는 것이 힘이다. 배워야 산다."	"배우자 가르치자, 다함께 브나로드"

→ 일제가 경성 제국 대학을 설립하며 운동이 실패로 끝남

민족 문화 수호 운동

한국사 연구
- 박은식: 『한국통사』, 『한국독립운동지혈사』 저술
- 신채호: 「독사신론」, 「조선 혁명 선언」 저술

한글 연구
- 조선어 연구회(1921): 가갸날 제정
- 조선어 학회(1931): 『우리말 큰사전』 편찬 시도 → 조선어 학회 사건으로 해체

문화·예술 활동
- 저항 문학: 「진달래꽃」(김소월), 「님의 침묵」(한용운), 「광야」(이육사), 「별 헤는 밤」(윤동주)
- 영화: 「아리랑」(나운규)

기타
- 손기정: 베를린 올림픽 마라톤 금메달 획득
- 안창남: 한국 최초의 비행사
- 전형필: 문화유산 수집을 통해 문화유산 보호

1 사회 운동

(1) 청년 운동

① 6·10 만세 운동(1926)

 경제적 불평등에 반발하며 계획적인 생산과 평등한 분배를 주장하는 사상이에요.

배경	• 사회주의 사상이 청년과 지식인을 중심으로 널리 퍼짐 • 치안 유지법이 제정되고, 사회주의 세력이 탄압을 받음 • 사회주의 세력과 학생, 종교 단체를 중심으로 만세 시위를 준비함
전개	• 순종의 인산일에 맞추어 만세 시위를 계획하였으나, 준비 과정에서 많은 관련 인물들이 체포됨 • 조선 학생 과학 연구회 등 학생 단체를 중심으로 시위가 전개됨
의의	• 사회주의 계열과 민족주의 계열이 단결하여 일제에 대항하려는 움직임이 일어남(민족 유일당 운동) 민족의 독립과 통일을 가장 중요시하는 사상이에요. • 민족 유일당 운동을 계기로 이상재 등을 중심으로 하는 신간회가 창립됨(1927)

② 광주 학생 항일 운동(1929)

배경	• 광주에서 출발한 기차 안에서 일본인 남학생이 한국인 여학생을 희롱하자, 주변의 한국인 학생과 일본인 학생들 사이에서 싸움이 일어남 • 일본 경찰이 출동하였으나, 한국인 학생들만 체포됨
전개	• 일제의 대응에 폭발한 광주 지역의 학생들은 동맹 휴학과 대규모 시위를 전개함 • 신간회가 진상 조사단을 파견하고, 시위를 지원하며 전국적으로 발전함
의의	3·1 운동 이후 최대 규모의 항일 민족 운동

(2) 소년 운동

① 주도: 방정환이 천도교 소년회를 창립하고, 어린이의 인권을 강조하는 소년 운동을 주도하였어요.
② 활동: 어린이날을 제정하고, 잡지 『어린이』를 발간하였어요.

어린이날 표어

(3) 여성 운동

① 배경: 여성의 사회적 진출이 활발해지면서 여성 차별을 없애기 위한 목소리가 높아졌어요. 이에 따라 여성의 지위를 향상하기 위한 여성 운동이 전개되었어요.
② 주요 활동: 여성 교육을 위한 조선 여자 교육회(1920)가 조직되었어요. 또 신간회의 자매단체인 근우회(1929)가 여러 지역에 지점을 두고 강연회를 개최하고 잡지 『근우』를 발간하는 등 여성을 일깨우기 위한 활동을 펼쳤어요.

(4) 형평 운동

① 배경: 갑오개혁으로 신분제가 폐지된 이후에도 백정을 향한 사회적 차별이 여전히 존재하였어요. 이에 백정에 대한 차별을 없애고 평등한 사회를 만들려는 형평 운동이 전개되었어요.

✚ 인산일
왕, 왕세자, 왕비 등의 장례일이에요.

쌤! 질문 있어요!

Q 민족 유일당 운동은 어떻게 시작되었나요?

당시 독립운동가들은 사회주의나 민족주의 등 각자의 사상에 따라 서로 다른 방식의 독립운동을 펼쳤어요. 그런데 시간이 흐르면서 점차 일제와 타협하려는 세력이 등장하기 시작하였어요. 이에 여러 세력이 힘을 합쳐 독립운동을 펼쳐야 할 필요성을 깨닫고 민족 유일당 운동이 시작되었지요.

✚ 형평
균형이 맞음을 뜻해요.

✚ 백정
소나 돼지 등의 가축을 잡는 일을 직업으로 하는 사람이에요. 조선 시대에는 이들에 대한 차별이 심하였어요.

② 주요 활동: 조선 형평사(1923)를 조직하고, 백정에 대한 모욕적인 칭호를 없애고 평등한 사회를 쟁취하기 위한 활동을 펼쳤어요.

> 공평은 사회의 근본이고 애정은 인류의 본령이다. 그러한 까닭으로 우리는 계급을 타파하고 모욕적 칭호를 폐지하여, 우리도 참다운 인간이 되는 것을 기하자는 것이 우리의 주장이다. 지금까지 조선의 백정은 어떠한 지위와 압박을 받아 왔는가? …… 직업의 구별이 있다고 한다면 금수의 생명을 빼앗는 자는 우리만이 아니다.
> — 조선 형평사 취지문

형평 운동 포스터

✚ 소작료
다른 사람의 땅을 빌려 농사를 지은 대가로 지주(땅의 주인)에게 치르는 사용료예요.

(5) 농민·노동 운동

농민 운동	배경	토지 조사 사업, 산미 증식 계획 등으로 많은 농민이 자기 땅을 잃고 다른 사람의 땅을 빌려 농사짓는 소작농이 되었고, 높은 소작료로 인해 생활에 어려움이 심해짐
	주요 사건	암태도 소작 쟁의(1923): 과도하게 높은 소작료를 거두었던 지주의 횡포에 맞서 1년간 투쟁한 결과, 소작료를 낮추는 성과를 거둠
노동 운동	배경	일제의 공업화 정책에 따라 공장 등이 많이 생겨났지만, 노동자들은 열악한 노동 환경과 낮은 임금으로 불만이 높아짐
	주요 사건	• 원산 총파업(1929): 한 석유 회사의 일본인 감독이 한국인 노동자를 구타하며 일어난 사건으로, 원산의 노동자들이 총파업을 진행함. 전국 각지는 물론 중국, 소련, 프랑스로부터도 격려와 지지를 받음 • 강주룡의 평양 을밀대 고공 농성(1931): 평양의 한 고무 농장에서 노동자들의 임금을 삭감하자, 이에 항의하며 강주룡이 을밀대 지붕에 올라가 노동 운동을 펼쳤음

✚ 을밀대
평양 시내를 내려다 볼 수 있는 곳에 위치한 정자예요.

2 실력 양성 운동

> 3·1 운동 이후 당장의 독립이 어렵다고 판단한 일부 지식인들을 중심으로 전개된 운동이에요. 이들은 당장의 독립이 어렵다면 먼저 우리의 실력을 키우자며 주장하였고 이에 따라 다양한 활동을 펼쳤어요.

(1) 물산 장려 운동

① 배경: 1920년부터 일제가 회사령을 없애자 한국인이 설립한 회사가 생겨났어요. 그런데 한국과 일본 사이에 관세가 철폐되며 일본의 값싼 물건이 한국에 들어오게 되었어요. 이로 인하여 한국인이 설립한 기업이 어려움을 겪었고, 한국 기업을 보호하려는 물산 장려 운동이 일어났어요.

② 전개 및 결과

전개	• 평양에서 조만식을 중심으로 조선 물산 장려회를 조직함 • 국산품 사용을 권장하는 활동을 주로 펼침
구호	"내 살림 내 것으로", "조선인이 만든 것을 먹고, 입고, 쓰자"
결과	사회주의 세력의 비판이 강하였고, 일제의 탄압도 심해짐

물산 장려 운동 포스터

(2) 민립 대학 설립 운동

① 배경: 일제는 한국인에 대한 차별적인 교육을 실시하였어요. 이에 대학을 설립하여 민족의 실력을 키우려는 움직임인 민립 대학 설립 운동이 시작되었어요.

② 전개 및 결과

전개	• 이상재, 이승훈 등이 조선 민립 대학 기성회를 설립함 • 이 단체를 중심으로 대학 설립을 위한 모금 활동을 전개함
구호	"한민족 1천만이 한 사람이 1원씩"
결과	일제가 민립 대학 설립 운동을 막고자 경성 제국 대학을 설립하면서 운동이 실패로 끝나게 됨

+ 경성 제국 대학
일제가 1924년에 설립한 대학이에요. 처음에는 의학부, 법·철학·사학·문과 등의 학과로만 구성하였어요. 이는 한국인에게 과학 기술 등을 가르치지 않기 위함이었지요. 이후 과학 계열의 학과도 설립하였지만 학문의 자유를 인정하지 않았고, 한국인 학생 수도 제한하는 등 차별이 있었어요. 경성 제국 대학은 광복 후 서울대학교에 통합되었어요.

(3) 문맹 퇴치 운동

① 배경: 글을 읽지 못하는 문맹자가 많아지면서 이들을 일깨우기 위한 움직임이 일어났어요. 언론 기관을 중심으로 문맹을 퇴치하고, 농촌을 계몽하는 운동이 펼쳐졌어요.

② 전개

문자 보급 운동 (1929~1934)	• 『조선일보』를 중심으로 전개됨 • "아는 것이 힘이다. 배워야 산다"라는 구호를 내걸음 • 한글 교재인 『한글원본』을 보급하고, 강연회를 개최함
브나로드 운동 (1931~1934)	• 『동아일보』의 지원을 받아 전개됨 • "배우자 가르치자, 다함께 브나로드"라는 구호를 내걸음 • 농촌 계몽 운동을 전개함

> 러시아어로 '민중 속으로'라는 뜻이에요.

3 민족 문화 수호 운동

(1) 한국사 연구

① 배경: 일제는 한국이 발전하지 못하고 고대 사회에 머물러 있으며, 한국 민족은 단결할 줄 모른다는 왜곡된 주장을 하였어요. 그리고 이를 근거로 한국 식민 통치를 합리화하였어요. 박은식, 신채호 등은 일제의 논리에 반박하고자 역사 연구를 진행하였어요.

② 주요 인물

박은식	• 『한국통사』를 저술하여 일본의 침략 과정을 정리함 • 한국의 독립운동 과정을 정리하고 『한국독립운동지혈사』를 저술함
신채호	• 고대사를 연구하고 「독사신론」, 『조선상고사』, 『조선사연구초』 등을 저술함 • 의열단의 행동 지침인 「조선 혁명 선언」을 저술함

브나로드 운동 포스터

박은식

신채호

(2) 한글 연구

조선어 연구회 (1921)	• '가갸날(한글날)'을 제정하고 잡지 『한글』을 발행하여 한글 연구와 보급에 힘씀 • 이후 조선어 학회로 발전함
조선어 학회 (1931)	• 「한글 맞춤법 통일안」 등을 제정함 • 『우리말 큰사전(조선말 큰사전)』 편찬을 진행하였으나 조선어 학회 사건(1942)으로 주요 인사들이 체포되며 끝내 완성하지 못함

✚ **조선어 학회 사건**
일제가 1942년에 조선어 학회와 관련된 인물들을 검거하며 탄압한 사건이에요.

(3) 문화·예술 활동

① 문학

1910년대	최초의 현대적 장편 소설인 『무정』(이광수) 발표
1920년대	• 저항 문학이 활발하게 쓰여짐 • 대표작: 김소월의 「진달래꽃」, 한용운의 「님의 침묵」, 이상화의 「빼앗긴 들에도 봄은 오는가」
1930년대	• 순수 문학이나 농촌과 관련된 문학이 쓰여짐 • 대표작: 김유정의 『봄봄』·『동백꽃』, 심훈의 『상록수』
1940년대	• 최남선, 이광수 등 일제에 협력하는 친일 문학가의 활동이 많아짐 • 일제에 저항하는 문학도 활발하게 쓰여짐 • 저항 문학 대표작: 이육사의 「광야」, 윤동주의 「별 헤는 밤」·「서시」 등

② 영화: 우리나라 최초의 영화인 나운규의 「아리랑」이 단성사에서 발표되었어요 (1926).

③ 음악: 안익태가 「애국가」를 작곡하였어요.

④ 그림: 이중섭이 '소'를 소재로 그림을 그리며 민족의 아픔을 표현하였어요.

(4) 기타

손기정	• 1936년 베를린 올림픽에 출전하여 마라톤 금메달을 획득함 • 『조선일보』와 『동아일보』가 손기정 우승 사진 속 일장기를 지우고 보도하자 이를 계기로 일제의 탄압을 받았음
안창남	한국 최초의 비행사
전형필	일제 강점기에 수많은 문화유산을 수집하여 일제로부터 우리의 문화유산을 지켜냄

✚ **이육사**
본명은 이원록으로, 독립운동으로 형무소에 갇혔을 때의 수감 번호인 '264'를 따서 스스로를 '이육사'라고 불렀어요.

✚ **단성사**
우리나라에서 가장 오래된 극장으로 1907년에 문을 열었어요.

이중섭의 「소」

진실게임 OX 문제

"다음 글의 내용이 맞으면 O, 틀리면 X에 표시하기!"

1. 고종의 인산일에 맞추어 6·10 만세 운동이 계획되었다. (O, X)
2. 6·10 만세 운동을 계기로 신간회가 창립되었다. (O, X)
3. 광주 학생 항일 운동 당시 근우회가 진상 조사단을 파견하였다. (O, X)
4. 조선 형평사는 여성에 대한 차별을 없애려는 형평 운동을 전개하였다. (O, X)
5. 원산 총파업이 일어나자 국내외에서 격려와 지지를 보냈다. (O, X)
6. '내 살림 내 것으로'라는 구호를 내걸은 물산 장려 운동은 사회주의 세력의 지원을 받았다. (O, X)
7. 언론 기관을 중심으로 문맹 퇴치 운동이 일어났다. (O, X)
8. 박은식은 의열단의 행동 지침인 「조선 혁명 선언」을 저술하였다. (O, X)
9. 조선어 학회 사건으로 주요 인사들이 체포되며 『우리말 큰사전』은 끝내 완성되지 못하였다. (O, X)
10. 대표적인 저항 문학으로는 김소월의 「진달래꽃」, 이육사의 「광야」 등이 있다. (O, X)

정답 확인 1X 2O 3X 4X 5O 6X 7O 8X 9O 10O

1 **순종**의 인산일에 맞추어 6·10 만세 운동이 계획되었어요.
3 광주 학생 항일 운동 당시 **신간회**가 진상 조사단을 파견하였어요.
4 조선 형평사는 **백정**에 대한 차별을 없애려는 형평 운동을 전개하였어요.
6 '내 살림 내 것으로'라는 구호를 내걸은 물산 장려 운동은 사회주의 세력의 **비판**을 받았어요.
8 **신채호**는 의열단의 행동 지침인 「조선 혁명 선언」을 저술하였어요.

이론완성 빈칸채우기

"오늘 배운 내용을 떠올리며 다음 글의 빈칸을 채워보자!"

1. 6·10 만세 운동을 계기로 사회주의 계열과 민족주의 계열이 단결하려는 ☐☐☐☐ 운동이 전개되었다.
2. 신간회가 진상 조사단을 파견하였던 ☐☐☐☐☐☐☐은/는 3·1 운동 이후 최대 규모의 항일 민족 운동이었다.
3. ☐☐☐은/는 어린이날을 제정하고, 잡지 『어린이』를 발간하였다.
4. 1930년대에 강주룡은 임금 삭감 등에 반대하며 평양 ☐☐☐에 올라가 노동 운동을 펼쳤다.
5. 일제의 차별적인 교육에 반대하고 민족의 실력을 키우기 위해 ☐☐☐☐☐☐☐이/가 시작되었다.
6. 『동아일보』의 지원을 받아 전개된 ☐☐☐☐ 운동은 농촌 계몽 운동의 성격을 띠었다.
7. ☐☐☐☐☐☐은/는 가갸날을 제정하는 등 한글 연구와 보급에 힘썼다.
8. 1940년대에는 최남선, 이광수 등 일제에 협력하는 ☐☐ 문학가의 활동이 많아졌다.
9. 단성사에서 우리나라 최초의 영화인 나운규의 ☐☐☐이/가 발표되었다.
10. ☐☐☐은/는 베를린 올림픽에 출전하여 마라톤 금메달을 획득하였다.

정답 1 민족 유일당 2 광주 학생 항일 운동 3 방정환 4 을밀대 5 민립 대학 설립 운동 6 브나로드 7 조선어 연구회 8 친일파 9 아리랑 10 손기정

완벽 마무리 기출문제풀이

"쌤이 기출문제 중 가장 도움이 될 만한 것으로 특별히 골라왔어! 같이 풀어보자!"

01 (가) 단체의 활동으로 옳은 것은?

이것은 일제가 (가) 및 근우회의 지회를 표기한 지도입니다. 지도에 붉은색으로 표시된 (가) 은/는 이상재를 회장으로 창립되어 100개가 넘는 지회가 만들어지는 등 전국적 조직망을 갖추었습니다.

① 고종 강제 퇴위 반대 운동을 전개하였다.
② 신흥 강습소를 세워 독립군을 양성하였다.
③ 일제의 황무지 개간권 요구를 철회시켰다.
④ 광주 학생 항일 운동에 진상 조사단을 파견하였다.

02 다음 상황 이후에 일어난 사실로 옳은 것은?

호외요! 호외! 대한 제국의 마지막 황제께서 승하하셨소!

① 6·10 만세 운동이 일어났다.
② 헤이그 특사가 파견되었다.
③ 토지 조사 사업이 실시되었다.
④ 제너럴셔먼호 사건이 발생하였다.

---

01 신간회

자료에서 정답 키워드 찾기   정답: ④

- 근우회: 신간회의 자매단체
- 이상재: 신간회의 회장
- ④ 신간회는 1929년에 일어난 광주 학생 항일 운동에 진상 조사단을 파견하고 시위를 지원하였어요.

오답선지 다시보기

① 대한 자강회는 고종의 강제 퇴위 반대 운동을 전개하였어요.
② 신민회는 서간도에서 신흥 강습소를 세워 독립군을 양성하였어요.
③ 보안회는 일제의 황무지 개간권 요구를 철회시켰어요.

02 6·10 만세 운동

자료에서 정답 키워드 찾기   정답: ①

- 대한 제국의 마지막 황제: 순종
- ① 대한 제국 마지막 황제인 순종의 인산일에 맞추어 6·10 만세 운동이 일어났어요(1926).

오답선지 다시보기

② 을사늑약의 부당함을 국제 사회에 알리기 위해 대한 제국 고종 황제는 1907년에 헤이그 특사를 파견하였어요.
③ 일제는 식민 통치를 위한 재정 확보를 위해 1910년대에 토지 조사 사업을 실시하였어요.
④ 제너럴셔먼호 사건(1866)의 결과 신미양요가 발생하였어요(1871).

24강 민족 문화 수호 운동

03 (가) 민족 운동에 대한 설명으로 옳은 것은?

① 대한매일신보의 지원을 받았다.
② 통감부의 탄압으로 실패하였다.
③ 순종의 인산일을 계기로 일어났다.
④ 신간회에서 진상 조사단을 파견하였다.

04 (가)에 들어갈 민족 운동으로 옳은 것은?

① 브나로드 운동
② 물산 장려 운동
③ 국채 보상 운동
④ 민립 대학 설립 운동

03 광주 학생 항일 운동

자료에서 정답 키워드 찾기 　　　　　정답: ④

✌ 광주: 광주 학생 항일 운동이 시작된 지역
✌ 한·일 학생들 간의 충돌: 광주 학생 항일 운동의 시작 배경
④ 광주 학생 항일 운동이 일어나자 신간회는 진상 조사단을 파견하고 시위를 지원하였어요.

오답선지 다시보기

① 『대한매일신보』는 국채 보상 운동을 지원하였어요.
② 국채 보상 운동은 통감부의 탄압과 방해로 실패하였어요.
③ 순종의 인산일을 계기로 6·10 만세 운동이 전개되었어요.

04 물산 장려 운동

자료에서 정답 키워드 찾기 　　　　　정답: ②

✌ 조선 사람 조선 것, 내 살림 내 것으로: 물산 장려 운동의 구호
✌ 조만식: 물산 장려 운동을 주도한 인물
② 일본 물건에 대한 관세가 없어지며 한국 기업이 어려움을 겪자, 한국 기업을 보호하기 위해 조만식 등의 주도로 물산 장려 운동이 일어났어요.

오답선지 다시보기

① 브나로드 운동은 『동아일보』의 지원을 받아 '배우자 가르치자, 다함께 브나로드'라는 구호를 내걸고 전개된 농촌 계몽 운동이에요.
③ 국채 보상 운동은 1907년 대구에서 서상돈 등을 중심으로 일제에 진 빚을 갚기 위해 전개된 운동이에요.
④ 민립 대학 설립 운동은 '한민족 1천만이 한 사람이 1원씩'이라는 구호를 내걸고 시작된 대학 설립 운동이에요.

05 (가)에 들어갈 운동으로 옳은 것은?

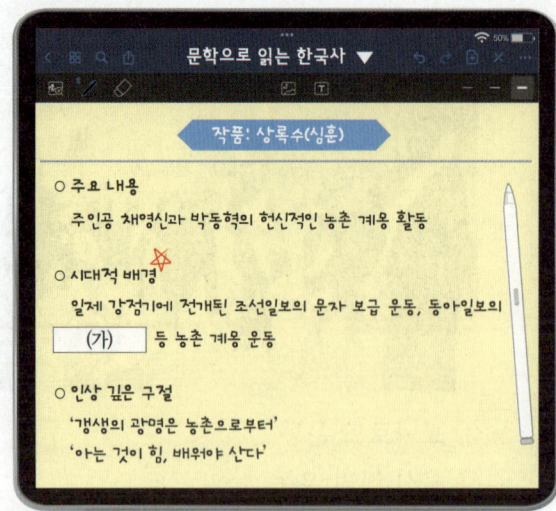

① 형평 운동
② 브나로드 운동
③ 국채 보상 운동
④ 물산 장려 운동

06 다음 공연의 소재가 된 인물에 대한 설명으로 옳은 것은?

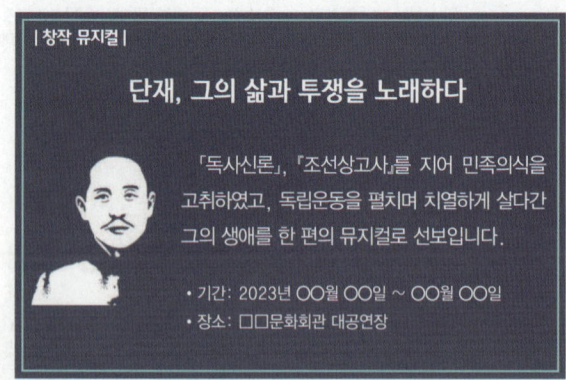

① 대한 광복회를 조직하였다.
② 조선 의용군을 창설하였다.
③ 조선 혁명 선언을 작성하였다.
④ 조선말 큰사전 편찬을 주도하였다.

---

05 브나로드 운동

자료에서 정답 키워드 찾기 정답: ②

- 『조선일보』의 문자 보급 운동: 일제 강점기에 진행된 문맹 퇴치 운동
- 『동아일보』: 브나로드 운동을 주도한 언론 기관
② 『동아일보』는 농촌 계몽 운동인 브나로드 운동을 지원하였어요.

오답선지 다시보기

① 형평 운동은 백정들에 대한 사회적 차별을 철폐하기 위해 전개된 운동이에요.
③ 국채 보상 운동은 일제에 진 빚을 갚고자 대구에서 시작된 운동이에요. 『대한매일신보』의 지원을 받았어요.
④ 물산 장려 운동은 한국 기업을 보호하기 위해 전개된 운동이에요. 국산품 애용을 권장하는 활동을 펼쳤어요.

06 신채호

자료에서 정답 키워드 찾기 정답: ③

- 단재: 신채호의 호
- 『독사신론』, 『조선상고사』: 신채호의 대표 저서
③ 신채호는 의열단의 행동 지침인 「조선 혁명 선언」을 작성하였어요.

오답선지 다시보기

① 박상진, 김좌진 등은 근대적인 공화정 체제를 지향하는 대한 광복회를 조직하였어요.
② 김원봉은 중국 정부의 지원을 받아 조선 의용대를 조직하였어요. 이후 조선 의용대의 일부를 조선 의용군으로 개편하였어요.
④ 조선어 학회는 『조선말 큰사전』 편찬을 주도하였으나 조선어 학회 사건으로 끝내 완성하지 못했어요.

24강 민족 문화 수호 운동

07 (가)에 해당하는 인물로 옳은 것은?

① 심훈
② 나운규
③ 이육사
④ 이중섭

08 (가)에 해당하는 인물로 옳은 것은?

① 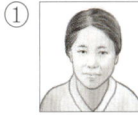 강주룡
② 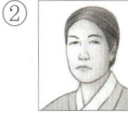 남자현
③  유관순
④ 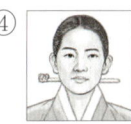 윤희순

---

07 나운규

자료에서 정답 키워드 찾기   정답: ②

- 단성사: 「아리랑」이 개봉한 극장
- 「아리랑」: 나운규가 제작한 영화
② 「아리랑」은 나운규가 제작한 영화예요.

오답선지 다시보기

① 심훈은 농촌을 배경으로 한 소설인 「상록수」를 저술하였어요.
③ 이육사는 저항시인 「광야」 등을 저술하였어요.
④ 이중섭은 '소'를 소재로 한 그림을 그려 민족의 아픔을 표현하였어요.

08 강주룡

자료에서 정답 키워드 찾기   정답: ①

- 평양 을밀대: 강주룡이 노동 운동을 펼친 장소
- 평원 고무 공장: 강주룡의 소속 공장
① 강주룡은 평양 을밀대 지붕에 올라 임금 삭감에 반대하는 노동 운동을 펼쳤어요.

오답선지 다시보기

② 남자현은 서로 군정서에 가입하여 독립군을 지원하고, 조선 총독의 암살을 시도하였던 인물이에요.
③ 유관순은 이화 학당 학생으로 3·1 운동 당시 만세 운동을 주도하다 일제에 붙잡혔어요. 서대문 형무소 안에서도 만세 운동을 이끌다 모진 고문을 받아 형무소에서 생을 마감하였어요.
④ 윤희순은 우리나라 최초의 여성 의병장으로 활약한 인물이에요. 수많은 의병가를 직접 지어 의병의 사기를 높이는 데 큰 역할을 하기도 하였어요.

VIII

현대

↑ 민주화를 위한 노력

25강 대한민국의 수립과 6·25 전쟁

기출키워드

#8·15 광복 #미군정 #대한민국 건국 강령 #삼균주의 #카이로 회담 #포츠담 회담 #조선 건국 준비 위원회 #모스크바 3국 외상 회의 #제1차 미·소 공동 위원회 #이승만의 정읍 발언 #좌우 합작 운동 #유엔(국제 연합) #남북 협상 #제주 4·3 사건 #5·10 총선거 #제헌 국회 #제헌 헌법 #이승만 #대한민국 정부 수립 #6·25 전쟁 #인천 상륙 작전 #정전 협정

26강 민주주의의 발전을 위한 노력

기출키워드

#발췌 개헌 #사사오입 개헌 #3·15 부정 선거 #4·19 혁명 #장면 내각 #5·16 군사 정변 #박정희 #한·일 협정 #6·3 시위 #베트남 파병 #3선 개헌 #유신 헌법 #YH 무역 사건 #부·마 민주 항쟁 #10·26 사태 #신군부 #5·18 민주화 운동 #전두환 #4·13 호헌 조치 #6월 민주 항쟁 #6·29 선언 #노태우 #김영삼 #역사 바로 세우기 #김대중 #노무현

27강 경제 성장과 통일 정책

기출키워드

#경제 개발 5개년 계획 #경부 고속 국도 #수출액 100억 달성 #새마을 운동 #전태일 분신 사건 #금융 실명제 #IMF 외환 위기 #금 모으기 운동 #남북 적십자 회담 #7·4 남북 공동 성명 #남북한 유엔 동시 가입 #남북 기본 합의서 #한반도 비핵화 공동 선언 #6·15 남북 공동 선언 #10·4 남북 공동 선언

25강 대한민국의 수립과 6·25 전쟁

설쌤의 한판정리

광복 후 대한민국 정부가 수립되기까지의 과정을 순서대로 알고 있어야 해.

✏️ 8·15 광복과 미군정의 수립(1945)

1945년 / 8·15 광복

- **「대한민국 건국 강령」 발표(1941)**: 조소앙의 삼균주의 바탕
- **카이로 회담(1943) / 포츠담 회담(1945)**: 전쟁 후 한국의 독립을 약속한 국제 회의
- **조선 건국 준비 위원회 결성**
  - 여운형 중심
  - 치안대 조직, 전국에 지부를 두어 정부 역할 수행
- **미군정의 수립**
  - 38도선 남쪽 지역을 미군이 관리함

✏️ 대한민국 정부 수립(1948)

1945 — 1946 — 1947 — 1948

- **모스크바 3국 외상 회의**: 신탁 통치 결정 → 찬탁과 반탁 사이의 갈등 발생
- **제1차 미·소 공동 위원회**: 임시 정부 수립 위한 회의, 모두 결렬
- **이승만의 정읍 발언**: 남한만의 단독 정부 수립 주장
- **좌우 합작 운동**: 남북 공동 정부 수립 노력, 좌우 합작 7원칙 발표
- **유엔의 한국 문제 결정**: 선거 가능 지역에서 총선거 실시
- **제주 4·3 사건**: 무장 세력의 봉기와 미군정의 진압으로 제주도민 희생

✏️ 6·25 전쟁(1950~1953)

1949 — 1950 — 1953

- **남북 협상**: 김구, 김규식 중심 통일 정부 수립 위한 협상
- **5·10 총선거 실시**: 최초의 민주 선거 시행
- **제헌 국회 수립**: 제헌 헌법 제정, 대통령 이승만 선출
- **대한민국 정부 수립**: 반민족 행위 처벌법, 농지 개혁법 제정
- **6·25 전쟁**
  - 북한군의 기습 남침(1950)
  - ↓
  - 유엔군 참전, 인천 상륙 작전 성공
  - ↓
  - 중국군 개입, 흥남 철수
  - ↓
  - 정전 협정 체결(1953)

1 8·15 광복과 미군정의 수립(1945)

(1) 8·15 광복 이전 국제 정세

① 제2차 세계 대전과 태평양 전쟁의 발발
  ㉠ 1939년에 제2차 세계 대전이 일어나면서 독일·이탈리아·일본을 중심으로 한 나라들과 미국·영국·소련·프랑스 등이 이끄는 연합군이 대립하였어요.
  ㉡ 제2차 세계 대전 중인 1941년에 일제는 동남아시아와 태평양 일대에서 미국을 공격하며 **태평양 전쟁**까지 일으켰어요. 하지만 **연합군의 공세로 승리가 가까워지자 미국과 영국 등의 열강들은 전쟁 이후 문제를 논의하기 위해 여러 회의를 개최하였어요.**
  ㉢ 국제 회의 과정에서 일제의 식민지였던 한국의 독립도 여러 차례 논의되었어요.

② 한국의 독립이 논의된 국제 회의

카이로 회담 (1943. 11.)	• 미국·영국·중국이 이집트 카이로에서 진행한 회의 • 적당한 시기에 한국이 자유 독립할 것을 선언(최초의 한국 독립 약속)
포츠담 회담 (1945. 7.)	• 미국·영국·중국이 독일 포츠담에서 전쟁 후 일본의 처리 문제를 논의함 • 전쟁 후 한국의 독립을 재확인함

(2) 8·15 광복 전후의 움직임

① 광복을 준비하는 움직임: 일제가 전쟁에서 지면, 한국이 독립할 수 있을 것이라 생각한 여러 단체와 독립운동가들도 독립을 위한 준비를 하기 시작하였어요. 대한민국 임시 정부도 **조소앙의 삼균주의를 바탕으로 하는 「대한민국 건국 강령」을 발표**하는 등 독립을 준비하였어요.

> 정치적·경제적·교육적 균등을 통해 사람과 사람, 민족과 민족, 나라와 나라 사이에서 서로 평등하게 권리를 누리는 것을 주장하는 사상이에요.

② 8·15 광복: 1945년 8월 15일, 마침내 일왕이 전쟁에 무조건 항복을 발표하며 한국도 일제의 지배에서 벗어나 광복을 맞이하게 되었어요.

③ 광복 직후의 움직임

조선 건국 준비 위원회 결성	• 광복 직후 조선 건국 동맹의 여운형을 중심으로 결성함 • 질서 유지를 위하여 **치안대를 조직**하고, 전국에 지부를 두어 정부의 역할을 수행함 • 조선 인민 공화국을 선포하였지만, 이후 세워진 미군정에서 조선 인민 공화국을 인정하지 않음
대한민국 임시 정부의 귀환	중국 충칭에 있던 대한민국 임시 정부의 인사들은 미군정의 방침에 따라 개인 자격으로 한국에 입국하였음

여운형

✦ 광복
'잃어버린 빛을 다시 찾는다.'라는 뜻으로, 빼앗긴 주권을 다시 찾는 것을 가리키는 말이에요.

쌤! 질문 있어요!
Q 일왕이 전쟁에서 항복한 까닭은 무엇인가요?
일제가 미국 하와이 진주만을 공격하며 미국과 일본 사이에서 태평양 전쟁이 시작되었어요. 미국은 전쟁을 끝내기 위해 일본의 히로시마와 나가사키 두 곳에 원자 폭탄을 떨어뜨렸어요. 원자 폭탄을 맞은 일본은 더 이상 전쟁을 지속할 수 없었고 결국 항복을 할 수밖에 없었어요.

✦ 미군정
광복 이후부터 대한민국 정부 수립 이전까지 미군이 남한 지역에서 행한 군사 통치를 뜻해요.

✦ 38도선
북위 38도선을 기준으로 한 경계선이에요.

✦ 군정
군대가 나라를 임시로 다스리는 것을 뜻해요.

(3) 38도선 설정과 미군정의 수립

① **미군과 소련군의 주둔**: 미국과 소련은 일본의 군대 해산 등을 이유로 각각 한국에 군대를 보내었어요. 그리고 38도선을 경계로 소련군은 북쪽에, 미군은 남쪽에 주둔하였어요.

② **미군정의 실시**: 광복 직후부터 소련은 38도선 북쪽 지역을 차지하고 해당 지역을 관리하기 시작하였어요. 미국도 9월부터 38도선 남쪽 지역을 관리하는 군정을 실시하였어요.

38도선

2 대한민국 정부 수립(1948)

(1) 남북 분단 과정

모스크바 3국 외상 회의 (1945. 12.)	• 미국·영국·소련이 모스크바에서 한국의 문제를 논의하기 위해 회의를 개최함 • 한국에 임시 민주 정부를 세우고, 임시 정부 수립을 돕기 위해 **미국·영국·중국·소련 4개국이 공동 신탁 통치를 실시할 것을 결정함**
신탁 통치를 둘러싼 갈등	• 모스크바 3국 외상 회의의 결정이 알려지면서 **신탁 통치 반대 운동이 전개됨** • 반대로 신탁 통치를 통해 일제의 잔재를 없애고, 역량을 발전할 수 있다는 점에서 찬성하는 입장도 등장함 • 신탁 통치를 둘러싸고 반대하는 입장(반탁)과 찬성하는 입장(찬탁) 사이에서 갈등이 빚어짐
제1차 미·소 공동 위원회(1946)	• 모스크바 3국 외상 회의 결정에 따라 한국에 임시 정부를 수립하기 위해 덕수궁에서 회의가 진행됨 • 미국과 소련 모두 자신에게 유리한 입장만을 주장하며 두 차례의 회의 모두 결렬됨
이승만의 정읍 발언 (1946. 6.)	제1차 미·소 공동회가 결렬된 이후, 이승만은 정읍 지역에서 **남한만의 단독 정부 수립을 주장하는 내용의 발언을 발표함** 이제 우리는 미·소 공동 위원회가 다시 열릴 기색도 보이지 않으며, 통일 정부를 고대하나 여의치 않게 되었다. 우리는 남한만이라도 임시 정부 또는 위원회 같은 것을 조직하여 38도선 이북에서 소련이 물러나도록 세계 여론에 호소하여야 될 것이니, 여러분도 결심하여야 할 것이다.
좌우 합작 운동 (1946~1947)	• 이승만의 정읍 발언으로 단독 정부 수립 움직임이 일어나자 김규식과 여운형 등을 중심으로 남북 공동 정부 수립을 위한 운동을 진행함 • **남북한 공동 정부 수립을 위한 좌우 합작 위원회가 설립되고, 좌우 합작 7원칙이 발표되었으나, 결국 실패함**

좌우 합작으로 민주주의 정부를 수립할 것, 미·소 공동 위원회의 빠른 개최를 요구하는 공동 성명을 발표할 것 등의 내용을 담았어요.

✦ 신탁 통치
국제 연합(UN)의 위임을 받은 나라가 다른 나라를 일정 기간 동안 다스리는 제도예요. 해당 국가의 안정적인 정치 질서를 수립하는 것이 주된 목적이에요.

제1차 미·소 공동 위원회

✦ 결렬
회의 등에서 의견이 모이지 않아 각각 갈라서게 된 것을 뜻해요.

유엔의 한국 문제 결정 (1947~1948)	• 미·소 공동 위원회가 실패로 끝나자 미국은 한국의 신탁 통치를 포기하고 유엔(UN, 국제 연합)에 한국 문제를 넘김 • 유엔 총회의 결과 남북한 총선거를 통한 정부 수립이 결정됨 • 그러나 소련의 강력한 반대로 남북한 총선거가 불가능해졌고, 이에 유엔은 선거가 가능한 지역에서만 총선거를 시행할 것을 결정함
남북 협상 (1948. 4.)	• 남한에서 선거가 치러질 경우 남한만의 단독 정부가 수립되므로 남북이 분단될 위기에 처함 • 김구와 김규식이 남한 단독 선거를 반대하며 남북 협상을 제안하고, 북한의 김일성, 김두봉과 만나 협상을 진행함 • 그러나 결국 남북 협상이 진행되는 과정에서 남북 협상파를 제외하고 남한에서의 총선거가 결정됨

남북 협상을 위하여 평양으로 떠나는 김구

(2) 대한민국 정부 수립

제주 4·3 사건 (1948. 4.)	• 총선거를 앞두고 제주도에서 남한만의 단독 선거 반대, 통일 정부 수립을 주장하는 일부 세력이 무장 봉기를 일으킴 • 미군정이 이들 세력을 진압하는 과정에서 수만 명의 제주도민이 희생당하는 사건이 일어남
5·10 총선거 실시 (1948. 5.)	• 유엔 한국 임시 위원단의 감시 아래 최초의 민주적 절차에 따른 선거가 시행됨 • 제주 4·3 사건으로 인하여 제주도에서는 총선거가 실시되지 못하였으며, 남북 협상을 주도하던 세력들도 총선거에 대거 불참함
제헌 국회 수립	• 총선거 실시 결과 198명의 국회 의원이 선출됨 • 임기를 2년으로 하는 제헌 국회가 수립되어 나라 이름을 '대한민국'으로 정하고 헌법(제헌 헌법)을 제정함 • 헌법에 따라 국회에서 대통령을 이승만으로 선출함 제헌 헌법에서는 대통령을 국회에서 뽑는다고 규정하였어요.
대한민국 정부 수립과 북한 정부 수립	• 1948년 8월 15일, 대한민국 정부가 수립되었으며, 유엔은 대한민국 정부를 한반도의 유일한 합법 정부로 승인함 • 1948년 9월, 북한에서도 조선 민주주의 인민 공화국이라는 이름으로 별도의 정권이 세워짐

5·10 총선거

✚ 제헌 국회
우리나라 최초의 의회로, 헌법을 제정한 의회를 뜻해요.

(3) 정부 수립 후 남북한의 개혁

① 북한: 사회주의를 기반으로 하는 북한에서는 지주의 토지를 몰수하고, 농민들에게 무상으로 토지를 분배하는 정책을 펼쳤어요.

② 남한: 반민족 행위자를 처벌하는 반민족 행위 처벌법(1948)이 제정 되었어요. 또한 농지 개혁법(1949)이 제정되어 토지 개혁이 이루어졌어요. 이에 따라 국가는 지주의 토지를 돈을 주고 매입하고, 농민들에게도 돈을 받고 분배하는 정책을 펼쳤어요.

반민족 행위 처벌법 제정 이후 '반민족 행위 특별 조사 위원회(반민특위)'가 결성되었어요. 이들은 1949년까지 활동하였어요.

3 6·25 전쟁(1950~1953)

(1) 배경
① 남한과 북한에 각각의 정부가 수립되며 미국과 소련은 군대를 철수하였어요. 하지만 소련과 중국은 여전히 북한에 군사적 지원을 약속하였어요.
② 미국의 국무장관인 애치슨이 미국의 방위선에서 한국과 타이완을 제외한다는 내용을 발표(**애치슨 선언**)하는 사건이 발생하였어요(1950. 1.).

(2) 전개 과정

한강 다리 폭파

인천 상륙 작전

흥남 철수

정전 협정 조인

북한군의 남침	• 1950년 6월 25일, 북한군이 새벽을 틈타 38도선을 넘어 남한을 공격하며 전쟁이 시작됨 • 국군은 전쟁 시작 3일 만에 서울을 뺏기고, 북한군의 우세한 군사력에 밀려 낙동강까지 밀리게 됨 • 국제 연합군이 참전하며 국군과 함께 낙동강에서 방어선을 구축함 (유엔 회원국이 보낸 군인들로 구성된 군대예요.) • 부산이 임시 수도로 결정됨
국군과 유엔군의 반격	• 국제 연합군이 인천 상륙 작전을 펼쳐 국군과 국제 연합군에 불리했던 상황을 바꿈 • 국군과 국제 연합군이 서울을 되찾고 압록강까지 진격함
중국군의 개입	• 북한의 상황이 불리해지자 중국군이 전쟁에 참전함 • 중국군의 반격을 피해 국군과 유엔군, 피난민이 흥남 항구를 통해 철수함(흥남 철수) • 다시 서울을 빼앗기고 후퇴함(1·4 후퇴)
정전 협정 체결	• 국군과 국제 연합군은 다시 진격하여 서울을 되찾았으나, 38도선 부근에서는 전투가 계속됨 • 소련의 제안으로 판문점에서 휴전 회담이 진행됨 • 이승만 정부는 휴전 회담에 반발하며 거제 포로수용소의 반공 포로를 석방하는 사건이 일어남 • 2년간의 회담을 통해 1953년 7월, 정전 협정을 체결함

정전 협정
- 하나의 군사 분계선을 긋고 그로부터 쌍방이 2km씩 후퇴하여 **비무장 지대**를 설정한다.
- 한반도의 외부로부터 어떠한 무기도 추가로 반입할 수 없다.
- 정전 상태의 감시와 유지를 위하여 군사 정전 위원회와 중립국 감독 위원회를 운영한다.

(3) 결과 및 영향
① 집과 공장, 교통 시설 등이 파괴되었어요.
② 수많은 사람들이 죽거나 다치고, 전쟁 고아와 이산가족이 발생하였어요.
③ **한·미 상호 방위 조약(1953)**이 체결되어 미군이 한국에 계속 주둔하게 되었어요.

진실게임 OX 문제

"다음 글의 내용이 맞으면 O, 틀리면 X에 표시하기!"

1. 카이로 회담과 포츠담 회담에서 한국의 독립이 논의되었다. (O, X)
2. 8·15 광복 직후 조소앙 등은 조선 건국 준비 위원회를 결성하였다. (O, X)
3. 38도선을 경계로 소련군은 남쪽에, 미군은 북쪽에 주둔하고 군정을 실시하였다. (O, X)
4. 모스크바 3국 외상 회의 직후 신탁 통치를 반대하는 입장과 찬성하는 입장 사이에서 갈등이 일어났다. (O, X)
5. 제1차 미·소 공동회가 결렬된 이후, 이승만은 단독 정부 수립에 반대하였다. (O, X)
6. 선거가 가능한 지역에서만 총선거를 시행할 것이 결정되자 공동 정부 수립을 위해 남북 협상이 진행되었다. (O, X)
7. 5·10 총선거 결과 제헌 국회가 수립되었다. (O, X)
8. 6·25 전쟁은 북한군이 남한을 공격하며 시작되었다. (O, X)
9. 인천 상륙 작전 이후 국군과 유엔군은 부산을 되찾았다. (O, X)
10. 중국군의 반격을 피해 국군과 국제 연합군은 흥남에서 철수하였다. (O, X)

X 확인

1 O 2 X 3 X 4 O 5 X 6 O 7 O 8 O 9 X 10 O

2 8·15 광복 직후 **여운형** 등은 조선 건국 준비 위원회를 결성하였어요.
3 38도선을 경계로 소련군은 **북쪽**에, 미군은 **남쪽**에 주둔하고 군정을 실시하였어요.
5 제1차 미·소 공동회가 결렬된 이후, 이승만은 **단독 정부 수립을 주장하였어요**.
9 인천 상륙 작전 이후 국군과 유엔군은 **서울**을 되찾았어요.

이론완성 빈칸채우기

"오늘 배운 내용을 떠올리며 다음 글의 빈칸을 채워보자!"

1. 제2차 세계 대전 중 이집트 카이로에서 한국의 독립을 약속한 ☐☐☐☐이/가 개최되었다.
2. 대한민국 임시 정부는 조소앙의 ☐☐☐☐을/를 바탕으로 하는 「대한민국 건국 강령」을 발표하였다.
3. 이승만의 정읍 발언 이후 단독 정부 수립 움직임이 일어나자 ☐☐☐☐☐이/가 전개되었다.
4. 미·소 공동 위원회가 실패로 끝나자 미국은 한국의 문제를 ☐☐에 넘겼다.
5. 총선거를 앞두고 제주도에서 제주 ☐☐☐☐이/가 발생하였다.
6. ☐☐☐☐은/는 나라 이름을 '대한민국'으로 정하고 헌법을 제정하였다.
7. 대한민국 정부 수립 이후 ☐☐☐☐☐이/가 제정되어 토지 개혁이 이루어졌다.
8. 6·25 전쟁이 발발하자 ☐☐이/가 임시 수도로 결정되었다.
9. 국제 연합군의 참전으로 북한의 상황이 불리해지자 ☐☐☐이/가 전쟁에 참전하였다.
10. 2년간의 회담을 통해 1953년 7월에 ☐☐☐☐이/가 체결되었다.

1 카이로 회담 2 삼균주의 3 좌우 합작 운동 4 유엔 5 4·3 사건 6 제헌 국회 7 농지 개혁법 8 부산 9 중국군 10 정전 협정

완벽 마무리 기출문제풀이

"쌤이 기출문제 중 가장 도움이 될 만한 것으로 특별히 골라왔어! 같이 풀어보자!"

01 (가)에 들어갈 단체로 옳은 것은?

1946년 7월, 미군정의 지원 아래 여운형, 김규식 등이 중심이 되어 결성한 단체입니다. 정치 세력의 대립을 넘어 민주주의 임시 정부 수립을 위해 노력한 이 단체의 이름은 무엇일까요?

(가)

① 권업회
② 대한인 국민회
③ 좌우 합작 위원회
④ 남북 조절 위원회

02 (가)에 들어갈 내용으로 옳은 것은?

역사 인물 카드
- 호: 우사
- 생몰: 1881년 ~ 1950년
- 주요 활동
  - 파리 강화 회의에 신한 청년당 대표로 파견
  - 대한민국 임시 정부 부주석 등 역임
  - (가)
  - 남북 협상 참여

① 대성 학교 설립
② 조선 혁명 선언 작성
③ 좌우 합작 위원회 결성
④ 한국독립운동지혈사 저술

---

01 좌우 합작 위원회

자료에서 정답 키워드 찾기 정답: ③

✌ 여운형, 김규식: 좌우 합작 운동을 주도한 인물
✌ 정치 세력의 대립을 넘어 민주주의 임시 정부 수립을 위해 노력: 좌우 합작 운동의 노력
③ 좌우 합작 위원회는 남북 공동 정부를 수립하기 위해 여운형, 김규식을 중심으로 설립되었어요.

오답선지 다시보기

① 권업회는 일제 강점기 연해주 지역에서 조직된 항일 독립운동 단체예요.
② 대한인 국민회는 미국에서 안창호 등이 중심이 되어 조직된 독립운동 단체예요.
④ 남북 조절 위원회는 박정희 정부 시기인 7·4 남북 공동 성명 발표 이후 설치되었어요.

02 김규식

자료에서 정답 키워드 찾기 정답: ③

✌ 파리 강화 회의에 신한 청년당 대표로 파견: 김규식
✌ 남북 협상 참여: 김구, 김규식
③ 김규식은 여운형과 함께 좌우 합작 위원회를 결성하였어요.

오답선지 다시보기

① 안창호는 평양에 대성 학교를 설립하였어요.
② 신채호는 의열단의 행동 지침이 되는 「조선 혁명 선언」을 작성하였어요.
④ 박은식은 한국의 독립운동 과정을 정리하여 『한국독립운동지혈사』를 저술하였어요.

25강 대한민국의 수립과 6·25 전쟁

03 (가)에 들어갈 사진으로 옳지 않은 것은?

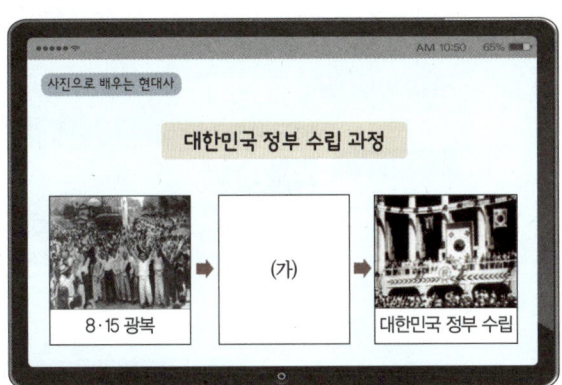

①  5·10 총선거 실시

②  유엔 한국 임시 위원단 내한

③  제1차 미소 공동 위원회 개최

④  반민족 행위 특별 조사 위원회 활동

04 다음 발언 이후에 전개된 사실로 옳은 것은?

> 미소 공동 위원회가 결렬된 이후 다시 열릴 기미가 보이지 않습니다. 통일 정부가 수립되길 원했으나 뜻대로 되지 않으니, 남방만이라도 임시 정부 혹은 위원회를 조직하고, 38도선 이북에서 소련이 물러가도록 세계에 호소해야 합니다.

이승만

① 한국광복군이 창설되었다.
② 김구가 남북 협상을 추진하였다.
③ 모스크바 3국 외상 회의가 개최되었다.
④ 여운형이 조선 건국 준비 위원회를 결성하였다.

---

03 대한민국 정부 수립 과정

자료에서 정답 키워드 찾기 정답: ④

- 8·15 광복: 1945년 8월 15일, 일본의 항복으로 우리나라가 독립함
- 대한민국 정부 수립: 1948년 8월 15일, 이승만을 대통령으로 하여 대한민국 정부가 수립됨
- ④ 대한민국 정부 수립 이후에 반민족 행위 처벌법이 제정되며 반민족 행위 특별 조사 위원회가 활동하였어요.

오답선지 다시보기

① 5·10 총선거 실시 결과 제헌 국회가 수립되었고, 이후 대한민국 정부가 수립되었어요.
② 총선거를 위해 유엔에서 유엔 한국 임시 위원단이 파견되었어요.
③ 모스크바 3국 외상 회의 결과에 따라 한국의 임시 정부를 수립하기 위한 제1차 미·소 공동 위원회가 덕수궁에서 개최되었어요.

04 이승만의 정읍 발언

자료에서 정답 키워드 찾기 정답: ②

- 미·소 공동 위원회가 결렬된 이후: 이승만의 정읍 발언이 발표된 시기
- 남한만이라도 임시 정부 혹은 위원회를 조직: 정읍 발언의 주요 내용
- ② 이승만의 정읍 발언 이후 진행된 좌우 합작 운동마저 실패하자 유엔에서는 남북한 총선거를 통한 정부 수립을 결정하였어요. 그러나 소련의 반대로 남한 단독 선거가 치러지게 되자, 김구와 김규식은 남한 단독 선거를 반대하며 남북 협상을 추진하였어요.

오답선지 다시보기

① 한국광복군은 일제 강점기 시기인 1940년에 창설되었어요.
③ 모스크바 3국 외상 회의 이후 개최된 제1차 미·소 공동 위원회가 결렬되자 이승만은 정읍 발언을 발표하였어요.
④ 여운형은 8·15 광복 직후 조선 건국 준비 위원회를 결성하였어요.

05 밑줄 그은 '국회'에 대한 설명으로 옳은 것은?

이 사진은 5·10 총선거를 통해 구성된 국회의 개원식 모습입니다. 임기 2년의 국회의원으로 구성된 이 국회는 국호를 대한민국으로 결정하고 헌법을 제정하였습니다.

① 3선 개헌안을 통과시켰다.
② 농지 개혁법을 제정하였다.
③ 5·16 군사 정변으로 해산되었다.
④ 국회의원의 3분의 1을 대통령이 추천하였다.

05 제헌 국회

자료에서 정답 키워드 찾기 　　　　　　　　정답: ②

- 5·10 총선거를 통해 구성: 제헌 국회
- 국호를 대한민국으로 결정하고 헌법을 제정: 제헌 국회의 주요 활동
- ② 제헌 국회는 1949년에 농지 개혁법을 제정하였으며, 이에 따라 토지 개혁이 이루어졌어요.

오답선지 다시보기

① 3선 개헌안은 박정희 정부 시기인 1969년 이루어졌어요.
③ 박정희의 5·16 군사 정변으로 장면 내각이 해산되었어요.
④ 박정희 정부 시기인 1972년 제정된 유신 헌법에 따라 대통령이 국회의원의 3분의 1을 추천하였어요.

06 (가) 전쟁 중에 있었던 사실로 옳지 않은 것은?

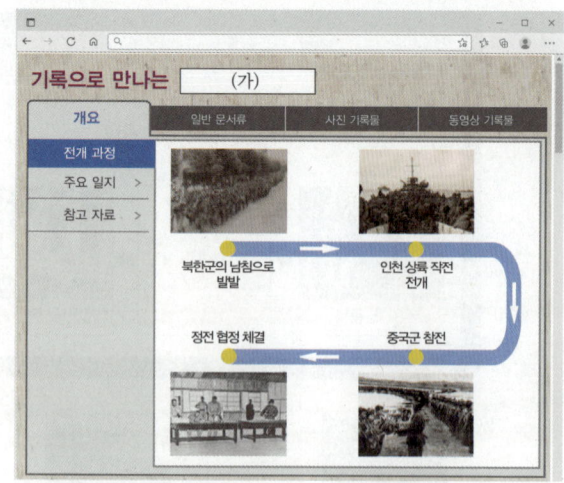

① 유엔군이 참전하였다.
② 흥남 철수 작전이 펼쳐졌다.
③ 거제도에 포로 수용소가 설치되었다.
④ 13도 창의군이 서울 진공 작전을 전개하였다.

06 6·25 전쟁

자료에서 정답 키워드 찾기 　　　　　　　　정답: ④

- 북한군의 남침으로 발발: 6·25 전쟁의 발발 계기
- 인천 상륙 작전 전개: 국제 연합군의 작전 이후 서울을 되찾음
- 중국군 참전: 중국군 참전으로 흥남 철수 진행
- ④ 정미의병 당시 해산된 군인들은 13도 창의군을 결성하고 서울 진공 작전(1908)을 전개하였어요.

오답선지 다시보기

① 북한군의 남침으로 6·25 전쟁이 발발하고, 국군이 북한군에 밀리자 국제 연합군(유엔군)이 참전하며 낙동강에서 방어선을 구축하였어요.
② 국제 연합군의 참전 이후 북한의 상황이 불리해지자 중국군이 개입하였어요. 이후 국군과 국제 연합군은 중국군의 반격을 피해 흥남 철수 작전을 펼쳤어요.
③ 6·25 전쟁 시기 거제도에 포로 수용소가 설치되었어요. 이후 휴전 회담에 반발한 이승만 정부가 거제 포로 수용소의 반공 포로를 석방하는 사건이 발생하기도 하였어요.

25강 대한민국의 수립과 6·25 전쟁

07 밑줄 그은 '이 전쟁' 중에 있었던 사실로 옳은 것은?

이것은 이 전쟁 중인 1951년 11월 판문점 인근에서 열기구를 띄우려는 모습을 촬영한 사진입니다. 이 열기구는 휴전 회담이 진행되던 당시 판문점 일대가 중립 지대임을 표시하기 위한 것이었습니다.

① 애치슨 선언이 발표되었다.
② 흥남 철수 작전이 전개되었다.
③ 사사오입 개헌안이 가결되었다.
④ 한미 상호 방위 조약이 체결되었다.

08 밑줄 그은 '전쟁'에 대한 탐구 활동으로 가장 적절한 것은?

이것은 전쟁 중이던 1951년에 발행된 중학교 입학시험 문제집입니다. 동족상잔의 비극이 벌어지는 와중에도 수험서가 출판될 정도로 교육열이 높았음을 알 수 있습니다.

① 제물포 조약의 내용을 살펴본다.
② 인천 상륙 작전의 과정을 조사한다.
③ 경의선 철도의 부설 배경을 파악한다.
④ 신흥 무관 학교의 설립 목적을 알아본다.

07 6·25 전쟁

자료에서 정답 키워드 찾기 — 정답: ②

- 1951년: 6·25 전쟁 진행 시기
- 판문점: 6·25 전쟁의 휴전 회담이 진행되던 장소
- ② 6·25 전쟁 당시 국제 연합군의 참전으로 북한군의 상황이 불리해지자 중국군이 전쟁에 참전하였어요. 이후 중국군의 반격을 피해 국군, 국제 연합군, 피난민이 철수하는 흥남 철수 작전이 전개되었어요.

오답선지 다시보기

① 애치슨 선언은 미국의 방위선에서 한국과 타이완을 제외한다는 내용을 담고 있으며, 이는 6·25 전쟁의 발발 배경이 되었어요.
③ 사사오입 개헌은 6·25 전쟁이 끝난 이후인 1954년에 통과되었어요.
④ 한·미 상호 방위 조약은 6·25 전쟁이 끝난 직후 체결되었으며, 이 조약으로 미군이 한국에 계속 주둔하게 되었어요.

08 6·25 전쟁

자료에서 정답 키워드 찾기 — 정답: ②

- 1951년: 6·25 전쟁 진행 시기
- 동족상잔의 비극: 같은 민족끼리 싸워야 했던 6·25 전쟁의 상황을 빗대어 이르는 말
- ② 6·25 전쟁 당시 인천 상륙 작전이 성공하며 국군과 국제 연합군은 서울을 되찾고 압록강까지 진격하였어요.

오답선지 다시보기

① 제물포 조약은 임오군란 이후 조선과 일본 사이에 맺어진 조약으로, 일본에게 배상금을 지불한다는 내용 등이 담겨 있어요.
③ 경의선 철도는 러·일 전쟁 중인 1906년에 일제의 군사적 목적을 위해 개통되었어요.
④ 신흥 무관 학교는 일제 강점기인 1911년에 독립군을 양성하고자 설립되었어요.

26강 민주주의의 발전을 위한 노력

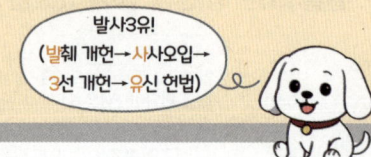
발사3유!
(발췌 개헌→사사오입→
3선 개헌→유신 헌법)

1952	발췌 개헌(1차 개헌)
1954	사사오입 개헌(2차 개헌)
1960	3·15 부정 선거
	4·19 혁명
	장면 내각 수립
1961	5·16 군사 정변
1963	박정희 정부 출범
1964	베트남 파병
1965	한·일 협정
1969	3선 개헌
1972	유신 헌법
1979	YH 무역 사건
	부·마 민주 항쟁
	10·26 사태
	12·12사태
1980	5·18 민주화 운동
1981	전두환 정부 출범
1987	4·13 호헌 조치
	6월 민주 항쟁
	6·29 선언 발표
1988	노태우 정부
1993	김영삼 정부
1998	김대중 정부
2003	노무현 정부
2008	이명박 정부
2013	박근혜 정부
2017	문재인 정부

이승만 정부와 4·19 혁명

발췌 개헌	대통령 직선제 개헌
사사오입 개헌	3연임 위한 초대 대통령 중임 제한 폐지
3·15 부정 선거	부통령에 이기붕을 당선시키기 위한 부정 선거
4·19 혁명	• 배경: 고등학생 김주열의 시신 발견 • 결과: 이승만 하야, 내각 책임제 개헌

5·16 군사 정변과 박정희 정부

주요 정책		• 경제 개발 5개년 정책 시행 • 한·일 협정 체결 ➡ 6·3 시위 발생 • 간호사·광부 서독 파견 • 베트남 파병
개헌	3선 개헌	3연임 허용
	유신 헌법	• 중임 제한 폐지 • 국회 해산권·긴급 조치권 • 대통령 간선제(통일 주체 국민 회의)
민주화 운동	YH 무역 사건	결과: 신민당 총재 김영삼 의원직 박탈
	부·마 민주 항쟁	유신 독재 저항하는 반정부 시위
	10·26 사태	김재규의 대통령 저격

영향

5·18 민주화 운동과 전두환 정부

민주화 운동	5·18 민주화 운동	• 신군부와 비상계엄 확대 반대 시위 • 시민군의 대항
	6월 민주 항쟁	• 전개: 박종철 고문 치사 사건 → 4·13 호헌 조치 → 이한열 사망 → 6·29 민주화 선언 • 결과: 5년 단임의 대통령 직선제 개헌
주요 정책		두발 자유화, 야간 통행금지 해제, 프로 야구 출범

민주화 이후의 정부

노태우 정부	서울 올림픽 개최
김영삼 정부	금융 실명제 실시, 조선 총독부 철거, 초등학교 개칭
김대중 정부	제1차 남북 정상회담 개최, 한·일 월드컵 개최
노무현 정부	제2차 남북 정상회담 개최

1 이승만 정부와 4·19 혁명

(1) 발췌 개헌(1차 개헌, 1952)

> 헌법을 고치는 것을 뜻해요.

배경	• 제1대 대통령이었던 이승만이 당시 헌법에 따른 선거 방식으로는 제2대 대통령 연임이 어렵다고 판단함 • 국회의 투표로 대통령을 선출하는 방식(간선제) 대신 국민이 직접 대통령을 뽑는 방식(직선제)으로 헌법을 바꾸려 함
과정	• 전쟁 중 임시 수도였던 부산에서 비상계엄을 선포함 • 개헌에 반대하는 의원들의 통근 버스를 납치하는 사건을 일으킴(부산 정치 파동)
결과	• 대통령 직선제 내용을 담은 개헌안이 통과되고 제2대 대통령에 이승만이 당선됨

(2) 사사오입 개헌(2차 개헌, 1954)

배경	• 이승만은 한 차례 연임에 성공하였으나, 여전히 헌법에 따라 3연임은 불가하였음 • 제3대 대통령 선거에 출마하기 위하여 헌법을 바꾸려 함
과정	• 3연임을 위하여 초대 대통령에 한하여 중임 제한을 두지 않을 것을 주요 내용으로 하는 개헌을 추진함 • 개헌 추진 과정에서 개헌 찬성표가 1표 부족하여 개헌안 통과가 실패함 • 그러나 결국 사사오입의 논리를 내세워 개헌안을 강제로 통과시킴
결과	제3대 대통령에 이승만 당선

(3) 3·15 부정 선거(1960)

배경	• 제4대 대통령 선거를 앞둔 당시 85세 고령의 이승만의 뒤를 이을 인물이 중요해짐 • 이기붕이라는 인물을 부통령에 당선시켜 이승만을 잇고자 하였음
과정	이기붕을 부통령에 당선시키기 위해 대리 투표, 선거 감시 등 부정 선거를 저지름
결과	제4대 대통령에 이승만 당선, 부통령에 이기붕 당선

(4) 4·19 혁명(1960)

배경	• 마산에서 부정 선거를 비판하는 시위가 벌어진 뒤 마산 앞바다에서 시위에 참여하였던 고등학생 김주열의 시신이 발견됨 • 이 사건을 계기로 시위가 전국으로 확산됨
과정	• 시위대를 향한 무차별 총격이 가해지고 전국에 비상계엄령이 선포됨 • 대학교수들이 함께 모여 성명을 발표하고 시위를 전개함 • 이승만이 하야 성명을 발표함
결과	• 내각 책임제로 변경하는 제3차 개헌안이 통과됨

4·19 혁명 당시 대학교수단의 시국 선언

2 5·16 군사 정변과 박정희 정부

(1) **장면 내각(1960~1961)**: 이승만의 하야 이후 국무총리에 장면이 선출되며 **장면 내각**을 중심으로 국정이 운영되었어요. 이 시기 제1차 경제 개발 5개년 계획이 수립되었고, 민주화 운동도 활발하게 전개되었어요.

✦ **연임**
정해진 임기를 마친 뒤에도 계속해서 그 직위에 머무르는 것을 뜻해요.

✦ **비상계엄**
국가 비상사태가 발생하였을 때 대통령이 선포하는 명령이에요. 계엄이 선포되면 대통령이 임명한 계엄 사령관이 모든 행정과 법을 맡아서 관리할 수 있어요.

✦ **중임**
임기가 끝나고도 거듭 그 자리에 임용되는 것을 뜻해요.

쌤! 질문 있어요!

Q 사사오입이 무엇인가요?
넷 이하는 버리고 다섯 이상은 올림하여 계산하는 방식이에요. 당시 개헌을 위해서는 국회의원 203명의 3분의 2인 135.33명 이상의 찬성이 필요하였는데, 찬성표가 135표 나오며 개헌안이 통과되지 못했어요. 그런데 이때 정부에서 사사오입의 논리를 내세워 0.33을 버림한 135표만으로도 개헌이 가능하다고 주장하였지요.

✦ **하야**
관직 등 본래 있던 자리에서 물러남을 뜻해요.

✦ **내각 책임제**
국회에서 선출된 대표가 총리가 되어 나라를 이끄는 제도예요. 권력이 한 사람에게 집중되는 것을 막기 위해 국가를 대표하는 대통령과 행정부를 대표하는 총리가 구분되어 있지요.

5·16 군사 정변

✚ 군부
군사에 관한 일을 총괄하여 맡아 보는 세력을 뜻해요.

✚ 국교
나라와 나라 사이에 맺는 외교 관계를 뜻해요.

6·3 시위

(2) 5·16 군사 정변(1961)
① 박정희를 중심으로 한 군부✚ 세력은 사회 혼란을 이유로 **군사 정변을 일으켜 장면 내각을 몰아내고 정권을 장악하였어요**.
② 박정희의 군부 세력은 혁명 공약을 발표하고 여러 개혁을 단행하였어요. 그리고 이 과정에서 다시 대통령제로 돌아오는 개헌안(5차 개헌, 1962)을 통과시켰어요.
③ 제5대 대통령 선거에서 박정희가 당선되며 박정희 정부가 시작되었어요(1963).

(3) 박정희 정부의 정책

경제 개발 5개년 정책 시행	• 5년 단위의 경제 개발 정책을 시행함 • 경공업에서 중화학 공업으로 산업을 발전시킴
한·일 국교✚ 정상화	• 경제 개발 자금을 얻기 위하여 광복 이후 끊겼던 한·일 관계를 다시 회복하고 일본으로부터 배상액 등을 받기로 비밀리에 약속함 • 이 사실이 알려지자 굴욕적인 대일 외교에 반대하며 **6·3 시위(1964)**가 일어났으나, 정부가 계엄령을 선포하여 시위대를 해산시킴 • **한·일 협정(한·일 기본 조약, 1965)이 체결되어 한·일 국교가 정상화됨**
간호사·광부 서독 파견	• 경제 개발 자금을 얻기 위해 서독에 간호사와 광부를 파견함 • 파견된 간호사와 광부의 임금을 담보로 서독으로부터 돈을 빌림
베트남 파병 (1964~1973)	• 미국과 베트남 사이에 벌어진 전쟁에 한국 군인을 파견함 • 미국은 한국에 **군사적·경제적 지원을 약속함**(브라운 각서)
경범죄 처벌법 개정 (1973)	머리가 긴 남성과 미니스커트를 입은 여성을 단속함

(4) 3선 개헌과 유신 헌법
① **3선 개헌(6차 개헌, 1969)**: 경제 개발에 성공한 박정희는 제6대 대통령에도 당선이 되었어요. 이미 두 차례나 대통령 자리에 오른 박정희는 헌법에 따라 제7대 대통령에는 더 이상 출마할 수 없었으나 **3연임**을 허용하는 개헌안을 통과시켰어요. 그리고 그 결과 제7대 대통령에도 박정희가 당선되었어요.
② **유신 헌법(7차 개헌, 1972)**: 박정희는 제7대 대통령에 당선된 이후 계엄령을 선포하고 국회를 해산시켰어요. 그리고 평화 통일을 위해서는 강력한 정부가 필요하다는 이유로 유신 헌법을 제정하였어요.

유신 헌법의 내용	중임 제한 철폐	**대통령의 임기를 기존 4년에서 6년으로 늘리고 출마 횟수에 제한을 없앰**
	대통령 간선제	대통령은 **통일 주체 국민 회의**라는 곳을 통해 간접 선출하도록 함
	국회 해산권	국회 의원의 1/3을 추천할 수 있고, 국회를 해산할 수 있음
	긴급 조치권	국민의 기본권을 제한할 수 있는 조치를 내릴 수 있음

③ 통일 주체 국민 회의의 선거를 통해 박정희는 제8대와 제9대 대통령에 잇따라 당선되었어요.

쌤! 질문 있어요!

Q 유신 헌법이란 무엇인가요?

'유신'이란 '낡은 제도를 고쳐 새롭게 한다.'라는 뜻이에요. 박정희 대통령이 남북 통일과 정치 체제 개혁을 위해 새롭게 시행한 헌법이에요. 그러나 실제로는 박정희 대통령의 장기 집권을 가능하게 하고, 대통령의 권한을 강화하는 내용을 주로 담고 있어요.

(5) 박정희 정부 시기 민주화 운동

유신 반대 운동	개헌 청원 100만인 서명 운동(1973), 3·1 민주 구국 선언(1976) 등 유신 헌법에 반대하는 사람들이 모여 시위를 전개하였음
YH 무역 사건 (1979)	• 가발 제조 회사인 YH 무역이 불법 해고, 부당 폐업 등을 일으키자 회사의 노동조합원들이 신민당과 연합하여 농성을 벌임 • 신민당 총재 김영삼이 의원직을 박탈당함 • 이후 부·마 민주 항쟁에 영향을 미침
부·마 민주 항쟁 (1979)	학생과 시민들이 부산과 마산 일대에서 유신 독재에 저항하며 반정부 시위를 일으킴
10·26 사태 (1979)	박정희 정부의 시민 탄압이 심해지자 중앙정보부장인 김재규가 대통령 박정희와 그 경호실장을 저격함

3 5·18 민주화 운동과 전두환 정부

(1) 신군부의 등장과 서울의 봄
① 10·26 사태로 박정희 대통령이 피살되자 통일 주체 국민 회의는 제10대 대통령에 최규하를 선출하였어요(1979).
② 같은 해 12월 12일, 전두환과 노태우 등의 신군부 세력이 군사 정변을 일으켜 또다시 정권을 장악하였어요(12·12사태).
③ 신군부의 군사 정변 등에 반발하는 시민들이 모여 민주화 운동을 전개하는 서울의 봄이 일어났어요(1980). 그러나 신군부는 비상계엄을 전국으로 확대하고 모든 정치 활동을 금지하였어요.

(2) 5·18 민주화 운동과 전두환 정부 출범
① 5·18 민주화 운동(1980)

배경	신군부의 정권 장악과 비상계엄령의 확대에 반발하는 목소리가 높아짐
전개	• 광주의 학생과 시민들이 신군부의 퇴진을 요구하며 시위를 전개함 • 계엄군의 발포로 무고한 시민들이 다수 희생됨 • 이에 시위대는 시민군을 조직하고 계엄군에 대항하였으나 결국 계엄군에 진압됨

광주 금남로 시위

② 전두환 정부 출범: 5·18 민주화 운동을 진압한 신군부는 대통령 최규하를 압박하여 몰아내고 통일 주체 국민 회의를 통해 전두환을 제11대 대통령으로 선출하였어요. 그리고 또다시 대통령 임기 7년, 대통령 선거인단을 통한 대통령 선출 내용을 담은 8차 개헌을 통과시켰어요. 바뀐 헌법에 따라 대통령 선거인단에서 전두환이 제12대 대통령으로 선출(1981)되며 본격적으로 전두환 정부가 시작되었어요.

(3) 전두환 정부의 정책

삼청 교육대 설치 (1980)	범죄자 등 불량배를 소탕하고 이들을 재교육하는 단체였으나, 무고한 시민과 학생들이 다수 잡혀가기도 함
유화책 실시	• 정부에 대한 시민들의 불만을 잠재우기 위해 실시함 • 두발 자유화, 교복 자율화, 해외여행 자율화, 야간 통행금지 해제, 프로 야구·프로 축구 출범 등

(4) 6월 민주 항쟁(1987)

배경		독재 정치에 반발하며 대통령 직선제에 대한 요구가 높아짐
전개	박종철 고문 치사 사건	민주화 운동에 참여하였던 서울대 학생 박종철이 고문을 받아 사망하는 사건이 발생함
	4·13 호헌 조치	박종철 사망 사건으로 대통령 직선제에 대한 요구가 더욱 커졌으나, 전두환은 기존 헌법을 유지한다는 입장을 발표함(4·13 호헌 조치)
	이한열 사망	• 박종철 사망 사건과 4·13 호헌 조치에 반발하는 시위가 진행됨 • 이때 연세대 학생 이한열이 경찰이 쏜 최루탄을 맞고 쓰러지는 사건이 발생함
	6·29 민주화 선언 발표	• 이한열 사건이 보도되며 호헌 철폐와 독재 타도를 요구하는 시위가 대규모로 확산됨 • 마침내 대통령 직선제 개헌안을 담은 6·29 민주화 선언을 발표함
결과		9차 개헌(1987): 5년 단임의 대통령 직선제 개헌이 이루어짐

현재 대한민국은 9차 개헌 때 수정된 헌법을 사용하고 있어요.

4 민주화 이후의 정부

제13대	노태우 정부 (1988~1993)	• 6·29 민주화 선언 이후 첫 대통령 직선제를 통해 당선된 대통령 • 서울 올림픽을 개최함(1988)
제14대	김영삼 정부 (1993~1998)	• 지방 자치제, 금융 실명제, 역사 바로 세우기 운동 등을 시행함 • 경제 협력 개발 기구(OECD)에 가입함(1996) • 외환 위기가 발생함(1997)
제15대	김대중 정부 (1998~2003)	• 평양에서 최초의 남북 정상 회담을 개최 • 한·일 월드컵을 개최함(2002)
제16대	노무현 정부 (2003~2008)	• 제2차 남북 정상 회담 개최 • 미국 등과 자유 무역 협정(FTA) 체결
제17대	이명박 정부 (2008~2013)	세계 경제 협의 기구인 G20 정상 회의를 서울에서 개최함
제18대	박근혜 정부 (2013~2017)	최초로 탄핵이 이루어져 파면됨(2017)
제19대	문재인 정부 (2017~2022)	• 제3차 남북 정상 회담을 개최함 • 평창 동계 올림픽을 개최함(2018)

✦ **두발 자유화**
머리 모양에 제한을 두지 않는 것을 뜻해요.

✦ **야간 통행금지**
1945년에 질서 유지 등을 목적으로 밤에 통행을 금지한 정책이에요. 전두환 정부 시기인 1982년이 되어서야 폐지되었어요.

✦ **호헌**
헌법을 보호하고 지킨다는 뜻이에요.

박종철 고문치사 사건

쌤! 질문 있어요!

Q 호헌 철폐와 독재 타도는 무슨 뜻인가요?

'호헌 철폐'란 기존 헌법을 유지한다는 내용의 4·13 호헌 조치를 거두라는 의미이고, '독재 타도'란 독재 정부인 전두환 정부를 무너뜨리자는 의미를 담고 있어요.

✦ **역사 바로 세우기 운동**
이 운동을 통해 조선 총독부 청사가 철거되고, 국민학교가 초등학교로 바뀌었어요.

진실게임 OX 문제

"다음 글의 내용이 맞으면 O, 틀리면 X에 표시하기!"

1. 이승만은 발췌 개헌과 사사오입 개헌을 통해 제2대, 제3대 대통령에 당선되었다. (O , X)
2. 이기붕을 대통령에 당선시키기 위해 3·15 부정 선거가 치러졌다. (O , X)
3. 김주열의 시신이 발견되는 사건을 계기로 5·18 민주화 운동이 전개되었다. (O , X)
4. 4·19 혁명 이후 내각 책임제로 변경하는 개헌안이 통과되었다. (O , X)
5. 박정희 정부는 삼청 교육대를 설치하고 두발 자유화를 시행하였다. (O , X)
6. 유신 헌법에는 대통령의 국회 해산권과 긴급 조치권이 담겨 있다. (O , X)
7. 신군부 세력은 4·19 혁명을 진압한 이후 전두환을 대통령으로 선출하였다. (O , X)
8. 4·13 호헌 조치와 이한열의 사망에 반발하며 6월 민주 항쟁이 일어났다. (O , X)
9. 6·29 민주화 선언이 발표되며 5년 단임의 대통령 간선제 개헌이 이루어졌다. (O , X)
10. 김대중 정부 때 지방 자치제가 실시되고 외환 위기가 발생하였다. (O , X)

X 확인

1 O 2 X 3 X 4 O 5 X 6 O 7 X 8 O 9 X 10 X

2 이기붕을 **부통령**에 당선시키기 위해 3·15 부정 선거가 치러졌어요.
3 김주열의 시신이 발견되는 사건을 계기로 **4·19 혁명**이 전개되었어요.
5 **전두환** 정부는 삼청 교육대를 설치하고 두발 자유화를 시행하였어요.
7 신군부 세력은 **5·18 민주화 운동**을 진압한 이후 전두환을 대통령으로 선출하였어요.
9 6·29 민주화 선언이 발표되며 5년 단임의 대통령 **직선제** 개헌이 이루어졌어요.
10 **김영삼** 정부 때 지방 자치제가 실시되고 외환 위기가 발생하였어요.

이론완성 빈칸채우기

"오늘 배운 내용을 떠올리며 다음 글의 빈칸을 채워보자!"

1. 이승만은 3연임을 위해 중임 제한을 없애는 ☐☐☐☐ 개헌을 강제로 통과시켰다.
2. 4·19 혁명으로 이승만이 하야한 이후 ☐☐ 내각이 수립되었다.
3. 박정희를 중심으로 한 군부 세력은 ☐☐☐☐☐☐을/를 일으켜 장면 내각을 몰아내고 정권을 장악하였다.
4. 박정희 정부 시기 ☐☐☐☐☐을/를 통해서 미국으로부터 군사적·경제적 지원을 받았다.
5. 박정희 정부 시기 ☐☐☐☐에 따라 대통령을 통일 주체 국민 회의에서 선출하게 되었다.
6. 노동조합원들과 신민당원들이 연합한 ☐☐☐☐☐☐을/를 계기로 김영삼이 의원직을 박탈당하였다.
7. 5·18 민주화 운동 당시 시위대는 시민군을 조직하고 ☐☐☐에 대항하였다.
8. 6월 민주 항쟁 당시 ☐☐☐☐와/과 독재 타도를 요구하는 시위가 대규모로 확산되었다.
9. 노태우 정부 때 ☐☐☐☐☐이/가 개최되었다.
10. ☐☐☐ 정부 때 역사 바로 세우기 운동의 일환으로 조선 총독부 청사가 철거되었다.

1 사사오입 2 장면 3 5·16 군사 정변 4 베트남 파병 5 유신 헌법 6 YH 무역 사건 7 계엄군 8 호헌 철폐 9 서울 올림픽 10 김영삼

완벽 마무리 기출문제풀이

"쌤이 기출문제 중 가장 도움이 될 만한 것으로 특별히 골라왔어! 같이 풀어보자!"

01 다음 가상 일기에 나타난 민주화 운동에 대한 설명으로 옳은 것은?

> ○○월 ○○일 흐림
> 대학 교수단이 시국 선언을 한 뒤 가두 시위에 나섰다. '학생의 피에 보답하라'라고 적힌 현수막을 들고 행진하였다.
>
> ○○월 ○○일 맑음
> 오늘 이승만 대통령이 하야했다. 학생과 시민의 힘으로 역사가 바뀌는 순간이었다.

① 신군부의 무력 진압에 저항하였다.
② 대통령 직선제 개헌을 이끌어 냈다.
③ 유신 체제가 붕괴하는 계기가 되었다.
④ 3·15 부정 선거에 항의하여 일어났다.

02 밑줄 그은 '정부' 시기에 볼 수 있는 사회 모습으로 가장 적절한 것은?

긴급 조치 9호로 피해를 당한 국민과 그 가족에 대해 국가의 배상 책임이 있다는 대법원 판결이 나왔습니다. 긴급 조치 9호에는 <u>정부</u>가 선포한 유신 헌법을 부정하거나 반대 또는 비방하는 행위 등을 금지하고, 위반할 경우 영장 없이 체포·구속해 1년 이상의 징역에 처한다는 내용이 담겨 있습니다.

대법원 "긴급 조치 9호로 인한 피해, 국가가 배상해야"

① 부마 민주 항쟁에 참여하는 학생
② 서울 올림픽 대회 개막식을 관람하는 시민
③ 금융 실명제 시행 속보를 시청하는 회사원
④ 반민족 행위 특별 조사 위원회에 체포되는 친일 행위자

---

01 4·19 혁명

자료에서 정답 키워드 찾기 — 정답: ④

- 대학 교수단이 시국 선언: 4·19 혁명의 전개 과정
- 이승만 대통령이 하야: 4·19 혁명의 결과
- ④ 4·19 혁명은 이승만 정부의 3·15 부정 선거에 항의하여 일어났어요.

오답선지 다시보기

① 5·18 민주화 운동 당시 시민들은 신군부의 무력 진압에 저항하며 시민군을 조직하였어요.
② 6월 민주 항쟁의 결과 대통령 직선제 개헌이 이루어졌어요.
③ YH 무역 사건과 부·마 민주 항쟁은 유신 체제가 붕괴되는 계기가 되었어요.

02 박정희 정부

자료에서 정답 키워드 찾기 — 정답: ①

- 긴급 조치: 유신 헌법에 제시된 대통령 권한
- 유신 헌법: 박정희 정부 시기 제정된 헌법
- ① 박정희 정부 시기에 유신 헌법과 독재에 저항하는 부·마 민주 항쟁이 일어났어요.

오답선지 다시보기

② 서울 올림픽은 노태우 정부 시기에 개최되었어요.
③ 금융 실명제는 김영삼 정부 시기에 개최되었어요.
④ 제헌 국회 때 반민족 행위 처벌법이 제정되어 반민족 행위 특별 조사 위원회가 활동하였어요.

26강 민주주의의 발전을 위한 노력

03 밑줄 그은 '정부' 시기의 사실로 옳지 <u>않은</u> 것은?

우리 정부가 일본의 사과와 반성 없이 한일 국교 정상화를 추진한다는 사실이 알려지면서 대학생과 시민들을 중심으로 굴욕적 대일 외교에 반대하는 시위가 확산하고 있습니다.

한일 회담 반대 시위 확산

① 3선 개헌안이 통과되었다.
② 베트남에 국군이 파병되었다.
③ 경제 개발 5개년 계획이 추진되었다.
④ 한일 월드컵 축구 대회가 개최되었다.

04 (가)에 들어갈 민주화 운동으로 옳은 것은?

계엄군과 광주 시민들이 대치하고 있는 전남도청 앞 금남로에 도착하였습니다. (가) 당시 이곳에서 계엄군의 집단 발포로 많은 사상자가 발생하였습니다.

① 4·19 혁명
② 6월 민주 항쟁
③ 부마 민주 항쟁
④ 5·18 민주화 운동

---

03 박정희 정부

자료에서 정답 키워드 찾기   정답: ④

✌ 한·일 국교 정상화: 박정희 정부의 정책
✌ 한·일 회담 반대 시위: 6·3시위
④ 한·일 월드컵 축구 대회는 김대중 정부 시기인 2002년에 개최되었어요.

오답선지 다시보기

① 박정희는 제7대 대통령에 출마하기 위하여 3연임을 허용하는 3선 개헌안(6차 개헌)을 통과시켰어요.
② 박정희 정부 때 미국의 군사적·경제적 지원을 받기 위하여 베트남 전쟁에 한국 군인을 파견하였어요.
③ 박정희 정부는 경공업 중심의 제1차·제2차 경제 개발 5개년 계획과 중화학 공업 중심의 제3차·제4차 경제 개발 5개년 계획을 추진하였어요.

04 5·18 민주화 운동

자료에서 정답 키워드 찾기   정답: ④

✌ 계엄군: 5·18 민주화 운동 당시 시민들을 진압함
✌ 광주: 5·18 민주화 운동이 일어난 곳
④ 광주의 학생과 시민들이 신군부의 퇴진을 요구하는 시위를 전개하였고, 계엄군이 시민들을 향해 발포하며 5·18 민주화 운동이 일어났어요.

오답선지 다시보기

① 4·19 혁명은 3·15 부정 선거 비판 시위에 참가하였던 김주열이 사망하는 사건을 계기로 발생하였어요.
② 6월 민주 항쟁은 박종철의 고문치사 사건을 계기로 발생하였으며, 대통령 직선제를 요구하였어요.
③ 부·마 민주 항쟁은 유신 독재와 YH 무역 사건 등이 계기가 되어 발생하였어요.

05 (가) 정부 시기에 있었던 사실로 옳은 것은?

① 야간 통행금지가 해제되었다.
② 베트남 전쟁에 국군이 파병되었다.
③ 한미 상호 방위 조약이 체결되었다.
④ 제1차 경제 개발 5개년 계획이 실시되었다.

06 다음 자료에 나타난 민주화 운동에 대한 설명으로 옳은 것은?

> 대통령은 지난 4월 13일 반민주적인 현행 헌법의 호헌과 그 헌법에 따라 선출된 차기 대통령에게 권력을 이양하겠다고 발표하였다. 그 후 4·13 호헌 조치에 대한 국민의 항의는 전국을 휩쓸었다. …… 이제 우리는 호헌 반대 운동을 하나로 결집시켜 나가야 한다는 데 뜻을 모아 민주 헌법 쟁취 국민 운동 본부 설립을 선언하는 바이다. 이를 통하여 우리는 대통령 직선제를 비롯하여, 국민이 주인이 되는 민주 사회를 건설하는 길로 나아가고자 한다.

① 긴급 조치 철폐를 요구하였다.
② 시민군이 자발적으로 조직되었다.
③ 장면 내각이 출범하는 배경이 되었다.
④ 시위 도중 대학생 이한열이 희생되었다.

05 전두환 정부

자료에서 정답 키워드 찾기 — 정답: ①

- 삼청 교육대: 전두환 정부 시기 불량배 소탕을 목적으로 운영한 기관
- 국풍 81: 전두환 정부 시기 시민들의 불만을 잠재우기 위한 유화책의 일환으로 실시한 문화 예술 축제
- 교복 자율화: 전두환 정부 시기 유화책
① 전두환 정부 시기에는 시민들의 불만을 잠재우기 위하여 야간 통행금지 해제 등 여러 가지 유화책을 실시하였어요.

오답선지 다시보기

② 박정희 정부 시기에는 미국으로부터 지원을 약속받고 베트남 전쟁에 국군을 파병하였어요.
③ 이승만 정부 시기인 6·25 전쟁 직후에 한·미 상호 방위 조약이 체결되었어요.
④ 박정희는 5·16 군사 정변으로 정권을 장악한 이후 제1차 경제 개발 5개년 계획을 실시하였어요.

06 6월 민주 항쟁

자료에서 정답 키워드 찾기 — 정답: ④

- 4·13 호헌 조치: 대통령 간선제를 유지한다는 정부의 입장 발표
- 대통령 직선제: 6월 민주 항쟁 당시 시민들의 요구 사항
④ 4·13 호헌 조치에 반발하며 시민들이 시위를 벌였는데, 시위 도중 대학생 이한열이 경찰이 쏜 최루탄에 맞고 쓰러지는 사건이 발생하였어요. 이 사건을 계기로 6월 민주 항쟁이 크게 확산되었어요.

오답선지 다시보기

① 박정희 정부의 유신 헌법에 반대하며 긴급 조치 철폐를 요구하는 3·1 민주 구국 선언이 발표되었어요.
② 5·18 민주화 운동 당시 계엄군이 시민들을 상대로 발포하자 시위대는 자발적으로 시민군을 조직하여 계엄군에 대항하였어요.
③ 4·19 혁명의 결과 대통령 이승만이 하야하였고, 내각 책임제로의 개헌을 통해 장면을 국무총리로 하는 장면 내각이 출범하였어요.

26강 민주주의의 발전을 위한 노력

07 (가) 민주화 운동에 대한 설명으로 옳은 것은?

① 유신 체제가 붕괴하는 계기가 되었다.
② 3·15 부정 선거에 항의하여 일어났다.
③ 5년 단임의 대통령 직선제 개헌을 이끌어냈다.
④ 전개 과정에서 시민군이 자발적으로 조직되었다.

08 (가) 정부 시기에 볼 수 있는 모습으로 가장 적절한 것은?

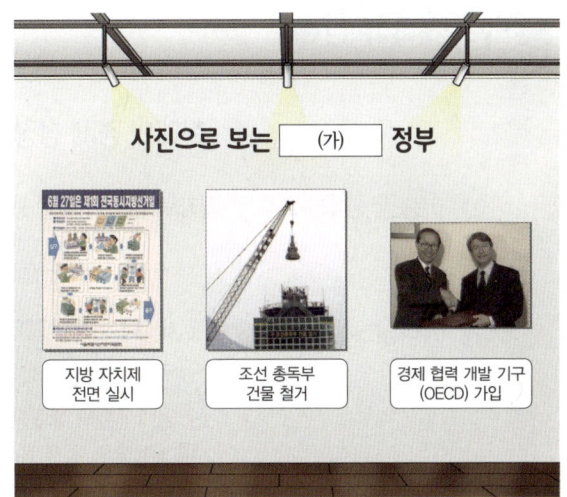

① 베트남 전쟁에 파병되는 군인
② 금융 실명제 실시 속보를 시청하는 은행원
③ 야간 통행금지 해제 조치에 환호하는 시민
④ 반민족 행위 특별 조사 위원회로 연행되는 친일 행위자

---

07 6월 민주 항쟁

자료에서 정답 키워드 찾기 | 정답: ③

- 이한열: 6월 민주 항쟁 과정에서 경찰이 쏜 최루탄에 맞아 쓰러진 인물
- 호헌 철폐와 독재 타도: 6월 민주 항쟁 당시 시민들이 외친 구호
③ 6월 민주 항쟁의 결과 6·29 민주화 선언이 발표되며 5년 단임의 대통령 직선제 개헌이 이루어졌어요.

오답선지 다시보기

① YH 무역 사건과 부·마 민주 항쟁은 유신 체제가 붕괴하는 계기가 되었어요.
② 3·15 부정 선거에 항의하며 4·19 혁명이 일어났어요.
④ 5·18 민주화 운동 당시 시위대는 자발적으로 시민군을 조직하여 계엄군에 대항하였어요.

08 김영삼 정부

자료에서 정답 키워드 찾기 | 정답: ②

- 지방 자치제 실시: 김영삼 정부의 주요 정책
- 조선 총독부 철거: 김영삼 정부 시기에 시행된 역사 바로 세우기 운동의 일환
- 경제 협력 개발 기구(OECD) 가입: 김영삼 정부 시기인 1996년에 가입
② 김영삼 정부 시기에 금융 거래를 할 때 실제 이름을 사용하도록 하는 금융 실명제를 실시하였어요.

오답선지 다시보기

① 박정희 정부 시기에 베트남 전쟁에 국군을 파병하였어요.
③ 전두환 정부 시기에 야간 통행금지가 해제되었어요.
④ 이승만 정부 시기에 반민족 행위 특별법이 제정되며 반민족 행위 특별 조사 위원회가 활동하였어요.

27강 현대의 경제 성장과 통일 정책

설쌤의 한판정리

여기까지 오느라 정말 고생 많았어! 우리 또 만나! 약속!

	현대의 경제 성장	평화 통일을 위한 노력
이승만 정부	밀가루·설탕·면직물 중심 산업 발달	
박정희 정부	· 경제 개발 5개년 계획 추진 · 경부 고속 국도 개통(1970) · 수출액 100억 달성(1977) · 새마을 운동 추진(1970) · 전태일 분신 사건(1970)	남북 적십자 회담 개최(1971) 7·4 남북 공동 성명 발표(1972) · 자주·평화·민족적 대단결 · 남북 조절 위원회 설치
전두환 정부	저금리·저유가·저환율(3저) 호황	
노태우 정부		남북한 유엔 동시 가입(1991) 남북 기본 합의서 채택(1991) 남북한 화해와 불가침 및 교류 협력 한반도 비핵화 공동 선언 합의(1991)
김영삼 정부	· 금융 실명제 실시(1993) · 세계 무역 기구(WTO) 가입(1993) · 경제 협력 개발 기구(OECD) 가입(1996) · 외환 위기 발생(1997)	
김대중 정부	금 모으기 운동 시행 ➡ 외환 위기 극복	6·15 남북 공동 선언 발표(2000) 통일 문제를 우리 민족끼리 해결
노무현 정부	· 경부 고속 철도(KTX) 개통 · 한미 자유 무역 협정(FTA) 체결	10·4 남북 공동 선언 발표(2007) 경제·사회·문화 교류와 협력

1 현대의 경제 성장

이승만 정부		• 6·25 전쟁 이후 미국의 원조에 의존함 • 밀가루, 설탕, 면직물을 중심으로 하는 산업이 발달함
박정희 정부	주요 정책	• 경제 개발 5개년 계획 추진: 경공업 중심(제1차·제2차)에서 중화학 공업 중심(제3차·제4차)의 경제 성장을 이룸 • 경부 고속 국도 개통(1970) • 수출액 100억 달러 달성(1977) • 농촌 근대화를 위한 새마을 운동 추진(1970)
	주요 사건	전태일이 근로 기준법 준수를 요구하며 분신자살하는 사건 발생(1970)
전두환 정부		저금리·저유가·저환율로 경제 호황(3저 호황)을 맞이함
김영삼 정부	주요 정책	• 금융 실명제 실시(1993) • 세계 무역 기구(WTO) 가입(1993) • 경제 협력 개발 기구(OECD) 가입(1996)
	주요 사건	• 다른 나라와 거래할 때 사용하는 외환(미국 달러 등)이 부족해지는 외환위기가 발생함(1997) • 국제 통화 기금(IMF)으로부터 자금 지원과 경제적 관리를 받게 됨
김대중 정부		IMF로부터 지원받은 자금을 갚기 위하여 금 모으기 운동을 시행함
노무현 정부		• 경부 고속 철도(KTX)를 개통함 • 한·미 자유 무역 협정(FTA) 체결

경부 고속 국도 개통

수출 100억 달러 달성(1977)

쌤! 질문 있어요!

Q 전태일은 누구인가요?

전태일은 청계천의 평화 시장에서 일하던 노동자였어요. 그는 그곳에서 일하며 열악한 노동 환경에 놓인 다른 노동자들의 현실에 눈을 뜨게 되었어요. 이에 전태일은 노동청에 근로 조건의 개선을 요구하기도 하였어요. 그러나 노동 환경의 개선이 이루어지지 않자, 결국 전태일은 자신의 몸에 불을 붙이고 "근로기준법을 준수하라", "우리는 기계가 아니다."라고 외치며 숨을 거두었어요.

✦ 금융 실명제

계좌나 카드를 만드는 등 금융 거래를 할 때 본인의 실제 이름을 사용하도록 하는 제도예요.

2 평화 통일을 위한 노력

(1) **박정희 정부**: 7·4 남북 공동 성명을 발표하였어요(1972).

'차가운 전쟁'이라는 뜻으로 직접적인 싸움이나 전쟁은 없지만 서로 대립하는 상황을 일컬어요.

배경	• 전 세계적으로 사회주의 국가와 자유주의 국가의 대립(냉전)이 완화됨 • 이산가족 상봉을 위한 남북 적십자 회담이 개최됨(1971)
7·4 남북 공동 성명 주요 내용	자주·평화·민족적 대단결에 따른 평화 통일 원칙 합의 1. 통일은 외세에 의존하거나 외세의 간섭 없이 자주적으로 해결한다. 2. 통일은 서로 상대방을 반대하는 무력 행사에 의거하지 않고 평화적인 방법으로 실현한다. 3. 사상과 이념, 제도의 차이를 초월하여 우선 하나의 민족으로서 민족적 대단결을 도모한다.
결과 및 한계	• 평화 통일 원칙 실현을 위해 남북 조절 위원회를 설치 • 공동 성명 발표 이후 대한민국에서는 유신 헌법이, 북한에서는 사회주의 헌법이 제정됨

27 현대의 경제 성장과 통일 정책

남북 기본 합의서 채택

(2) 노태우 정부
① 남북한이 유엔에 동시 가입하였어요(1991).
② 남북 기본 합의서를 채택하였어요(1991).

남북 기본 합의서 주요 내용	남북한 사이의 화해와 불가침 및 교류 협력을 밝힘
	남과 북은 …… 쌍방 사이의 관계가 나라와 나라 사이의 관계가 아닌 통일을 지향하는 과정에서 잠정적으로 형성되는 특수 관계라는 것을 인정하고 …… 다음과 같이 합의하였다. 제1장 남북 화해 〈제1조〉 남과 북은 서로 상대방의 체제를 인정하고 존중한다. 제2장 남북 불가침 〈제9조〉 남과 북은 상대방에 대하여 무력을 사용하지 않으며 무력으로 침략하지 아니한다.

③ 한반도 비핵화 공동 선언에 합의하였어요(1991).

(3) 김대중 정부

✦ 김대중

남북 평화가 기여한 공을 인정받아 김대중 대통령은 노벨 평화상을 수상하였어요.

✦ 햇볕 정책
나그네의 외투를 벗기는 데에는 강풍보다 햇볕이 더 유용하였다는 우화에서 비롯된 말이에요. 남북한의 긴장을 풀고 교류와 협력을 위해 노력하는 정책이지요.

✦ 개성 공단
북한 지역인 개성시에 조성한 산업단지예요. 2004년에 완공되어 많은 한국 기업이 개성 공단에 진출하였고, 북한 노동자들과 한국 기업이 함께 제품을 생산하였어요. 그러나 남북 관계가 악화되면서 2016년에 개성 공단은 폐쇄되었어요.

① **햇볕 정책**을 펼치고, 금강산 관광 사업을 시작하였어요.
② **최초의 남북 정상 회담을 개최**하고 6·15 남북 공동 선언을 발표하였어요(2000).

6·15 남북 공동 선언 주요 내용	• 통일 문제를 우리 민족끼리 해결할 것을 합의함 • 남한과 북한이 제시한 통일 방법에 서로 공통성이 있음을 인정함
	1. 남과 북은 나라의 통일 문제를 그 주인인 우리 민족끼리 서로 힘을 합쳐 자주적으로 해결해 나가기로 하였다. 2. 남과 북은 나라의 통일을 위한 남측의 연합제 안과 북측의 낮은 단계의 연방제 안이 서로 공통성이 있다고 인정하고 앞으로 이 방향에서 통일을 지향해 나가기로 하였다.

(4) 노무현 정부
① 개성 공단을 완공하였어요.
② 제2차 남북 정상 회담을 개최하고 **10·4 남북 공동 선언을 발표**하였어요(2007).

10·14 남북 공동 선언 주요 내용	• 6·15 남북 공동 선언을 유지하고 적극 구현함 • **경제 협력 사업**을 적극 활성화 함 • **사회 문화 분야의 교류와 협력**을 발전시켜 나감

(5) 문재인 정부
제3차 남북 정상 회담을 개최하고 **판문점 선언을 발표**하였어요(2018).

진실게임 OX 문제
"다음 글의 내용이 맞으면 O, 틀리면 X에 표시하기!"

1. 이승만 정부 시기에 경제 개발 5개년 계획이 추진되었다. (O, X)
2. 박정희 정부 시기에 수출액 100억 달러를 달성하였다. (O, X)
3. 박정희 정부 시기에 전태일이 근로 기준법 준수를 요구하며 분신자살하는 사건이 일어났다. (O, X)
4. 전두환 정부 시기에 우리나라는 경제 협력 개발 기구에 가입하였다. (O, X)
5. 김영삼 정부 시기에 금융 실명제가 실시되었다. (O, X)
6. 김영삼 정부 시기에 금 모으기 운동 등을 통해 IMF 외환 위기를 극복하였다. (O, X)
7. 박정희 정부 시기에 자주·평화·민족적 대단결에 따른 평화 통일 원칙을 담은 7·4 남북 공동 성명이 발표되었다. (O, X)
8. 전두환 정부 시기에 남북한 유엔 동시 가입, 남북 기본 합의서 채택, 한반도 비핵화 공동 선언 합의가 진행되었다. (O, X)
9. 6·15 남북 공동 선언을 통해 남과 북은 통일 문제를 우리 민족끼리 해결할 것을 합의하였다. (O, X)
10. 노무현 정부 시기에 최초의 남북 정상 회담이 개최되었다. (O, X)

X 확인
1X 2O 3O 4X 5O 6X 7O 8X 9O 10X

1 **박정희 정부** 시기에 경제 개발 5개년 계획이 추진되었어요.
4 **김영삼 정부** 시기에 경제 협력 개발 기구에 가입하였어요.
6 **김대중 정부** 시기에 금 모으기 운동 등을 통해 IMF 외환 위기를 극복하였어요.
8 **노태우 정부** 시기에 남북한 유엔 동시 가입, 남북 기본 합의서 채택, 한반도 비핵화 공동 선언 합의가 진행되었어요.
10 **김대중 정부** 시기에 최초의 남북 정상 회담이 개최되었어요.

이론완성 빈칸채우기
"오늘 배운 내용을 떠올리며 다음 글의 빈칸을 채워보자!"

1. ☐☐☐ 정부 시기에는 밀가루, 설탕, 면직물을 중심으로 하는 산업이 발달하였다.
2. 박정희 정부 시기에 ☐☐ 고속 국도가 개통하였다.
3. 박정희 정부 시기에 ☐☐☐이/가 근로 기준법 준수를 요구하며 분신자살하는 사건이 일어났다.
4. ☐☐☐ 정부 시기에는 저금리·저유가·저환율로 경제 호황을 맞이하였다.
5. 김영삼 정부 시기에 금융 거래 시 실제 이름을 사용하도록 하는 ☐☐☐☐☐이/가 실시되었다.
6. 박정희 정부 시기에 이산가족 상봉을 위한 남북 ☐☐☐☐이/가 개최되었다.
7. 노태우 정부 시기에 남북한 사이의 화해와 불가침 및 교류 협력을 명시한 ☐☐☐☐☐☐☐이/가 채택되었다.
8. 김대중 정부는 남북한의 긴장을 풀고 교류와 협력을 위해 노력하는 ☐☐☐☐을/를 펼쳤다.
9. 노무현 정부 시기에 북한 지역인 개성에 ☐☐☐☐이/가 조성되었다.
10. 문재인 정부는 제3차 남북 정상 회담을 개최하고 ☐☐☐☐☐을/를 발표하였다.

1 이승만 2 경부 3 전태일 4 전두환 5 금융 실명제 6 적십자 회담 7 남북 기본 합의서 8 햇볕 정책 9 개성 공단 10 판문점 선언

완벽 마무리 기출문제 풀이

"쌤이 기출문제 중 가장 도움이 될 만한 것으로 특별히 골라왔어! 같이 풀어보자!"

01 (가) 정부 시기에 있었던 사실로 옳은 것은?

1977년 12월 22일은 우리나라의 연간 수출액이 100억 달러를 최초로 돌파한 날이다. 이는 (가) 정부가 수출 1억 달러를 달성한 지 13년 만에 이뤄낸 성과로, 목표한 바를 4년이나 앞당긴 것이다.

① 개성 공단이 조성되었다.
② 신한 공사가 설립되었다.
③ 경부 고속 도로가 준공되었다.
④ 한미 자유 무역 협정(FTA)이 체결되었다.

02 (가) 정부 시기에 있었던 사실로 옳은 것은?

사진으로 보는 (가) 정부
- 해외로 간 한국인들 -

① 새마을 운동을 시작하였다.
② 금융 실명제를 전면 실시하였다.
③ G20 정상 회의를 서울에서 개최하였다.
④ 미국과 자유 무역 협정(FTA)을 체결하였다.

---

01 박정희 정부 시기 경제 정책

자료에서 정답 키워드 찾기   정답: ③

☝ 수출액 100억 달러 최초로 돌파: 박정희 정부 시기 경제 상황
③ 박정희 정부 시기에 경부 고속 도로가 준공되었어요.

오답선지 다시보기

① 노무현 정부 시기에 개성 공단이 조성되었어요.
② 미군정 시기에 한국에 남아 있는 일제의 재산을 관리하기 위해 신한 공사가 설립되었어요.
④ 노무현 정부 시기에 한·미 자유 무역 협정(FTA)이 체결되었어요.

02 박정희 정부 시기 경제 정책

자료에서 정답 키워드 찾기   정답: ①

☝ 서독 파견 광부, 서독 파견 간호사: 박정희 정부 시기에 경제 개발 자금을 얻기 위해 서독에 광부와 간호사를 파견함
✌ 베트남에 파견: 박정희 정부 시기에 미국의 경제적·군사적 지원을 약속받고 군인 등을 파견함
① 박정희 정부는 농촌 근대화를 위하여 새마을 운동을 시작하였어요.

오답선지 다시보기

② 김영삼 정부 시기에 금융 실명제가 전면 실시되었어요.
③ 이명박 정부 시기에 세계 경제 협의 기구인 G20 정상 회의가 서울에서 개최되었어요.
④ 노무현 정부 시기에 한·미 자유 무역 협정(FTA)이 체결되었어요.

27강 현대의 경제 성장과 통일 정책

03 (가) 정부 시기의 경제 상황으로 옳은 것은?

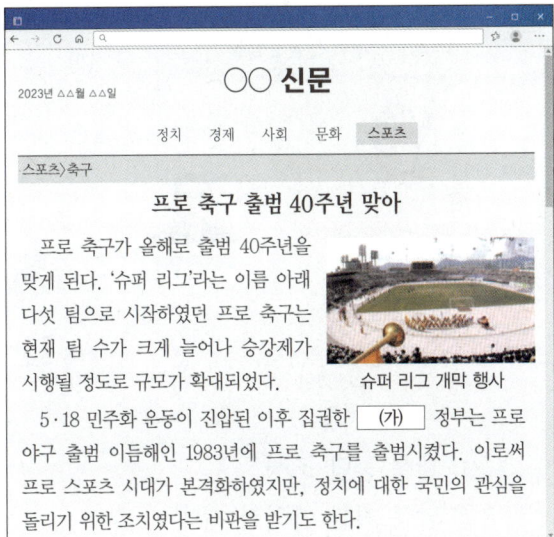

① 제1차 경제 개발 5개년 계획이 수립되었다.
② 경제 협력 개발 기구(OECD)에 가입하였다.
③ 저금리·저유가·저달러의 3저 호황이 있었다.
④ 미국과의 자유 무역 협정(FTA)이 체결되었다.

04 (가)에 들어갈 내용으로 옳은 것은?

① 금융 실명제를 실시했어.
② 경부 고속 도로를 준공했어.
③ 제1차 경제 개발 5개년 계획을 추진했어.
④ 미국과 자유 무역 협정(FTA)을 체결했어.

03 전두환 정부 시기 경제 상황

자료에서 정답 키워드 찾기 　　　　　　정답: ③

✋ 프로 축구 출범: 전두환 정부의 유화책
✋ 5·18 민주화 운동이 진압된 이후 집권: 전두환 정부
③ 전두환 정부 시기에는 저금리·저유가·저달러(3저)의 영향으로 경제 호황을 누렸어요.

오답선지 다시보기

① 박정희 정부 시기에 제1차 경제 개발 5개년 계획이 진행되었어요.
② 김영삼 정부 시기에 경제 협력 개발 기구(OECD)에 가입하였어요.
④ 노무현 정부 시기에 한·미 자유 무역 협정(FTA)이 체결되었어요.

04 김영삼 정부 시기 경제 정책

자료에서 정답 키워드 찾기 　　　　　　정답: ①

✋ 역사 바로 세우기의 일환: 김영삼 정부 시기의 정책
✋ 경제 협력 개발 기구(OECD) 가입: 김영삼 정부 시기
① 김영삼 정부 시기에 금융 거래를 할 때 실제 이름을 사용하도록 하는 금융 실명제를 실시하였어요.

오답선지 다시보기

② 박정희 정부 시기에 경부 고속 국도가 준공되었어요.
③ 박정희 정부 시기에 제1차 경제 개발 5개년 계획이 추진되었어요.
④ 노무현 정부 시기에 미국과 자유 무역 협정(FTA)을 체결하였어요.

05 (가)에 들어갈 내용으로 옳은 것은?

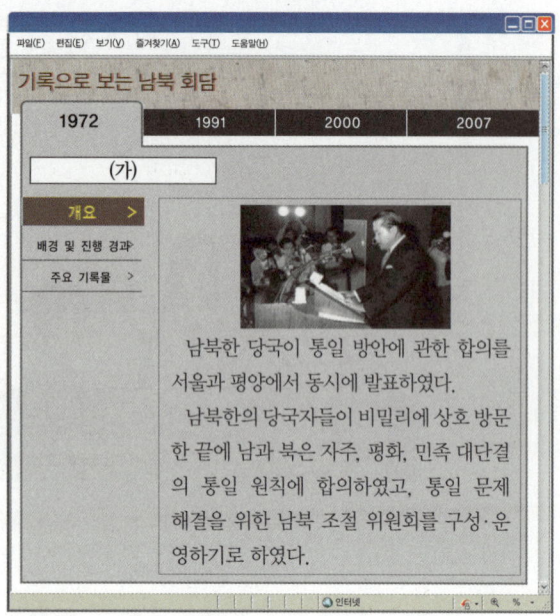

① 남북 기본 합의서
② 7·4 남북 공동 성명
③ 6·15 남북 공동 선언
④ 10·4 남북 정상 선언

06 (가)에 들어갈 내용으로 옳은 것은?

① 개성 공단 조성
② 남북 기본 합의서 채택
③ 7·4 남북 공동 성명 발표
④ 6·15 남북 공동 선언 합의

---

05 7·4 남북 공동 성명

자료에서 정답 키워드 찾기 — 정답: ②

- 자주, 평화, 민족 대단결: 7·4 남북 공동 성명의 주요 내용
- 남북 조절 위원회: 7·4 남북 공동 성명 발표 이후 평화 통일 원칙을 실현하기 위해 설치
- ② 박정희 정부 시기인 1972년에 남과 북은 자주, 평화, 민족적 대단결의 통일 원칙에 합의하는 7·4 남북 공동 성명을 발표하고 남북 조절 위원회를 설치하였어요.

오답선지 다시보기
① 노태우 정부 시기에 채택한 남북 기본 합의서는 남북한 사이의 화해와 불가침 및 교류 협력을 명시하였어요.
③ 김대중 정부 시기에 발표한 6·15 공동 선언은 통일 문제를 우리 민족끼리 해결할 것을 명시하였어요.
④ 노무현 정부 시기에 발표한 10·4 남북 정상 선언은 6·15 공동 선언을 유지하고 경제 협력 사업의 활성화 등을 명시하였어요.

06 노태우 정부 시기의 통일 정책

자료에서 정답 키워드 찾기 — 정답: ②

- 서울 올림픽 개최, 남북한 유엔 동시 가입, 한·중 국교 수립: 노태우 정부 시기의 사건
- ② 노태우 정부는 1991년에 남북한 사이의 화해와 불가침 및 교류 협력을 밝힌 남북 기본 합의서를 채택하였어요.

오답선지 다시보기
① 노무현 정부 시기에 개성 공단이 조성되었어요.
③ 박정희 정부는 7·4 남북 공동 성명을 발표하였어요.
④ 김대중 정부는 최초의 남북 정상 회담을 개최하고 6·15 남북 공동 선언을 발표하였어요.

27강 현대의 경제 성장과 통일 정책

07 (가) 정부 시기의 경제 상황으로 옳은 것은?

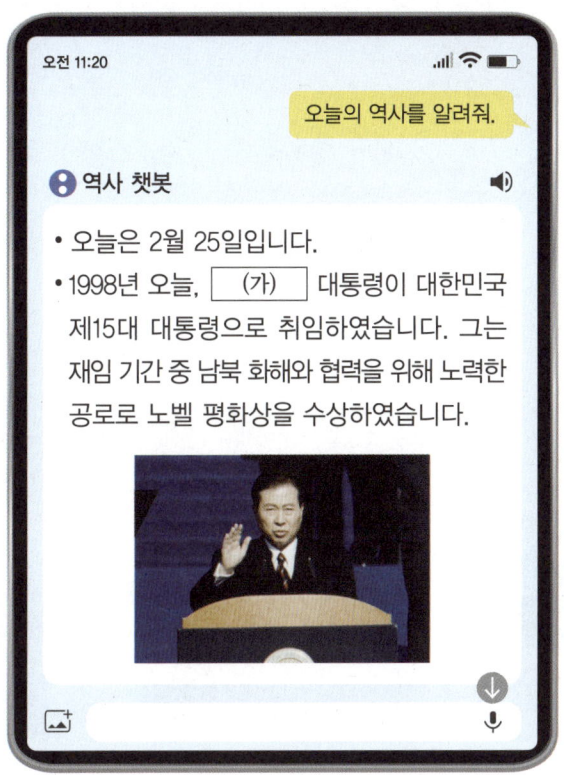

① 최초로 수출 100억 달러를 달성하였다.
② 경제 협력 개발 기구(OECD)에 가입하였다.
③ 미국과 자유 무역 협정(FTA)을 체결하였다.
④ 국제 통화 기금(IMF)의 구제 금융 자금을 조기 상환하였다.

08 다음 뉴스가 보도된 정부 시기의 통일 노력으로 옳은 것은?

① 이산가족 최초 상봉
② 남북 기본 합의서 채택
③ 남북한 유엔 동시 가입
④ 10·4 남북 정상 선언 발표

---

07 김대중 정부

자료에서 정답 키워드 찾기   정답: ④

- 남북 화해와 협력을 위해 노력한 공로로 노벨 평화상 수상: 김대중 대통령
- ④ 김대중 정부 시기 금 모으기 운동을 통해 IMF로부터 받은 자금을 빠르게 갚았어요.

오답선지 다시보기

① 박정희 정부 시기에 수출액 100억 달러를 달성하였어요.
② 김영삼 정부 시기에 경제 협력 개발 기구(OECD)에 가입하였어요.
③ 노무현 정부 시기에 미국과 자유 무역 협정(FTA)을 체결하였어요.

08 노무현 정부 시기의 통일 정책

자료에서 정답 키워드 찾기   정답: ④

- 개성 공단: 노무현 정부 시기 남북한 경제 협력을 위해 개성에 조성한 산업 단지
- ④ 노무현 정부는 제2차 남북 정상 회담을 개최하고 10·4 남북 공동 선언을 발표하였어요.

오답선지 다시보기

① 전두환 정부 시기인 1985년에 이산가족이 최초로 상봉하였어요.
② 노태우 정부 시기에 남북 기본 합의서를 채택하였어요.
③ 노태우 정부 시기에 남북한이 유엔에 동시 가입하였어요.

플러스 1점을 위한
주제별 빈출 특강

① 유네스코 세계 유산

② 우리나라의 세시 풍속

③ 지역사

1 유네스코 세계 유산

유네스코 세계 유산이란?
세계 유산은 우리가 선조로부터 물려받아 앞으로 우리 자손에게 물려주어야 할 중요한 자산이에요. 유네스코는 인류가 함께 보존할 가치가 있는 귀중한 유산을 세계 유산, 인류 무형 문화유산, 세계 기록 유산으로 나누어 보호하고 있어요.

(1) 우리나라의 세계 유산(문화유산·자연유산·복합유산)

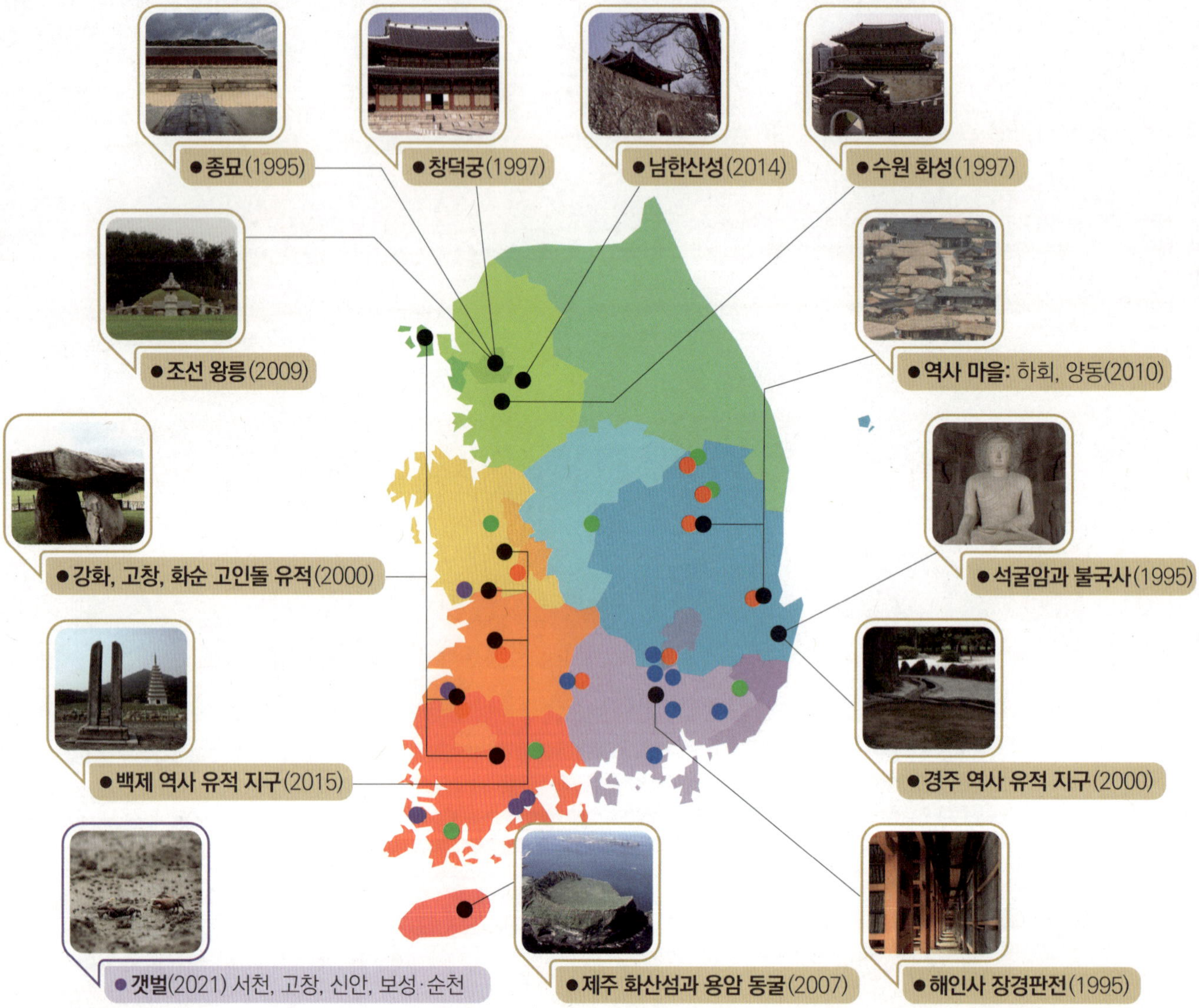

- 종묘(1995)
- 창덕궁(1997)
- 남한산성(2014)
- 수원 화성(1997)
- 조선 왕릉(2009)
- 역사 마을: 하회, 양동(2010)
- 강화, 고창, 화순 고인돌 유적(2000)
- 석굴암과 불국사(1995)
- 백제 역사 유적 지구(2015)
- 경주 역사 유적 지구(2000)
- 갯벌(2021) 서천, 고창, 신안, 보성·순천
- 제주 화산섬과 용암 동굴(2007)
- 해인사 장경판전(1995)

한국의 서원
- 경북 영주 소수 서원 · 경북 안동 도산 서원 · 경북 안동 병산 서원 · 경북 경주 옥산 서원 · 대구 달성 도동 서원
- 경남 함양 남계 서원 · 전남 장성 필암 서원 · 전북 정읍 무성 서원 · 충남 논산 돈암 서원

산사, 한국의 산지 승원
- 충남 보은 법주사 · 충남 공주 마곡사 · 전남 해남 대흥사 · 경북 영주 부석사 · 경북 안동 봉정사
- 경남 양산 통도사 · 전남 순천 선암사

가야 고분군
- 경북 고령 지산동 고분군 · 경남 김해 대성동 고분군 · 경남 함안 말이산 고분군 · 경남 창녕 교동·송현동 고분군
- 경남 고성 송학동 고분군 · 경남 합천 옥전 고분군 · 전북 남원 유곡리·두락리 고분군

🔼 해인사 장경판전(1995)

경남 합천군 가야산에 위치하고 있으며, 13세기에 제작된 팔만대장경을 보관하기 위하여 지은 건축물이다. 이곳에는 81,258장의 대장경이 보관되어 있다.

🔼 종묘(1995)

조선 왕조의 역대 왕과 왕비의 신주를 모신 사당으로, 조선 시대를 대표하는 웅장하고 엄숙한 건축물이다. 정전과 영녕전 등으로 구성되었으며, 정면이 매우 길고 수평성을 강조한 모습이다.

🔼 석굴암과 불국사(1995)

삼국 시대 신라의 불교 유적으로, 모두 경주 토함산에 있다. 석굴암은 토함산 언덕의 암벽 위에 만든 인공 석굴이며, 불국사는 인공적으로 쌓은 석조 기단 위에 지은 목조 건축물이다.

🔼 창덕궁(1997)

태종 5년(1405)에 경복궁의 동쪽에 지어졌다. 선조 25년(1592)에 임진왜란으로 불에 탄 경복궁을 흥선 대원군이 다시 짓기 전까지 조선의 왕들이 머물던 법궁(法宮) 역할을 하였다.

🔼 수원 화성(1997)

경기도 수원시에 있는 조선 시대 성곽이다. 조선 제22대 왕 정조가 아버지 사도(장헌) 세자의 묘를 옮기며 신도시를 건설하기 위하여 만들었다. 수원 화성은 군사적 기능과 상업적 기능을 갖추고 있으며, 구조가 과학적이고 실용적이다.

🔼 고창·화순·강화 고인돌 유적(2000)

고인돌은 거대한 바위를 이용하여 만든 거석 기념물로서 일종의 무덤이다. 고창·화순·강화의 고인돌 유적에는 많은 고인돌이 밀집되었으며, 탁자식, 바둑판식 등 다양한 형식의 고인돌이 발견되고 있다.

🔼 경주 역사 유적 지구(2000)

조각·탑·절터·궁궐터·왕릉과 같은 신라의 유적이 집중 분포되어 있다.
- 남산 지구: 경주 배동 석조여래 삼존 입상, 나정, 포석정
- 월성 지구: 계림, 첨성대, 동궁과 월지, 내물왕릉
- 대릉원 지구: 황남 대총, 노동리 고분군, 노서리 고분군, 천마총, 미추왕릉, 재매정
- 황룡사 지구: 황룡사지, 분황사
- 산성 지구: 명활산성

🔼 제주 화산섬과 용암 동굴(2007)

제주도의 화산섬과 용암 동굴은 세계에서 가장 아름답다고 손꼽히는 거문오름 용암 동굴계, 바다에서 솟아올라 마치 천연 요새처럼 장관을 연출하는 성산 일출봉, 한국에서 가장 높은 한라산 천연 보호 구역으로 구성되어있다. 제주도의 자연 유산은 빼어난 아름다움과 생물의 다양성 보전 측면에서 가치를 인정받았다.

🔼 조선 왕릉(2009)

조선의 왕과 왕비 및 추존된 왕과 왕비의 무덤을 일컫는다. 우리나라 18개 지역에 흩어져 있고 총 40기에 달한다(북한에 있는 2기와 광해군·연산군 묘는 제외). 왕릉은 대체로 남쪽에 물이 흐르고, 뒤로는 언덕에 둘러싸여 풍수지리적으로 이상적인 곳에 위치해 있다.

🔼 한국의 역사 마을: 하회와 양동(2010)

한국을 대표하는 씨족 마을로 14~15세기에 조성되었다. 하회 마을은 풍산 류씨의 씨족 마을이며, 양동 마을은 여강 이씨와 월성 손씨의 씨족 마을이다.

🔼 남한산성(2014)

조선 시대에 비상시 임시 수도 역할을 하였으며, 병자호란 때 인조가 이곳으로 피신하기도 하였다. 7세기에 처음 만들어져 여러 차례 재건되었으며 17세기 초에는 청의 위협에 맞서기 위하여 크게 수리하였다.

🔼 백제 역사 유적 지구(2015)

백제의 주요 도시인 공주시·부여군·익산시 3개 지역에 백제 유적이 분포되어 있다.
- 공주 역사 지구: 공산성, 무령왕릉과 왕릉원
- 부여 역사 지구: 관북리 유적, 부소산성, 정림사지, 부여 왕릉원, 부여 나성
- 익산 역사 지구: 왕궁리 유적, 미륵사지

↑ 산사, 한국의 산지 승원(2018)

통도사·부석사·봉정사·법주사·마곡사·선암사·대흥사 등 전국에 분포하는 7개 사찰이 등재되었다. 불교 공동체의 신앙·수행 생활과 일상생활이 이루어지고 있다.

↑ 한국의 서원(2019)

소수 서원, 남계 서원, 옥산 서원, 도산 서원, 필암 서원, 도동 서원, 병산 서원, 무성 서원, 돈암 서원이 등재되었다. 서원은 조선 시대에 성리학을 교육하던 시설로, 주로 사림에 의해 만들어져 향촌을 중심으로 발전했다.

↑ 한국의 갯벌(2021)

서천 갯벌, 고창 갯벌, 신안 갯벌, 보성·순천 갯벌이 등재되었다. 한국의 갯벌은 생태계 보전과 다양한 생물의 서식지로서 가치를 인정받았다.

↑ 가야 고분군(2023)

유곡리와 두락리 고분군, 지산동 고분군, 대성동 고분군, 말이산 고분군, 교동과 송현동 고분군, 송학동 고분군, 옥전 고분군 등 7곳이 등재되었다.

(2) 인류 무형 문화유산

↑ 종묘 제례 및 종묘 제례악(2001)

종묘 제례란 종묘에서 지내는 제사이다. 종묘 제례악은 종묘에서 제사를 지낼 때 연주하는 기악과 노래, 춤 등을 말한다.

↑ 판소리(2003)

소리꾼 한 명과 고수(북치는 사람) 한 명이 음악으로 이야기를 엮어 가는 공연 예술이다. 초기 판소리에는 열두 마당이 있었지만, 현재는 춘향가·심청가·수궁가·흥보가·적벽가의 다섯 마당만 전해진다.

↑ 강릉 단오제(2005)

음력 5월 5일 단오를 전후로 펼쳐지는 강릉 지역의 전통 축제이다. 산신령과 여러 수호신에게 제사를 지내며 전통 음악과 그네 타기, 씨름하기, 수리취떡 만들어 먹기, 창포물에 머리 감기 등 다양한 민속놀이가 개최된다.

↑ 강강술래(2009)

전라남도 해안 지방에서 행하던 놀이이다. 음력 8월 한가위에 보름달이 뜨면 성인 여성 수십 명이 모여 손을 맞잡아 둥글게 원을 만들어 돌며 '강강술래' 노래를 불렀다.

↑ 남사당놀이(2009)

남자들로 구성된 전문적인 공연 예술 집단이 여기저기 떠돌면서 행하던 전통 민속 공연이다. 풍자를 통해 현실을 비판하며, 놀이와 대사, 노래, 무용 등이 결합된 종합 예술이다.

↑ 영산재(2009)

부처가 영취산에서 불교를 가르치던 모습을 재현한 불교 의식이다. 사람이 죽은 지 49일이 되는 날 지내는 제사의 일종으로 영혼을 극락으로 이끄는 의식을 말한다.

↑ 제주 칠머리당 영등굿(2009)

바다의 평온과 풍어를 기원하는 제주의 풍습으로 음력 2월에 행한다. 어부와 해녀들이 참가하여 바람의 여신(영등할망)·용왕·산신 등을 위하여 제사를 지낸다.

↑ 처용무(2009)

궁중 연례(잔치)에서 악귀를 몰아내고 평온을 기원하거나 음력 섣달그믐에 악귀를 쫓는 의식인 나례를 행할 때 추는 탈춤이다. '처용'은 동해 용왕의 아들로 태어나 사람의 모습으로 노래를 부르고 춤을 추어 천연두를 옮기는 나쁜 귀신으로부터 인간 아내를 구해 냈다는 설화의 주인공이다.

↑ 가곡(2010)

시조시(우리나라 고유의 시)에 곡을 붙여서 소규모 관현악 반주에 맞추어 남성이나 여성이 부르던 한국 전통 성악이다. 처음에는 주로 상류층이 즐기던 음악이었으나, 점차 대중음악으로 발전하였다. 현재 전승되는 가곡은 남창 26곡, 여창 15곡 등 모두 41곡이다.

↑ 대목장(2010)

과거에는 나무를 이용하여 무언가를 만드는 사람을 주로 목장·목공·목수라고 불렀다. 이 가운데 나무를 재료로 하는 궁궐이나 사찰·가옥 등 건축과 관계된 일을 하는 사람 중 집을 짓는 전 과정을 책임지는 장인을 '대목' 또는 '대목장'이라고 불렀다.

↑ 매사냥(2010)

매나 기타 맹금류를 길들여 야생 상태에 있는 사냥감을 잡도록 하는 정통 사냥법이다. 야산에 매 그물을 쳐서 매를 잡고, 숙달된 봉받이(매 조련사)가 야성이 강한 매를 길들인다. 매 사냥은 사냥감을 모는 몰이꾼(털이꾼), 매를 다루는 봉받이, 매가 날아가는 방향을 봐 주는 배꾼이 함께 한다.

↑ 줄타기(2011)

우리나라의 전통 공연 예술로 두 지점 사이에 매단 줄 위에서 노래·춤·곡예 등을 보여 주는 공연 예술이다. 주로 단오, 추석 등 명절에 공연이 이루어졌다.

↑ 택견(2011)

몸의 탄력을 이용하는 유연한 동작으로 상대를 제압하거나 자신을 방어하는 우리나라 전통 무술이다. 공격보다 방어 기술을 더 많이 가르치는 것이 특징이다. 삼국 시대 이전부터 행하였다고 추정되며, 조선 시대에 성행하였다.

↑ 한산 모시 짜기(2011)

자연 원료인 모시풀에서 얻은 모시실을 전통적인 방식으로 짜 모시 원단을 만드는 기술이다. 모시 짜기는 수확, 모시풀 삶기, 표백, 실잣기, 베틀 짜기 등 여러 과정으로 이루어진다.

↑ 아리랑(2012)

우리나라의 대표 민요이다. 가사가 정해져 있지 않아 시대와 지역에 따라 다양한 후렴구와 리듬 등이 발달하여 전승되고 있다. 현재 전승되는 아리랑은 약 60여 종, 3,600여 곡으로 추정된다.

↑ 김치와 김장 문화(2013)

김장은 한국인이 겨울을 나기 위하여 많은 양의 김치를 담그는 일련의 과정이다. 기록에 따르면 760년 전부터 김장을 하였다고 한다. 김장은 공동체 간 협력을 증진시키고 정체성을 확인하는 중요한 행사이기도 하다.

↑ 농악(2014)

공동체 화합과 농촌 사회의 안녕을 기원하는 활동에서 유래한 대중 공연 예술이다. 각 지역 농악 연주자들은 화려한 의상을 입고 타악기를 연주하며 농사의 풍요와 마을의 번성을 기원하기 위하여 공연하였다.

↑ 줄다리기(2015)

풍요로운 농사를 기원하며 행하는 행사이다. 두 팀으로 나뉜 사람들이 줄을 반대 방향으로 당기는 놀이이며, 이때 승부에 연연하기보다는 공동체의 풍요와 편안을 바라는 데 집중하였다. 또한 공동체 구성원들은 줄다리기를 하며 결속과 단결을 강화하였다.

↑ 제주 해녀 문화(2016)

제주 해녀 사이에서 전승되는 물질 기술, 풍요와 안전을 기원하는 잠수굿, 해녀 노래 등을 포함한다. 한편 제주 해녀는 산소 공급 장치 없이 10m 정도 깊이의 바닷속으로 약 1분간 잠수하여 해산물을 채취한다. 해녀는 한 번 잠수한 후 숨을 길게 내뱉으며 매우 특이한 소리를 내는데, 이를 '숨비 소리'라고 한다.

↑ 씨름(2018)

선수 두 명이 서로의 허리띠를 잡고 상대를 바닥에 넘어뜨리기 위하여 여러 기술을 사용하는 놀이이다. 씨름은 마을에 있는 모래밭 어디에서나 이루어지며, 축제, 명절 등 다양한 시기에 행하였다. 또한 모든 연령이 참여할 수 있어 마을 구성원의 협동심을 강하게 하였다. 최초로 인류 무형 유산에 남북 공동 등재되었다.

↑ 연등회(2020)
신라에서 시작되어 고려 시대에 국가적 행사로 자리 잡은 불교 행사이다. 석가모니의 탄생을 기념하는 종교 의식이었으나 현재는 남녀노소 참여할 수 있는 대표적인 봄 축제가 되었다.

↑ 한국의 탈춤(2022)
춤, 노래, 연극을 아우르는 종합 예술이다. 탈을 쓴 사람들이 사회 문제를 풍자하고 비판하면서도 크게 하나 됨을 지향하는 유쾌한 상호 존중의 공동체 유산이다.

↑ 한국의 장 담그기 문화(2024)
장을 만들고 관리, 이용하는 기술과 지혜를 포함한다. 장을 만들고 나누는 과정에서 가족과 사회 공동체의 유대감이 강화되었다.

(3) 세계 기록 유산

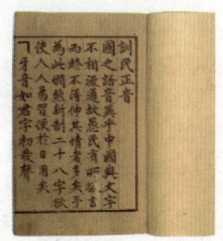
↑ 『훈민정음(해례본)』(1997)
조선 세종이 창제한 문자 '훈민정음'의 창제 목적과 해설, 용례를 작성한 책이다.

↑ 『조선왕조실록』(1997)
조선을 건립한 태조 이성계부터 제25대 임금인 철종까지 472년간의 역사를 연, 월, 일 순서에 따라 편년체로 기록한 책이다. 사초와 시정기, 『승정원일기』, 조보 등을 모아 편찬하였으며, 당시 정치·외교·군사·제도·법률 등 각 분야의 정보를 담고 있다.

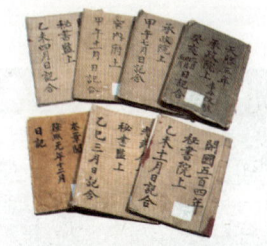
↑ 『승정원일기』(2001)
승정원에서 왕과 신하 간에 오고 간 문서와 왕의 일과를 매일 기록한 책이다. 『승정원일기』는 원본이 한 부밖에 없는 귀중한 자료로, 당시의 정치·경제·사회·문화 등 생생한 역사를 그대로 기록하였다는 점을 인정받았다.

↑ 『직지심체요절』(2001)
고려 공민왕 때 백운 화상이 저술한 『불조직지심체요절』을 1377년 7월에 청주 흥덕사에서 금속 활자로 인쇄한 것이다. 현존하는 세계에서 가장 오래된 금속 활자본으로 현재 프랑스 국립 도서관에 보관되어 있다.

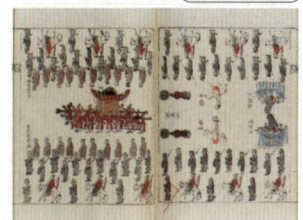
↑ 조선 왕조 『의궤』(2007)
조선 왕실의 주요 행사와 건축물, 왕릉 조성 과정 등을 그림과 글로 기록한 책이다. 행사에 사용된 도구·복식 등이 그림으로 상세히 표현되었다.

↑ 고려대장경판 및 제경판(2007)
부처님과 그 제자의 가르침 등을 모두 담은 불교 경전을 인쇄하기 위해 만든 것이다. '고려대장경'은 아시아 전역에 현존하는 유일하고 완전한 경전이다.

↑ 『동의보감』(2009)
1613년에 조선 시대 의학자 허준이 선조의 명으로 저술한 백과사전식 의학 서적이다. 일반 민중이 쉽게 이용할 수 있는 최초의 보건 의서로서 가치를 인정받았다.

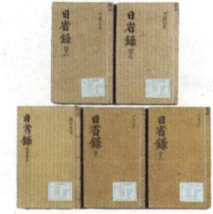
↑ 『일성록』(2011)
『일성록』은 조선 정조가 세손 시절 쓴 일기인 『존현각일기』에서 유래한 것으로, 1760년~1910년까지의 국정 운영 등에 대한 내용을 일기체로 기록하였다.

5·18 민주화 운동 기록물(2011)
5·18 민주화 운동의 발발과 진압, 그리고 이후 진상 규명 및 보상 과정과 관련하여 정부·국회·시민 단체, 그리고 미국 정부 등에서 생산한 방대한 자료를 총칭한다.

『난중일기』(2013)
이순신 장군이 임진왜란이 발발한 1592년 1월부터 노량 해전에서 전사하기 직전인 1598년 11월까지 거의 매일 적은 기록으로, 총 7책 205장의 필사본으로 엮어져 있다. 상세한 전투 과정과 당시 기후·지형·일반 서민의 삶이 자세히 기록되어 있다.

새마을 운동 깃발
새마을 운동 기록물(2013)
1970년에서 1979년까지 대한민국에서 전개된 새마을 운동에 관한 기록물이다. 대통령 연설문과 결재 문서, 행정 부처의 새마을 사업 공문, 마을 단위의 사업 서류, 새마을 지도자들의 성공 사례와 편지 등 관련 사진과 문서, 영상 자료들을 총칭한다.

배자예부운략 판목
한국의 유교 책판(2015)
조선 시대에 유교 서적 718종을 인쇄하기 위하여 만든 목판(책판)으로, 305개 문중과 서원에서 전달한 책판 총 64,226장으로 구성되었다.

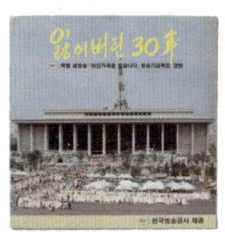
KBS '이산가족을 찾습니다' 방송 기념 음반(LP)
KBS 특별 생방송 '이산가족을 찾습니다' 기록물(2015)
KBS가 1983년 6월 30일 밤 10시 15분부터 11월 14일 새벽 4시까지 138일, 방송 시간 453시간 45분 동안 생방송한 비디오 녹화 원본 테이프 463개와 담당 프로듀서의 업무 수첩, 이산가족이 직접 작성한 신청서, 일일 방송 진행표, 큐시트, 기념 음반, 사진 등 20,522건의 기록물을 총칭한다.

어보 / 어책
조선 왕실 어보와 어책(2017)
조선 왕실에서 왕비나 왕세자 등을 책봉하는 의식을 위하여 제작한 예물이다. 어보는 재질에 따라 금보·옥보로도 불렸으며, 왕비나 왕자의 정통성과 권위를 증명하기 위하여 어책과 함께 내려졌다. 어보를 주석한 어책은 당대 문화를 파악하는 중요한 자료로 활용되기도 한다.

국채 보상 운동 기록물(2017)
1907년부터 1910년까지 일어난 국채 보상 운동의 전 과정을 보여 주는 기록물이다. 당시 남성들은 술과 담배를 끊었고 여성들은 반지와 비녀를 내어놓았으며, 기생과 거지, 심지어 도적들까지도 참여하였다. 국가적 위기에 대응하는 시민 의식의 진면목을 보여 주는 역사적 기록물로서 매우 큰 의미를 지닌다.

「조선 통신사 행렬도」
조선 통신사 기록물(2017)
1607년부터 1811년까지 일본 에도 막부의 초청으로 12회에 걸쳐 일본으로 파견된 외교 사절단에 관한 자료를 총칭한다. 조선 통신사는 임진왜란 이후 단절된 국교를 회복하면서, 양국 사이에 평화적인 관계를 만들고 유지하는 데 크게 공헌하였다. 이 기록은 외교뿐만 아니라 여정 기록·문화 기록 등을 포함하며, 이를 통하여 당시의 상업과 문화도 알 수 있다.

4·19 혁명 기록물(2023)
1960년 4월 19일에 대한민국의 학생들이 주도한 민주화 운동 관련 기록물 1,019점을 말한다. 1960년대 세계 학생 운동에 미친 중요성을 인정받았다.

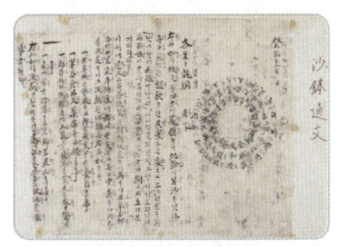
동학 농민 혁명 기록물(2023)
1894년에서 1895년에 조선에서 발발한 동학 농민 혁명과 관련된 기록물 185점을 총칭한다. 백성이 주체가 되어 자유·평등·인권의 보편적 가치를 지향하며 공정 사회를 건설하기 위해 노력했던 세계사적 중요성을 인정받았다.

제주 4·3 기록물(2025)
제주 4·3 사건에 대한 기록물로 제주 4·3 사건이라는 비극적 사건에 대해 제주 공동체가 회복하는 전 과정을 높게 평가받았다.

산림녹화 기록물(2025)
산림녹화 기록물은 6·25 전쟁 이후 황폐해진 국토를 복구하기 위해 추진한 산림녹화 사업의 전 과정을 담은 자료이다. 법령·공문서·사진·필름 등 총 9,619건으로 구성되어 있다.

2 우리나라의 세시 풍속

세시 풍속이란?
매년 주기적으로 반복되는 행사나 의식 등을 뜻해요. 주로 농경과 관련된 세시 풍속이 많지요. 또 우리나라는 사계절이 뚜렷해서 계절마다 그 계절에 맞는 행사나 의식 등이 진행되었어요.

설날 음력 1월 1일
- 음력 정월 초하룻날
- 설을 맞이하여 새로 장만한 옷인 설빔을 입고 어른들께 세배를 올리며 덕담을 나누었어요.
- 풍습: 성묘, 차례, 세배, 떡국 먹기, 연 날리기, 그네 뛰기, 윷놀이 등

정월 대보름 음력 1월 15일
- 건강을 기원하며 호두, 은행, 잣 등의 부럼을 깨물고 오곡밥을 지어 먹었어요. 귀밝이술이라 하여 데우지 않은 술을 마시기도 하고, 밤이 되면 쥐불놀이도 했어요.
- 풍습: 부럼 깨기, 달맞이, 지신밟기, 쥐불놀이, 달집 태우기 등

삼짇날 음력 3월 3일
- 답청절이라고도 불러요.
- 봄을 알리는 명절로서 꽃을 올려 만든 떡인 화전을 먹으며 집을 수리하고 풍년을 기원하였어요.
- 풍습: 활쏘기, 화전 지져 먹기(화전 놀이) 등

한식 동지에서 105일째 되는 날
- 일정 기간 동안 불의 사용을 금하며 찬 음식을 먹는 날로 설날, 단오, 추석과 함께 4대 명절로 꼽혀요.
- 풍습: 성묘하기, 제기차기, 그네 뛰기 등

단오 음력 5월 5일
- 음력 5월 초닷새
- 수릿날 또는 천중절이라고도 하며, 1년 중 양기가 가장 왕성한 날이라고 여겼어요.
- 풍속: 창포물에 머리 감기, 씨름, 수리취떡 만들기 등

칠석 음력 7월 7일
- 헤어져 있던 견우와 직녀가 만나는 날로 유명해요. 이날 여인들은 바느질 솜씨가 좋아지게 해 달라고 빌었어요.
- 풍습: 햇볕에 옷과 책 말리기, 칠석 놀이 등

추석 음력 8월 15일
- 가배·중추절·한가위라고도 불러요.
- 1년 중 가장 으뜸으로 치는 명절이에요.
- 풍습: 차례 지내기, 성묘하기, 송편 만들기, 보름달 소원 쓰기, 강강술래 등

동지 양력 12월 22일경
- 1년 중 밤이 가장 길고 낮이 가장 짧은 날이에요.
- 팥의 붉은 색이 나쁜 기운을 물리친다고 여겨서 팥죽을 쑤어 먹거나 집 안 곳곳에 팥을 뿌리기도 하였어요.
- 풍습: 팥죽 쑤어 먹기 등

3 지역사

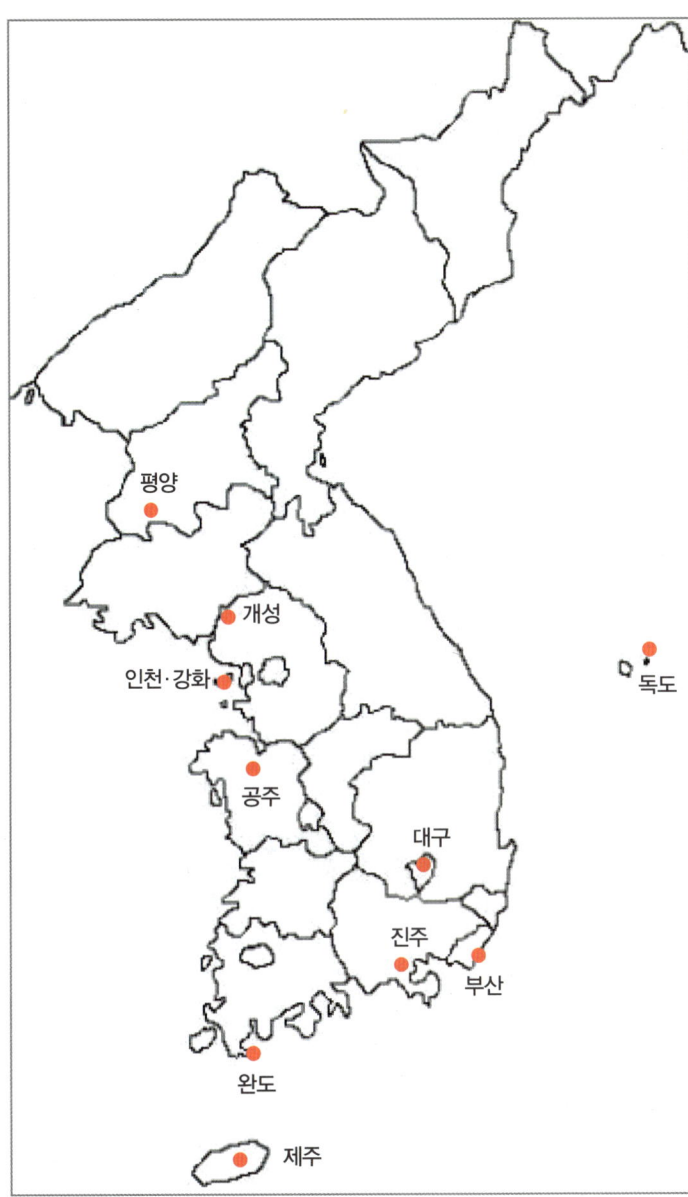

독도
- 신라 지증왕 때 이사부가 우산국과 부속 도서 정복
- 조선 숙종 때 안용복이 일본에 항의 → 독도가 조선 땅임을 확인
- 대한 제국 「칙령 제41호」 → 독도가 우리 땅임을 선포함
- 러·일 전쟁 중 일본이 불법적으로 자국 영토에 편입

강화
- 삼별초의 항쟁
- 병인양요, 신미양요
- 강화도 조약 체결

개성
- 고려의 수도
- 만적의 난
- 선죽교(정몽주 피살)
- 개성 공단

공주
- 백제의 도읍(웅진)
- 공주 무령왕릉과 왕릉원
- 망이·망소이의 난
- 우금치 전투

대구
- 공산 전투(고려와 후백제 사이의 전투)
- 국채 보상 운동 시작

제주
- 삼별초의 항쟁, 탐라 총관부
- 추사 김정희의 유배지, 하멜 표류
- 상인 김만덕의 고향
- 제주 4·3 사건

진주
- 진주 대첩(임진왜란), 임술 농민 봉기
- 조선 형평사(형평 운동)

평양
- 고구려의 도읍(장수왕 때 천도)
- 고려 때의 서경 → 서경 천도 운동
- 제너럴셔먼호 사건
- 물산 장려 운동 시작

부산
- 동래성 전투(임진왜란)
- 초량 왜관(조선과 일본의 무역을 진행하던 곳)
- 러시아의 절영도 조차 요구 → 독립 협회가 저지함
- 2002 부산 아시안 게임

완도
- 장보고의 청해진(신라의 해상 무역 거점)

인천
- 제물포 조약(임오군란)
- 인천 상륙 작전(6·25 전쟁)
- 2014 인천 아시안 게임

"자신의 나라를 사랑하거든 역사를 읽을 것이며,
다른 사람에게 나라를 사랑하게 하려거든 역사를 읽게 할 것이다."

- 신채호 -

단꿈아이의 초등 교육 플랫폼
단꿈e를 소개합니다

저희 단꿈e는 다양한 과목의 흥미로운 강의와 인터렉티브 학습 도구를 통해, 초등학생들이 스스로의 학습 속도에 맞추어 창의력을 마음껏 발휘하며 즐겁게 학습할 수 있도록 돕습니다.

초등 버릇 고3 간다
단꿈e

단꿈e 초등 한국사 라인업

설민석의 초등 한국사 독해
설쌤이 들려주는 인물 한국사
한국사와 독해력을 한 번에 완성!

설민석의 초등 한국사
현직 초등 교사가 추천하는
초등 한국사 참고서!

설민석의 초등 한국사능력검정시험
자격증 취득으로 한국사 실력 확인
한능검도 설쌤과 함께!

어린이제품 안전 특별법에 의한 기타표시사항
제품명 도서 | 제조자명 (주)단꿈아이
제품국명 대한민국 | 사용연령 7세이상
전화번호 031-623-1145
주소 경기 성남시 분당구 판교로 242, C동 701-2호
이 제품은 KC 안전기준을 통과하였습니다

ISBN 979-11-94616-26-9   정가: 19,000원